中国语言资源集

张振兴 总主编
王勇卫 陈瑶 副总主编

福建

概况卷之二

蔡国妹 唐若石 主编

中国社会科学出版社

《中国语言资源集·福建》
概况卷之二
正文目录

漳州话 ·· (1)

龙海话 ·· (10)

长泰话 ·· (19)

华安话 ·· (28)

南靖话 ·· (35)

平和话 ·· (42)

漳浦话 ·· (50)

东山话 ·· (59)

云霄话 ·· (68)

诏安话 ·· (75)

龙岩话 ·· (83)

漳平话 ·· (91)

大田城关话 ··· (99)

大田广平话 ··· (106)

霞浦三沙话 ··· (112)

福鼎沙埕话 ··· (119)

建瓯话 ·· (125)

建阳话 ·· (130)

政和话 ·· (135)

松溪话 ·· (139)

武夷山话 ·· (143)

浦城石陂话 ··· (149)

南平夏道话 ··· (154)

顺昌话 …………………………………………………………（160）
将乐话 …………………………………………………………（166）
光泽话 …………………………………………………………（175）
邵武话 …………………………………………………………（181）
三明话 …………………………………………………………（187）
永安话 …………………………………………………………（193）
沙县话 …………………………………………………………（199）
长汀话 …………………………………………………………（206）
连城话 …………………………………………………………（211）
上杭话 …………………………………………………………（217）
武平话 …………………………………………………………（221）
永定话 …………………………………………………………（226）
明溪话 …………………………………………………………（232）
清流话 …………………………………………………………（238）
宁化话 …………………………………………………………（244）
龙岩客家话 ……………………………………………………（252）
平和客家话 ……………………………………………………（259）
诏安客家话 ……………………………………………………（266）
泰宁话 …………………………………………………………（273）
建宁话 …………………………………………………………（280）
浦城城关话 ……………………………………………………（288）
南平延平话 ……………………………………………………（293）

漳 州 话

一 调查点概况

漳州市位于福建省东南部，闽南金三角南端。东临台湾海峡，东北与泉州市、厦门市相邻，西北连龙岩市，西南与广东省交界。辖龙文、芗城2区及云霄、漳浦、诏安、长泰、东山、南靖、平和、华安8县，代管龙海1市。东经117°—118°、北纬23.8°—25°。本调查点为市政府驻地芗城区。

据2019年统计，漳州全市人口482万人。芗城区人口约53.8万人。少数民族有畲、回、满、苗、土、壮等26个，大约占全区总人口的1.94%，主要分布在天宝镇茶铺村、浦南镇松洲村和宏道村，其余的分布在各镇（街道）的村（居）委会。全区通行闽语闽南方言，内部有较大的一致性，但是也存在一定的语音差异。尤其是偏北片的天宝镇、浦南镇、石亭镇等地，其口音与偏南片有差异。

本地地方戏有芗剧（歌仔戏），曲艺有南音、锦歌等，杂艺有皮影戏、木偶戏。芗剧较为流行。

漳州话是2018年国家语保点，由闽南师范大学教师杨秀明全程记录整理。

二 发音人概况

方言老男黄友平，汉族，1951年12月出生于芗城区，初中文化程度。已退休。

方言青男林志锒，汉族，1986年12月出生于芗城区，大学本科文化程度。就职于漳州市片仔癀厂。

方言老女吴小芬，汉族，1952年2月出生于芗城区，中专文化程度。已退休。

方言青女林惠萍，汉族，1986年8月出生于芗城区，大学本科文化程度。就职于漳州市江滨小学。

口头文化发音人有郑煜、林桂花（女）、林秀珍（女）、韩瑞崇，均为芗城区人。

地普发音人有吴小芬（女）、吴凤山、吴全福，均为芗城区人。

三　漳州话音系

(一) 声母

漳州话有18个声母（包括零声母）：

表1　漳州话声母表

p 八兵爬病飞风_白_肥饭	p{}^h 派片蜂_白_	b 麦明_文_味问_文_	m 明_白_问_白_	
t 多东甜毒张竹茶事_白_	t{}^h 讨天抽_文_拆柱	l 脑_文_南年_文_老蓝_文_连_文_路抽_文_软_文_	n 脑_白_年_白_蓝_白_泥连_白_软_白_	
ts 资早租酒贼_文_坐_文_全谢_白_争装纸主船十_白_	ts{}^h 刺草寸坐_文_清贼_白_抄初床_文_车春手	dz 字热		s 丝三酸想谢_文_祠事_文_床_白_山双顺书十_文_城
k 高九共_文_权县	k{}^h 开轻共_白_	g 熬_文_月	ŋ 熬_白_	h 飞_文_风_文_副蜂_文_好灰响活_文_云_文_
∅ 活_白_安温云_文_王用药				

说明：

1. 闽南话声母一般认为有15个。由于b、l、g在鼻化韵前变读为m、n、ŋ，也常记作18个。为了更细致地描写，本书采用18个声母。

2. ts、ts{}^h、s、dz 出现在齐齿呼前，发音部位稍后，但又比 tɕ、tɕ{}^h、ɕ、dʑ 略前，大概介于二者之间。本书采用 ts、ts{}^h、s、dz 标音。如：谢 [tsia{}^{22}]、[sia{}^{22}]。

3. k 组声母与细音相拼时，实际音值接近舌尖中音 c、c{}^h、ç。如：九

[kiau⁵³]、[kiu⁵³]。

4. l 的实际发音有时塞化，听感上接近 d。如：念 [liam²²]。

5. dz 的实际发音阻塞的成分较少，接近浊擦音 z。如：字 [dzi²²]。

（二）韵母

漳州话有 84 个韵母（包括声化韵 m、ŋ）：

表 2　漳州话韵母表

	i 猪雨_文米丝试戏二	u 师_文
a 牙_文饱	ia 靴写瓦_白	ua 歌_白瓦_文
ɛ 茶牙_白		
ɔ 苦五_白雨_白		
e 坐鞋短_白		ue 过赔飞_白
o 歌_文宝	ɪo 笑_白桥_白	
	iu 油	ui 开_白对飞_文鬼
ai 开_文排师_白		uai 快_文
au 豆走	iau 笑_文桥_文	
m̩ 姆		
ŋ̍ 糖床_白		
	ĩ 盐_白年_白	
ã 胆	iã 兄_白	uã 快_白山_白半官_白横
ɛ̃ 硬_白争_白病_白星_白		
ɔ̃ 五_文	iɔ̃ 张	
	iũ 丑	uĩ 饭
ãi 妹		uãi 冤_白
ãu 藕	iãu 猫	
	im 心深	
am 南	iam 盐_文	
ɔm 参_{人参}		
	in 根新云_文升_白硬_文兄_文	un 寸滚春云_文

续表

an 山文	ian 年文双	uan 短文官文权
	iŋ 灯升文争文病文星文	
aŋ 讲文星白东白	iaŋ 响	
ɔŋ 床文王讲白东文	iɔŋ 用	
	ip 十文急	
ap 盒文十白	iap 接文贴	
ɔp 嗟		
	it 七一橘直	ut 骨出
at 八文节白	iat 热文节文	uat 法活文月文
	ik 色白尺文锡文绿白	
ak 壳学文北白谷白六白	iak 约文	
ɔk 托文郭文国谷文	iɔk 六文绿文局	
	iʔ 接白	uʔ 托白
aʔ 盒白塔鸭	iaʔ 锡白	uaʔ 辣热白活白刮
ɛʔ 白白		
ɔʔ 呕	iɔʔ 诺	
eʔ 八白节白		ueʔ 月白郭白
oʔ 学白	ioʔ 药尺白	
	iuʔ 昼	
auʔ 瞨	iauʔ 悄	
mʔ 默		
ŋʔ 蹭		
	ĩʔ 物白	
ãʔ 渫	iãʔ 吓	
ɛ̃ʔ 雀白		
ɔ̃ʔ 乎		
ãuʔ 浆	iãuʔ 蜢	

说明：

1. 鼻音尾韵、塞音尾韵中的 ɔ 有时舌位略高，接近 o。如：冲 [tsʰiɔŋ³⁴]、国 [kɔk³²]。

2. 单韵母 e 的发音舌位略后。复韵母 ue 的韵头 u 舌位略低，接近 o。

3. -p、-t、-k、-ʔ 等四个入声塞尾保留完整，但经常混读。尤其是 [t] 尾音节若带语气词或"仔"缀，经常变读为 [k] 尾。例如：翼 [sit¹²¹] →翼仔 [sik⁵⁵ga⁵⁴]。

4. 鼻辅音韵尾 -m、-n、-ŋ 基本保留完整，但 -n、-ŋ 经常混读：

（1）[an] - [aŋ]、[in] - [iŋ] 与 ts 组声母相拼时，经常读前鼻音，如：壮 [tsan²¹]、城 [sin¹³]；

（2）[an] - [aŋ] 与 p 组声母、k 组声母、零声母等相拼时，经常读后鼻音，如：判 [pʰaŋ²¹]、肯 [kaŋ⁵³]、限 [aŋ²²]；

（3）[-n] 尾音节，若带语气词或"仔"缀，经常变读为 [ŋ] 尾。如：汉 [han²¹] →单身汉仔 [tuã²²sin²²haŋ⁵⁵ŋã⁵⁴]。

（三）声调

漳州话有 7 个单字声调：

阴平 34　　东该灯风通开天春

阳平 13　　门龙牛油铜皮糖红

阴上 53　　懂古鬼九统苦讨草买老文五文有文

阴去 21　　冻怪半四痛快寸去

阳去 22　　卖路硬乱洞地饭树老白五白有白动罪近后

阴入 32　　谷百搭节急哭拍塔切刻

阳入 121　　六麦月毒白盒罚

说明：

1. 除上声外，古平、去、入三声今读皆依古声母的清浊分别阴调类和阳调类。

2. 阳入调低起，略升再延，促收。调型略呈凸状，本书记作 121，听感上有时接近阳平 13。

（四）两字组连读变调的有关说明

1. 芗城话两字组连读一般是首字变调，尾字保持本调。同时，首字调值具有"顶针式回环"的特点，即基本都在 7 个单字调范围之内回环变化，没有产生新的调型。

阴平（阳平）→阳去（阳入）→阴去（阴入）→阴上（短调）→阴平
34（13）→22（121）→21（32）→53（5）→34

2. 首字阴入调：

首字塞尾［-p、-t、-k］基本保留，调值由32变成短调5，如：北葱［pak$^{32-5}$ts^{h}an^{34}］。

首字塞尾［-ʔ］舒化脱落，调值由32变成53，如：挠庀［ŋiãu$^{32-53}$p^{h}i^{53}］（"挠"单念［ŋiãuʔ^{32}］）。

3. 首字阳入调：

首字塞尾［-p、-t、-k］基本保留，调值由121变成21，如：日间［dzit$^{121-21}$kan^{34}］；

首字塞尾［-ʔ］舒化脱落，调值由121变成21，如：着痧［tio$^{121-21}$sua^{34}］（"着"单念［tioʔ^{121}］）。

表3是漳州方言一般两字组连读变调表。表左是前字声调调值，表头是后字声调调值，表中是前字变调调值。

表3　漳州话两字组连读变调表

前字 \ 后字		阴平34	阳平13	阴上53	阴去21	阳去22	阴入32	阳入121
阴平34		22	22	22	22	22	22	22
阳平13		22	22	22	22	22	22	22
阴上53		34	34	34	34	34	34	34
阴去21		53	53	53	53	53	53	53
阳去22		21	21	21	21	21	21	21
阴入32	-p、-t、-k	5	5	5	5	5	5	5
阴入32	［-ʔ］舒化脱落	53	53	53	53	53	53	53
阳入121	-p、-t、-k	21	21	21	21	21	21	21
阳入121	［-ʔ］舒化脱落	21	21	21	21	21	21	21

表4　潭州话两字组连读变调举例

阴平+阴平 [34-22 34]	风飚 hoŋ tʰai	超工 tʰiau kaŋ	中央 tioŋ ŋ
阴平+阳平 [34-22 13]	肩头 kaŋ tʰau	今年 kin nĩ	清明 tsʰiŋ biŋ
阴平+阴上 [34-22 53]	虼蚤 ka tsau	烧水 sio tsui	乌枣 ɔ tso
阴平+阴去 [34-22 21]	甘蔗 kam tsia	天气 tʰĩ kʰi	相信 siaŋ sin
阴平+阳去 [34-22 22]	相骂 sio mẽ	溪岸 kʰe huã	家裏 kɛ lai
阴平+阴入 [34-22 32]	冬节 taŋ tseʔ	初一 tsʰeit	鸡角 ke kak
阴平+阳入 [34-22 121]	天鵝 tʰian tʰoʔ	归日 kui dzit	新历 sin lit
阳平+阴平 [13-22 34]	雷公 lui koŋ	洋灰 iɔ̃ hue	元宵 guan siau
阳平+阳平 [13-22 13]	锄头 ti tʰau	湴塗 tam tʰɔ	塗油 tʰɔ iu
阳平+阴上 [13-22 53]	苹果 pʰiŋ ko	塗粉 tʰɔ hun	年尾 nĩ bue
阳平+阴去 [13-22 21]	油菜 iu tsʰai	煤炭 bue tʰuã	芹菜 kʰin tsʰai
阳平+阳去 [13-22 22]	园地 huĩ te	时阵 si tsun	城裏 siã lai
阳平+阴入 [13-22 32]	圆柏 ĩ pɛʔ	头壳 tʰau kʰak	侬客 laŋ kʰɛʔ
阳平+阳入 [13-22 121]	条直 tiau tit	排日 pai dzit	农历 loŋ lit
阴上+阴平 [53-34 34]	火烌 hue hu	好天 ho tʰĩ	火熏 hue hun
阴上+阳平 [53-34 13]	斧头 pʰu tʰau	以前 i tsin	展皇 tian hɔŋ
阴上+阴上 [53-34 53]	鸟鼠 niãu tsʰi	冷水 liŋ tsui	滚水 kun tsui
阴上+阴去 [53-34 21]	火炭 hue tʰuã	笋菜 sun tsʰai	韭菜 ku tsʰai
阴上+阳去 [53-34 22]	口面 kʰau bin	以后 i au	所在 sɔ tsai
阴上+阴入 [53-34 32]	扁柏 pĩ pɛʔ	几桌 ki toʔ	手骨 tsʰiu kut
阴上+阳入 [53-34 121]	爽直 sɔŋ tit	小麦 sio bɛʔ	屎窟 sai hak
阴去+阴平 [21-53 34]	菜猪 tsʰai ti	刺瓜 tsʰi kua	菜瓜 tsʰai kua
阴去+阳平 [21-53 13]	菜头 tsʰai tʰau	倒爿 to piŋ	正爿 tsiã piŋ
阴去+阴上 [21-53 53]	扫帚 sau tsʰiu	钢母 kŋ bo	透早 tʰau tsa
阴去+阴去 [21-53 21]	扫秽 sau ge	粪扫 pun so	放屁 paŋ pʰui
阴去+阳去 [21-53 22]	泻败 sia pai	厝裏 tsʰu lai	厝瓦 tsʰu hia

续表

阴去+阴入 [21-53 32]	做客 tso kʰɛʔ	课室 kʰo sit	放册 paŋ tsʰɛʔ
阴去+阳入 [21-53 121]	佫食 ko tsiaʔ	做木 tso bak	快活 kʰuã uaʔ
阳去+阴平 [22-21 34]	下晡 ɛ pɔ	魠哥 tʰo ko	外公 gua kɔŋ
阳去+阳平 [22-21 13]	馒头 ban tʰau	运途 un tɔ	丈侬 tiɔ̃ laŋ
阳去+阴上 [22-21 53]	露水 lɔ tsui	㑉爽 be sɔŋ	蚀本 si bun
阳去+阴去 [22-21 21]	受气 siu kʰi	断气 tuĩ kʰui	事志 tai tsi
阳去+阳去 [22-21 22]	尚惮 siɔ̃ tuã	老爸 lau pɛ	弟妇 te hu
阳去+阴入 [22-21 32]	藕节 ŋãu tsat	后壁 au piaʔ	有折 u tsiat
阳去+阳入 [22-21 121]	闹热 lau dziat	旱魃 huan puat	哺舌 pɔ tsiʔ
阴入+阴平 [32-5 34] [(-ʔ) 32-53 34]	北葱 pak tsʰan 拍针 pʰa tsiam	发烧 huat sio	
阴入+阳平 [32-5 13] [(-ʔ) 32-53 13]	出头 tsʰut tʰau 肉油 ba iu	雪文 siap bun	
阴入+阴上 [32-5 53] [(-ʔ) 32-53 53]	虱母 sap bo 客鸟 kʰɛ tsiau	腹肚 pak tɔ	
阴入+阴去 [32-5 21] [(-ʔ) 32-53 21]	答应 tap iŋ 脚数 kio siau	喝啾 hat tsʰiu	
阴入+阳去 [32-5 22] [(-ʔ) 32-53 22]	腹裹 pak lai 铁树 tʰi tsʰiu	即阵 tsit tsun	
阴入+阴入 [32-5 32] [(-ʔ) 32-53 32]	吸铁 kʰip tʰiʔ 隔壁 kɛ piaʔ	扑克 pʰɔk kʰik	
阴入+阳入 [32-5 121] [(-ʔ) 32-53 121]	乞食 kʰit tsiaʔ 拍柝 pʰa kʰɔʔ	七十 tsʰit tsap	
阳入+阴平 [121-21 34] [(-ʔ) 121-21 34]	日间 dzit kan 着痧 tio sua	熟薰 sik hun	
阳入+阳平 [121-21 13] [(-ʔ) 121-21 13]	日头 dzit tʰau 学堂 o tŋ	蜜婆 bit po	

续表

阳入+阴上 [121-21 53] [(-ʔ) 121-21 53]	翼股 sik kɔ 麦稿 bɛ ko	木耳 bɔk di
阳入+阴去 [121-21 21] [(-ʔ) 121-21 21]	日昼 dzit tau²¹ 白菜 pɛ tsʰai	十四 tsap si
阳入+阳去 [121-21 22] [(-ʔ) 121-21 22]	粒饭 liap puĩ 落雨 lo hɔ	偌侪 lua tse
阳入+阴入 [121-21 32] [(-ʔ) 121-21 32]	读册 tʰak tsʰɛʔ 蜡烛 la tsik³²	一隻 tsit tsiaʔ
阳入+阳入 [121-21 121] [(-ʔ)121-21 121]	日食 dzit sit 历日 la dzit	逐日 tat dzit

(五) 青男和老男音系方面主要差别

漳州话青男和老男的语音差别，实际上也是新派和老派的差别。

从声母方面看，新派常将老派的 [b]、[g] 发成略带鼻音色彩的 [ᵐb]、[ᵑg] 或 [mᵇ]、[ŋᵍ]，如"买 [bei⁵³]"。尤其是 [b] 与 [aŋ] 相拼时，鼻音色彩明显，如：网 [baŋ³³]。

从韵母方面看，新派常将老派单韵母 [e] 发成复合元音 [eɪ]，如：溪 [kʰei³⁴]、契 [kʰei²¹]。单韵母 [o] 发成复合元音 [əu]，如：饿 [gəu³³]、河 [həu²²]。

这种差别在声调方面表现得更明显：

1. 老派阴平调是个舒缓的中升调，调值接近 334 或 34；新派则属稍快上扬型，大致有 34、35 两种变体。例如：拖 [tʰua³⁴]。

2. 老派阳平调是个低升调，记作 13。新派阳平调多是平调，调值接近 22。并且有 33、23、223、221 等多种变体，有时甚至读作 221。例如"爷"，老派 [ia¹³]，新派 [ia²²]。

3. 老派阳去调是个中平调。新派阳去调也是个平调，但调值不够稳定，有 33、22、44 等变体。例如："杜"，老派 [tɔ²²]，新派 [tɔ³³]。

4. 老派阳入调低起，略升再延，促收。调型略呈凸状，听感有时接近阳平 13。新派阳入调调值很不稳定，随着塞尾不同程度的舒化（[ʔ] 尾舒化尤其明显），分别有 121、12、23、22、33、223 等变体。

龙 海 话

一 调查点概况

龙海市属漳州市代管市，位于漳州市境东部沿海、九龙江口。东临海沧区、金门岛，西接南靖县、平和县，南接漳浦县，北部与漳州市辖区、长泰县交界。东经117°29′—118°14′，北纬24°11′—24°36′。本调查点为市政府驻地石码街道（旧称石码镇）。

全市户籍人口约92万人，超过千人的少数民族有畲族、苗族、土家族、壮族，其中畲族9000多人，占少数民族总人口的一半多。全市通行闽南方言漳州话龙海腔，该方言分布在龙海市各乡镇，使用人口69.4万。龙海话内部有较大的一致性，但是也存在一定的语音差异。根据内在语音差异的状况，大致可以分为五种不同的口音：①颜厝、九湖；②程溪、东泗；③隆教；④榜山、石码；⑤海澄、浮宫、白水、港尾。龙海话近年来变化较快，尤其是韵尾的归并。

地方戏为闽南方言曲艺，有芗剧（歌仔戏）、南音、锦歌等。以芗剧（歌仔戏）较为流行。

龙海话是2018年国家语保点。由闽南师范大学文学院林颂育全程记录整理。

二 方言发音人概况

方言老男方志雄，汉族，1957年7月出生于石码镇，高中文化程度。在当地读书、工作，已退休。

方言青男刘福斌，汉族，1988年1月出生于石码镇，大专文化程度。自由职业者。

方言老女欧金叶，汉族，1962年10月出生于石码镇，初中文化程度。自由职业者。

方言青女阮晓宇，汉族，1993年11月出生于石码镇，本科文化程度。龙海一中教师。

口头文化发音人有蔡少华、陈玉（女）、林江红、周仁、杨丽玲（女，榜山镇）、李敏娜（女，榜山镇）等，除加注外都是石码镇人。

地普发音人有方志雄、高海源（以上石码镇人）、陈英明（白马镇）。

三　龙海话音系

（一）声母

龙海话有 18 个声母（包括零声母）：

表1　龙海话声母表

p 八兵爬病飞_白风_白肥饭	pʰ 派片蜂_白	b 麦明_文味问_文	m 明_白问_白	
t 多尔甜毒张竹茶装_白事_白	tʰ 讨大抽拆柱	l 南年_文老蓝_文连_文路	n 脑年_白泥蓝_白连_白软	
ts 资早租酒贼_文坐_文全谢_白争装_文纸主船十_白	tsʰ 刺草寸清坐_白贼_白抄初床、车春手	dz 字热		s 丝三酸想祠谢_文事_文床_白山双顺书十_文城
k 高九共权县	kʰ 开轻	g 熬_文月	ŋ 熬_白	h 飞_文风_文副蜂_文好灰响活_文云
∅ 活_白安温王用药				

说明：

1. 龙海方言 b-、l-、g- 常与非鼻化韵相拼，m-、n-、ŋ- 常与鼻化韵相拼，二者分布近似互补。考虑其音感差别明显，且有些字在不同词汇环境下的读音区别恰好是鼻化音与非鼻化音的区别，不能互换，如"麻 [mã³¹²] 烦—麻 [ba³¹²] 醉"，故将二组处理为不同音位。

2. [l] 实际读音近似 [d]，为方便与同类其他方言保持对应，仍记为 l。

3. b-、l-、g-发音常伴有同部位的鼻音,实际音值近似[ᵐb]、[ⁿd]、[ᵑg]。

4. ts-、tsʰ-、s-声母与-i、-i-相拼时,音值近似 tɕ-、tɕʰ-、ɕ-。

5. 零声母[∅]发音时带有轻微的喉塞音[ʔ]。

(二) 韵母

龙海话有68个韵母(包括声化韵 m、ŋ):

表2 龙海话韵母表

	i 猪雨_文米丝试戏二	u 师_文
a 牙_文饱	ia 靴写瓦_白	ua 歌_白瓦_文
ɛ 茶牙_白		
ɔ 苦_白五_白雨_白		
e 坐鞋短_白		ue 过赔飞_白
o 歌_文宝	io 笑_白桥_白	
	iu 油	ui 开_白对飞_文鬼
ai 开_文排师_白		uai 快_文
au 豆走	iau 笑_文桥_文	
m 怀		
ŋ 糖床		
	ĩ 盐_白年_白	
ã 胆	iã 兄	uã 快_白山_白半_白官_白横
ɛ̃ 硬_白争_白病星_白		
ɔ̃ 五_文	iɔ̃ 娘张	
		uĩ 断卷
ãi 知_白		uãi 妹
aũ 脑_白藕	iaũ 猫	
	im 心深	
am 南	iam 盐_文	

续表

om 参		
	iŋ 根 新 灯 升 硬文 争文 星文 兄文	uŋ 寸 滚 春 云
aŋ 山星白 讲文 东白	iaŋ 年文 响 双	uaŋ 短文 半文 官文 权
ɔŋ 王 讲白 东文	iɔŋ 用	
	ip 十文 急	
ap 盒文 十白	iap 接文 贴	
	ik 七 一 橘 直 色 白文 绿	uk 骨 出
ak 八文 节白 壳 学文 北谷白 六白	iak 热文 节文	uak 法 活文 月文
ɔk 托文 国 谷文	iɔk 六文 局	
	iʔ 接白	uʔ 托白
aʔ 盒白 塔 鸭	iaʔ 锡	uaʔ 辣 热白 活白 刮
ɛʔ 白白		
eʔ 八白 节白	ueʔ 月白 郭	
oʔ 学白	ioʔ 药 尺	
aiʔ 哎		
	iauʔ 嚼吱吱~	
	ĩʔ 物白	
	iãʔ 额白	
ɛ̃ʔ 歇		
	iãuʔ □团仔真~	

说明：

1. 通过最小对立字组的比对可见，鼻音韵尾和塞音韵尾三分格局在龙海方言中基本简化为二分格局。突出表现为 -n 与 -ŋ 合并，-t 与 -k 合并。就是说，龙海话只有"-ŋ/-k"和"-m/-p"两组鼻音和塞音韵尾。如"证 tsiŋ⁴¹ = 进 tsiŋ⁴¹ ≠ 浸 tsim⁴¹" "江 kaŋ³⁴ = 奸 kaŋ³⁴ ≠ 甘 kam³⁴" "亮 liaŋ³³ = 练 liaŋ³³ ≠ 念 liam³³" "讲 kaŋ⁵² = 简 kaŋ⁵² ≠ 感 kam⁵²" "绿 lik⁴ = 力 lik⁴ ≠ 立 lip⁴" "角 kak⁴ = 结

kak⁴ ≠ 合 kap⁴""息 sik⁴ = 失 sik⁴ ≠ 湿 sip⁴"等。但需要补充说明的是，具体发音可能因人因时因字而有前后不同的听感区别，各种音读类似自由变体，尤其是对 aŋ/ak、uaŋ/uak、iŋ/ik、uŋ/uk 这几个韵来说，鼻音前后的音值表现尤为不稳定。

2. 双唇音韵尾表现较为稳定，但少量字也开始有了读音上的变化，如"鸽［kak⁴²］""虱［siap⁴²］""勤［kʰim³¹²］"等。

3. 受介音 i 的影响，ioŋ/iɔk/iɔ̃等韵母的韵腹开口度偏小，更接近 o。

4. 自成音节的 ŋ，与舌位靠前的声母相拼时，实际音值近似［əŋ］或［ɤŋ］。

（三）声调

龙海话有 7 个单字声调（不包括轻声）：

阴平 34	东该灯风通开天春
阳平 312	门龙牛油铜皮糖红
阴上 52	懂古鬼九统苦讨草买老₍文₎五₍文₎有₍文₎
阴去 41	冻怪半四痛快寸去哭
阳去 33	卖路硬乱洞地饭树老₍白₎五₍白₎有₍白₎动罪近后
阴入 42	谷百搭节急拍塔切刻
阳入 4	六麦月毒白盒罚

说明：

1. 阴平总体呈上升趋势。但前半部分是在以 3 为起点，略作下降后，趋平，到后半部才开始上升。实际音值更接近 334（趋平的部分音高通常不到 3）。

2. 阳平以下凹式转折调为常态。与青男阳平调相比，其转折点前后坡度不等，下降部分较为明显，上升部分较为平缓。

3. 阳去记 33，实际发音往往有前高后低的倾向，更似 32。

4. 总体说来，喉塞韵尾入声字的短促色彩不如塞音韵尾的入声字明显，尤其是带喉塞韵尾的阳入字。

（四）连读变调的说明

龙海方言两字组连读，除二字之间是主谓关系或末字是轻声音节而不变调外，一般说来，前字要变调，后字不变调。前字变调仅与前字本身的调类有关，而与后字调类无关。即当前字单字调同一，与之组合的后字调类无论是什么，前字变调结果是一样的。前字为入声的，根据韵尾的不同分成两组不同的变调形式。另外，带喉塞音 -ʔ 尾的入声字，处于前字变调位置时，通常失去 -ʔ 韵尾。

表3　龙海话两字组连读变调规律表

前字＼后字		阴平 34	阳平 312	阴上 52	阴去 41	阳去 33	阴入 42	阳入 4
阴平 34		33	33	33	33	33	33	33
阳平 312		33	33	33	33	33	33	33
阴上 52		34	34	34	34	34	34	34
阴去 41		52	52	52	52	52	52	52
阳去 33		41	41	41	41	41	41	41
阴入 42	(-ʔ)	52	52	52	52	52	52	52
阴入 42	(-p/t/k)	4	4	4	4	4	4	4
阳入 4	(-ʔ)	41	41	41	41	41	41	41
阳入 4	(-p/t/k)	42	42	42	42	42	42	42

表4　龙海话两字组连读变调举例

阴平＋阴平 [34－33 34]	香菇 hiɔ̃ ko	金瓜 kim kua	蜘蛛 ti tu
阴平＋阳平 [34－33 312]	今年 kin nĩ	清明 tsʰiŋ biŋ	梳头 se tʰau
阴平＋阴上 [34－33 52]	鸡母 ke bo	烧水 sio tsui	猪母 ti bo
阴平＋阴去 [34－33 41]	天气 tʰĩ kʰi	甘蔗 kam tsia	衫裤 sã kʰɔ
阴平＋阳去 [34－33 33]	乡社 hiɔ̃ sia	燋地 ta te	街路 ke lɔ
阴平＋阴入 [34－33 42]	霜角 sŋ kak	阿叔 a tsik	冬节 taŋ tseʔ
阴平＋阳入 [34－33 4]	中药 tioŋ ioʔ	生日 sẽ dzik	正月 tsiã gueʔ
阳平＋阴平 [312－33 34]	荷花 ho hua	雷公 lui koŋ	蘑菇 mɔ̃ kɔ
阳平＋阳平 [312－33 312]	明年 mẽ nĩ	塗油 tʰɔ iu	年头 nĩ tʰau
阳平＋阴上 [312－33 52]	苹果 pʰiŋ ko	塗粉 tʰɔ hun	年尾 nĩ bue
阳平＋阴去 [312－33 41]	油菜 iu tsʰai	煤炭 bue tʰuã	芹菜 kʰin tsʰai
阳平＋阳去 [312－33 33]	时阵 si tsun	蚕豆 tsʰaŋ tau	黄豆 uĩ tau
阳平＋阴入 [312－33 42]	头壳 tʰau kak	侬客 laŋ kʰɛʔ	铅笔 ian bik

续表

阳平 + 阳入 [312 – 33 4]	茶箬 tɛ hioʔ	条直 tiau tik	
阴上 + 阴平 [52 – 34 34]	火烌 hue hu	顶晡 tiŋ pɔ	牡丹 bɔ taŋ
阴上 + 阳平 [52 – 34 312]	水泥 tsui nĩ	枕头 tsim tʰau	火柴 hue tsʰa
阴上 + 阴上 [52 – 34 52]	冷水 liŋ tsui	水果 tsui ko	鸟鼠 niãu tsʰi
阴上 + 阴去 [52 – 34 41]	火炭 hue tʰuã	笋菜 sun tsʰai	起厝 kʰi tsʰu
阴上 + 阳去 [52 – 34 33]	以后 i au	所在 sɔ tsai	煮饭 tsi puĩ
阴上 + 阴入 [52 – 34 42]	几桌 ki toʔ	掌甲 tsiŋ kaʔ	
阴上 + 阳入 [52 – 34 4]	扁食 pan sik	满月 muã gueʔ	
阴去 + 阴平 [41 – 52 34]	菜瓜 tsʰai kua	菜猪 tsʰai ti	灶骹 tsau kʰa
阴去 + 阳平 [41 – 52 312]	正爿 tsiã piŋ	菜头 tsʰai tʰau	喙唇 tsʰui tuŋ
阴去 + 阴上 [41 – 52 52]	钢母 kŋ bo	透早 tʰau tsa	喙齿 tsʰui kʰi
阴去 + 阴去 [41 – 52 41]	粪扫 puŋ so	放屁 paŋ pʰui	
阴去 + 阳去 [41 – 52 33]	菜豆 tsʰai tau		
阴去 + 阴入 [41 – 52 42]	课室 kʰo sik	四角 si kak	
阴去 + 阳入 [41 – 52 4]	四十 si tsap		
阳去 + 阴平 [33 – 41 34]	饲猪 tsʰi ti	饭锅 puĩ ue	被单 pʰue tuã
阳去 + 阳平 [33 – 41 312]	旧年 ku nĩ	大门 tua muĩ	面盆 biŋ pʰuŋ
阳去 + 阴上 [33 – 41 52]	大水 tua tsui	地震 te tsiŋ	老虎 lau hɔ
阳去 + 阴去 [33 – 41 41]	雨伞 hɔ suã	电罐 tian kuaŋ	面布 biŋ pɔ
阳去 + 阳去 [33 – 41 33]	大旱 tua uã	后面 au biŋ	豆腐 tau hu
阳去 + 阴入 [33 – 41 42]	藕节 gãu tsak	自杀 tsu sak	有折 u tsiak
阳去 + 阳入 [33 – 41 4]	旧历 ku lik	闹热 lau dziak	
前字单字带 -ʔ 尾的： 阴入 + 阴平 [42 – 52 34]	拍工 pʰa kaŋ		
阴入 + 阳平 [42 – 52 312]	喝拳 hua kuŋ	肉油 ba iu	
阴入 + 阴上 [42 – 52 52]	客鸟 kʰɛ tsiau		
阴入 + 阴去 [42 – 52 41]	阔气 kʰua kʰuĩ	歇睏 hẽ kʰuŋ	

续表

阴入 + 阳去 [42 - 52 33]	割釉 kua tiu	百五 pɛ gɔ	
阴入 + 阴入 [42 - 52 42]	铁笔 tʰi pik	隔腹 kɛ piak	
阴入 + 阳入 [42 - 52 4]	隔日 kɛ dzik		
前字单字带 -p/k 尾的： 阴入 + 阴平 [42 - 4 34]	出山 tsʰuk suã	北葱 pak tsʰaŋ	
阴入 + 阳平 [42 - 4 312]	北爿 pak piŋ		
阴入 + 阴上 [42 - 4 52]	腹肚 puk tɔ	虱母 siap bo	
阴入 + 阴去 [42 - 4 41]	出嫁 tsʰuk kɛ		
阴入 + 阳去 [42 - 4 33]	腹裏 pak lai		
阴入 + 阴入 [42 - 4 42]	郁卒 uk tsuk		
阴入 + 阳入 [42 - 4 4]	乞食 kʰik tsiaʔ		
前字单字带 -ʔ 尾的： 阳入 + 阴平 [4 - 41 34]	石狮 tsio sai		
阳入 + 阳平 [4 - 41 312]	学堂 o tŋ		
阳入 + 阴上 [4 - 41 52]	麦杆 bɛ kuã		
阳入 + 阴去 [4 - 41 41]	食素 tsia sɔ		
阳入 + 阳去 [4 - 41 33]	落雨 lo hɔ	物件 mĩ kiã	
阳入 + 阴入 [4 - 41 42]	蜡烛 la tsik		
阳入 + 阳入 [4 - 41 4]	箆席 bi tsʰioʔ		
前字单字带 -p/k 尾的： 阳入 + 阴平 [4 - 42 34]	蜜蜂 bik pʰaŋ	目珠 bak tsiu	
阳入 + 阳平 [4 - 42 312]	密婆 bik po	目毛 bak mɔ̃	
阳入 + 阴上 [4 - 42 52]	木耳 bok nĩ	目滓 bak tsaĩ	
阳入 + 阴去 [4 - 42 21]	日昼 dzik tau	一半 tsik buã	
阳入 + 阳去 [4 - 42 33]	粒饭 liap buĩ	木匠 bak tsʰiɔ̃	
阳入 + 阴入 [4 - 42 42]	读册 tʰak tsʰɛʔ	墨汁 bak tsiap	
阳入 + 阳入 [4 - 42 4]	十日 tsap dzik		

（五）青男和老男在音系上的主要差别

1. 阳平在青男单字音中以下凹式转折调为常态。与老男阳平调相比，其转折点相对居中，且前后坡度一致，是比较对称的转折调，实际调值更似313。

2. 老男dz-声母，到青男都读同l-，如"热 dzuaʔ老—luaʔ新"，故老男有18个声母，青男只有17个声母。

3. 老男双唇音韵尾表现较为稳定，但少量字开始有了读音上的变化，如"杉［san³⁴］"。另外，有很大一部分年轻人双唇音韵尾也进一步丢失了，三套韵尾合为一套。比如"心 sin""音 in"。

4. 前后鼻音韵尾和前后塞音韵尾混同后，老男韵尾发音部位偏央，青男偏前。

5. 老男韵母ŋ到青男变读为ən，如"糖 tʰŋ老—tʰən新"。

长 泰 话

一　调查点概况

长泰县属漳州市辖县，位于漳州市境东北部，九龙江东岸。东邻厦门同安区、厦门集美区，西接华安县、漳州芗城区，南接漳州龙文区、龙海市，北部与安溪县交界。东经117°36′—117°57′，北纬24°33′—24°54′。本调查点为县政府驻地武安镇。

全县户籍人口20万人，以汉族为主，另有畲族、高山族等少数民族居民300余人。畲族人口聚居于坂里乡高层村。长泰话属于闽语闽南片方言，跟漳州话很接近。长泰地处山区，史上较闭塞，变化不大。但长泰话内部还是存在一定的语音差异。县域中部的岩溪镇、陈巷镇受到周边县区的影响较小，保持较纯正的长泰腔；西南部武安镇珠坂村、前浦村受到龙文区郭坑镇、芗城区浦南镇影响，带有一定的外来腔调；坂里乡语音带有华安县南部地区的腔调；枋洋镇北部区域带有安溪腔调；东北部的林墩工业区语音带有厦门同安腔调。

本县地方戏有芗剧（歌仔戏），曲艺有南音、锦歌等，杂艺有皮影戏、木偶戏。芗剧较为流行。近年古琴演奏悄然兴起，乡音吟诵的挖掘整理工作也受到重视，一些学校经常举办乡音咏诵表演。

长泰话是2018年国家语保点，由闽南师范大学教师杨秀明记录整理。

二　发音人概况

方言老男王建新，1962年3月出生于武安镇。大学本科文化程度。就职于长泰县教育局。

方言青男杨逸林，1991年9月出生于武安镇。大学本科文化程度。就职于长泰县第二实验幼儿园。

方言老女戴冶金，1962年9月出生于武安镇。大专文化程度。已退休。

方言青女张秋燕，1993年12月出生于武安镇。大学本科文化程度。长泰县第二实验小学教师。

口头文化发音人有杨珠江、叶茹楠（女）、李瑞香（女）、薛水发，均为武安镇人。

地普发音人有戴冶金（女）、林珠荣、廖友生，均为武安镇人。

三　长泰话音系

（一）声母

长泰话有18个声母（包括零声母）：

表1　长泰话声母表

p 八兵爬病飞白风白肥饭	pʰ 派片蜂白	b 麦味问文	m 明问白	
t 多东甜毒张竹茶事白	tʰ 讨天抽文拆柱	l 脑文南年文老蓝文连文路抽文	n 脑白年白泥蓝白连白软	
ts 资早租酒贼文坐全谢白争装纸主船十白	tsʰ 刺草寸清贼白坐抄初床车春手	dz 字热		s 丝三酸想祠谢文事文床山双顺书十文城
k 高九共文权县	kʰ 开轻共白	g 熬文月	ŋ 熬白	h 飞文风文副蜂文好灰响活文云
∅ 活白安温王用药				

说明：

1. 一般认为闽南话声母有15个。由于［b］、［l］、［g］在鼻化韵前变读为［m］、［n］、［ŋ］，也常记作18个。为了更细致地描写，本书记为18个声母。

2. 长泰话当［ts］、［tsʰ］、［s］、［dz］出现在齐齿呼前的时候，发音部位稍后，但又比［tɕ］、［tɕʰ］、［ɕ］、［dʑ］略前，大概介于二者之间。本书采用［ts］、［tsʰ］、［s］、［dz］标音。如：谢［tsia²²］、［sia²²］。

3. k 组声母与细音相拼时的实际音值接近舌尖中音 [c]、[cʰ]、[ç]。如：九 [kiau⁵³]、[kiu⁵³]。

4. [l] 的发音有时塞化，听感上接近 [d]。如：念 [liam²²]。

(二) 韵母

长泰话有 75 个韵母（包括声化韵 m、ŋ）：

表2 长泰话韵母表

	i 猪雨_文米丝试戏二	u 师_文
a 牙_文饱	ia 靴写瓦_白	ua 歌_白瓦_文
ɔ 歌_文宝	iɔ 笑_白桥_白	
e 坐茶牙_白		ue 过鞋赔飞_白
	iu 油	ui 开_白对飞_文鬼
ai 开_文排师_白		uai 快_文
au 豆走	iau 笑_文桥_文	
eu 苦五_白雨_白		
m 姆		
ŋ 黄_白		
	ĩ 盐_白年_白	
ã 胆	iã 兄_白	uã 快_白山_白半官_白
ɔ̃ 糖床	iɔ̃ 张	
ẽ 硬_白争_白病_白星_白		uẽ 妹
ãi 摆		uãi 横
ãu 藕	iãu 猫	
ẽu 五_文		
	im 心深	
am 南	iam 盐_文	
ɔm 参		
	in 根新硬_文	un 寸滚春云
an 山_文星_白	ian 年_文	uan 短_文官_文权

续表

aŋ 讲文东白	iaŋ 响双	
ɔŋ 王讲白东文	iɔŋ 用	
eŋ 灯升争文病文星文兄文		
	ip 十文急	
ap 十白	iap 接贴	
ɔp 嗻		
	it 七一直白锡文绿白	ut 骨出
at 八文节白	iat 热文节文橘	uat 法活文月文
ak 壳学文北谷白六白	iak 雀	
ɔk 托文国谷文	iɔk 六文绿文局	
ek 色尺文		
	iʔ 接白	uʔ 托白
aʔ 盒塔鸭	iaʔ 锡白	uaʔ 辣热白活白刮
ɔʔ 学白	iɔʔ 药尺白	
eʔ 白白		ueʔ 八白节白月白郭
auʔ 瞨		
m̩ʔ 默		
	ĩʔ 物白	
ãʔ 渫		
ẽʔ 歇白		
ãuʔ 㟛	iãuʔ 蟯	

说明：

1. 长泰话有 75 个韵母。鼻韵母和 [m]、[n]、[ŋ] 声母相拼时，一律保留鼻化符号。如：名 [miã^{24}]。

2. 长泰话复韵母 [eu]，单念音值有时近似 [ieu]。[e] 的发音舌位比标准音略低略央，韵尾 [u] 的口型比标准音低而展。[e]、[u] 两个音素响度和时值大致相等。如：普 [pʰeu^{53}]、图 [teu^{24}]。

3. [ue]、[ua]、[uai] 中的 [u] 实际发音口型略圆，实际音值接近 [o]，记作[u]。

4. 由于[i]和[e]发音部位相近,老派武安话[in]—[iŋ]—[en]—[eŋ]一类音节的发音常出现不稳定现象。我们在音系表中把[in]、[eŋ]看成两个音位。将[iŋ]和[in]合并为[in],如"劲[kin²¹]";将[en]和[eŋ]合并为[eŋ],如"冷[leŋ⁵³]"。[in]与[en]、[iŋ]与[eŋ]等在武安话中并不形成音位对立。

5. 长泰话[-p]、[-t]、[-k]、[-ʔ]四个塞音韵尾俱全。[-t]、[-k]常混读,[-ʔ]常脱落,尤其是充当连调前字时喉塞尾[-ʔ]基本舒化脱落。

(三) 声调

长泰话有7个单字声调(不包括轻声):

阴平44　　东该灯风通开天春

阳平24　　门龙牛油铜皮糖红

阴上53　　懂古鬼九统苦讨草头老文五文有文

阴去21　　冻怪半四痛快寸去

阳去22　　卖路硬乱洞地饭树老白五白有白动罪近后

阴入32　　谷百搭节急哭拍塔切刻

阳入33　　六麦月毒白盒罚

说明:

1. 有7个单字调。除上声外,古平、去、入皆依古声母清浊各分阴阳两类。

2. 阴平调多为半高平调44,有时略低,近似33。今一律作44,如"东[taŋ⁴⁴]"。

3. 阳去调实际调值比22略高,有时近似33。为表示着重或强调的语气,有时调尾会略降。今一律作22,如"骂[mẽ²²]"。

4. 阴入调是个典型的中降促调。带[-ʔ]尾时,"促"的色彩减弱,时值稍长。如:"节[tsueʔ³²]、[tsat³²]、[tsiat³²]"。

5. 阳入调基本是中平调,促收。有时调型略显凸状,近似232。由于喉塞尾[-ʔ]的舒化脱落,有的阳入调已变为平调了。今一律作33。如:"杂[tsap³³]""拉[lap³³]""石[siaʔ³³]"。

(四) 两字组连读变调的有关说明

1. 长泰话两字组连读时,首字一般变调,尾字保持本调。同时,首字调值

具有"顶针式回环"的特点,即基本都在 7 种声调范围之内回环变化,没有产生新的调型:

阴平(阳平)→阳去(阳入)→阴去(阴入)→上声(短调)→阴平

44(24)→22(33)→21(32)→53(5)→44

2. 首字阴入调:首字塞尾 [-p、-t、-k] 基本保留,调值由 32 变成短调 5,如:北葱 [pak³²⁻⁵ tsʰaŋ⁴⁴];首字塞尾 [-ʔ] 舒化脱落,调值由 32 变成 53,如:挠疕 [ŋiãu³²⁻⁵³ pʰi⁵³]。

3. 首字阳入调:首字塞尾 [-p、-t、-k] 基本保留,调值由 33 变成 21,如:栗子 [lat³³⁻²¹ tsi⁵³];首字塞尾 [-ʔ] 舒化脱落,调值由 33 也变成 21,如:着痧 [tiɔ³³⁻²¹ sua⁴⁴]。

表3　长泰话两字组连读变调规律表

前字 \ 后字		阴平 44	阳平 24	阴上 53	阴去 21	阳去 22	阴入 32	阳入 33
阴平 44		22	22	22	22	22	22	22
阳平 24		22	22	22	22	22	22	22
阴上 53		44	44	44	44	44	44	44
阴去 21		53	53	53	53	53	53	53
阳去 22		21	21	21	21	21	21	21
阴入 32	-p、-t、-k	5	5	5	5	5	5	5
	[ʔ] 舒化脱落	53	53	53	53	53	53	53
阳入 33	-p、-t、-k	21	21	21	21	21	21	21
	[ʔ] 舒化脱落	21	21	21	21	21	21	21

表4　长泰话两字组连读变调举例

阴平 + 阴平 [44-22 44]	风飔 hɔŋ tʰai	超工 tʰiau kaŋ	雷公 lui kɔŋ
阴平 + 阳平 [44-22 24]	肩头 kan tʰau	今年 kin nĩ	清明 tsʰẽ miã
阴平 + 阴上 [44-22 53]	蛇蚤 ka tsau	烧水 siɔ tsui	年底 nĩ tue

续表

阴平+阴去 [44-22 21]	甘蔗 kam tsia	天气 tʰĩ kʰi	相信 siaŋ sin
阴平+阳去 [44-22 22]	相骂 sio mẽ	溪岸 kʰue huã	时阵 si tsun
阴平+阴入 [44-22 32]	冬节 taŋ tsueʔ	初一 tsʰue it	鸡角 kue kak
阴平+阳入 [44-22 33]	生日 sẽ dzit	归日 kui dzit	新历 sin lek
阳平+阴平 [24-22 44]	雷公 lui kɔŋ	洋灰 iõ hue	元宵 guan siau
阳平+阳平 [24-22 24]	锄头 ti tʰau	年暝 nĩ mẽ	头前 tʰau tsaŋ
阳平+阴上 [24-22 53]	苹果 pin kɔ	完尾 uan bue	牛犅 gu kaŋ
阳平+阴去 [24-22 21]	油菜 iu tsʰai	芹菜 kʰin tsʰai	无去 bɔ kʰi
阳平+阳去 [24-22 22]	城裏 siã lai	时阵 si tsun	乡社 hiõ sia
阳平+阴入 [24-22 32]	圆柏 ĩ peʔ	头壳 tʰau kʰak	侬客 laŋ kʰeʔ
阳平+阳入 [24-22 33]	条直 tiau tit	农历 lɔŋ lek	茶箬 te hioʔ
阴上+阴平 [53-44 44]	火烌 hue hu	火熏 hue hun	顶晡 teŋ peu
阴上+阳平 [53-44 24]	本钱 pun tsĩ	枕头 tsim tʰau	火柴 hue tsʰa
阴上+阴上 [53-44 53]	鸟鼠 niãu tsʰi	冷水 leŋ tsui	滚水 kun tsui
阴上+阴去 [53 44 21]	火炭 hue tʰuã	囝婿 kiã sai	笋菜 sun tsʰai
阴上+阳去 [53-44 22]	以后 i au	所在 seu tsai	顶面 teŋ bin
阴上+阴入 [53-44 32]	扁柏 pĩ peʔ	手骨 tsʰiu kut	掌甲 tsiŋ kak
阴上+阳入 [53-44 33]	爽直 sɔŋ tit	扁食 pan sit	煮食 tsi tsiaʔ
阴去+阴平 [21-53 44]	菜刀 tsʰai tɔ	裤骹 kʰeu kʰa	菜干 tsʰai kuã
阴去+阳平 [21-53 24]	菜头 tsʰai tʰau	倒爿 tɔ peŋ	正爿 tsiã peŋ
阴去+阴上 [21-53 53]	扫帚 sau tsʰiu	喙齿 tsʰui kʰi	透早 tʰau tsa
阴去+阴去 [21-53 21]	怨妒 uan teu	粪扫 pun sɔ	放屁 paŋ pʰui
阴去+阳去 [21-53 22]	泻败 sia pai	厝裏 tsʰu lai	菜豆 tsʰai tau
阴去+阴入 [21-53 32]	空隙 kʰaŋ kʰiaʔ	教室 kau sek	放册 paŋ tsʰeʔ
阴去+阳入 [21-53 33]	佫食 kɔ tsiaʔ	百六 pa lak	七十 tsʰit tsap
阳去+阴平 [22-21 44]	下晡 e peu	外公 gua kɔŋ	大倌 tua kuã
阳去+阳平 [22-21 24]	馒头 ban tʰau	上元 siaŋ guan	丈侬 tiõ laŋ

续表

阳去+阴上 [22-21 53]	大水 tua tsui	丈姆 tiɔ̃ m	蚀本 si pun
阳去+阴去 [22-21 21]	受气 siu kʰi	事志 tai tsi	繪记 bue ki
阳去+阳去 [22-21 22]	尚惮 siɔ̃ tuã	老爸 lau pe	外号 gua hɔ
阳去+阴入 [22-21 32]	藕节 ŋãu tsat	后壁 au piaʔ	有折 u tsiat
阳去+阳入 [22-21 33]	闹热 lau dziat	哺舌 peu tsiʔ	唔着 m tiɔʔ
阴入+阴平 [32-(5)44] [(-ʔ) 32-53 44]	北葱 pak tsʰaŋ 拍针 pʰa tsiam	出圭 tsʰut kui	
阴入+阳平 [32-(5)24] [(-ʔ) 32-53 24]	雪文 siap bun 肉油 ba iu	佚佗 tsʰit tʰɔ	
阴入+阴上 [32-(5)53] [(-ʔ) 32-53 53]	虱母 siap bɔ 客鸟 kʰe tsiau	设呔 sat tʰai	
阴入+阴去 [32-(5)21] [(-ʔ) 32-53 21]	答应 tap eŋ 脚数 kiɔ siau	疲势 kʰiap si	
阴入+阳去 [32-(5)22] [(-ʔ) 32-53 22]	腹裏 pak lai 喝颔 hua ham	即阵 tsit tsun	
阴入+阴入 [32-(5)32] [(-ʔ) 32-53 32]	吸铁 kʰip tʰiʔ 桌屉 tɔ tʰuaʔ	得卜 tit bueʔ	
阴入+阳入 [32-(5)33] [(-ʔ) 32-53 33]	乞食 kʰit tsiaʔ 拍柝 pʰa kʰɔʔ	节脉 tsat mẽʔ	
阳入+阴平 [33-21 44] [(-ʔ) 33-21 44]	一晡 tsit peu 着痧 tiɔ sua	日间 dzit kan	
阳入+阳平 [33-21 24] [(-ʔ) 33-21 24]	日头 dzit tʰau 学堂 ɔ̃ tɔ̃	一枞 tsit tsaŋ	
阳入+阴上 [33-21 53] [(-ʔ) 33-21 53]	翼股 sik kɔ 麦稿 be kɔ	木耳 bɔk mĩ	
阳入+阴去 [33-21 21] [(-ʔ) 33-21 21]	日昼 dzit tau 白菜 pe tsʰai	十四 tsap si	

续表

阳入+阳去 [33-21 22]	粒饭 liap pŋ	偌侪 lua tsue	
[(-ʔ) 33-21 22]	落雨 lɔ heu		
阳入+阴入 [33-21 32]	读册 tʰak tsʰeʔ	一隻 tsit tsiaʔ	
[(-ʔ) 33-21 32]	月熄 gue sit		
阳入+阳入 [33-21 33]	日食 dzit sit	逐日 tak dzit	
[(-ʔ) 33-21 33]	历日 la dzit		

（五）青男和老男音系方面主要差别

长泰老男青男音系差异主要在韵母方面。首先是韵母的萎缩，老男的［mʔ］韵青男已经不复存在。其次是辅音韵尾，老男前后鼻音韵尾不稳定，青男则后鼻音基本都偏前，［m］尾也读成［n］尾。如行［hiŋ²⁴］→［hin²⁴］、淡［tam²¹］→［tan²¹］。再次，老男［-p、-t、-k、-ʔ］四个塞音韵尾中，［-t、-k］常混读，［-ʔ］常脱落。青男则四个塞音韵尾基本分不清，尤其是将［-k］尾读作［-t］尾，［-ʔ］尾基本舒化。如：孽［giak³³］→［giat³³］、吸［kʰip³²］→［kʰek³²］，搭［taʔ³²］、踏［taʔ³³］的［-ʔ］尾明显脱落。

华 安 话

一　调查点概况

华安县属漳州市辖县，位于漳州市境北部，九龙江中游。东邻安溪县、长泰县，西接漳平市、南靖县，南部与漳州芗城区交界。东经117°16′—117°42′，北纬24°38′—25°12′。本调查点为县政府驻地华丰镇。

全县人口约16万，以汉族为主，另有畲族1000余人，高山族100余人。全境通行华安话，属于闽语闽南方言。部分畲族对外使用华安话，对内使用畲话。畲话是一种汉语方言。

境内主要流行芗剧。

华安话是2016年福建省语保点。由厦门大学教师杨伟忠、李焱、孟繁杰全程记录整理。

二　方言发音人概况

方言老男李少华，汉族，1954年12月出生于华丰镇，中专文化程度。已退休。

方言青男汤翊圣，汉族，1989年8月出生于华丰镇，本科文化程度。就职于华安县高车中心小学。

方言老女林凤珠，汉族，1954年5月出生于新圩镇，小学文化程度。已退休。

方言青女李翠颖，汉族，1984年9月出生于华丰镇，本科文化程度。就职于华安职业技术学校。

口头文化发音人有张玲（女）、李翠颖（女），都是华丰镇人。

地普发音人有汤翊圣、李少华、林凤珠（女，新圩镇），除加注外，都是华丰镇人。

三 华安话音系

(一) 声母

华安话有 17 个声母（包括零声母）：

表1 华安话声母表

p 八兵爬病飞白肥饭	pʰ 派片蜂	b 麦明文味问	m 明白
t 多东甜毒张竹茶	tʰ 讨天抽拆柱	l 脑年泥蓝文热白	n 南老蓝白连路软
ts 资早租酒坐全争装纸主船十白	tsʰ 刺草寸清贼抄初床车春手		s 丝三酸想祠谢事山双顺书十文城
k 高九共权县	kʰ 开轻	g 熬月热文字	ŋ 雅	h 飞文凤副好灰响云
∅ 活安温王用药			

说明：

声母 m、n、ŋ 是 b、l、g 的音位变体。m、n、ŋ 与鼻化韵母相拼，b、l、g 与非鼻化韵母相拼。

(二) 韵母

华安话有 70 个韵母（包括声化韵 m、ŋ）：

表2 华安话韵母表

	i 猪雨文米丝试戏二	u 师文
a 饱	ia 靴写瓦	ua 歌白
ɔ 苦五雨白		
e 坐鞋茶牙		ue 过白赔飞白
o 歌文过文宝	io 笑白桥	
	iu 油	ui 开白对飞文鬼

续表

ai 开文排师白		uai 快
au 豆走	iau 笑文	
m 姆		
ŋ 糖床		
	ĩ 年白	
ã 敢	iã 兄	uã 山白半官横
ɛ̃ 硬争白病星白		uɛ̃ 妹
ɔ̃ 躺	iɔ̃ 章洋	
		uĩ 门
ãi 摆		uãi *楼
ãu 闹	iãu 猫	
	im 心深	
am 南	iam 盐	
ɔm 参人参		
	in 根新	un 寸滚春云
an 山文	ian 年文	uan 短权
	iŋ 灯升争文星文	
aŋ 讲文东白	iaŋ 响双	
ɔŋ 王讲白东文	iɔŋ 用	
	ip 十文急	
ap 十白	iap 接贴	
	it 七一	ut 骨出
at 八文节白	iat 橘热文节文	uat 法月文
	ik 直色白文绿	
ak 壳学白北六文	iak 约	
ɔk 托文国谷	iɔk 六文局	
	iʔ 鳖	uʔ 托白

aʔ 盒塔鸭	iaʔ 锡	uaʔ 热_白 辣活刮
eʔ 八_白 节_白 白_白		ueʔ 郭月_白
oʔ 学_白	ioʔ 药尺	
	ĩʔ 物	
	iãʔ 额_文	
ɛʔ 夹		

（三）声调

华安话有 7 个单字声调（不包括轻声）：

阴平 55　　东该灯风通开天春

阳平 232　　门龙牛油铜皮糖红

阴上 53　　懂古鬼九统苦讨草买老_白 五_白 有_白

阴去 31　　冻怪半四痛快寸去哭

阳去 22　　卖路硬乱洞地饭树动罪后近老_文 五_文 有_文

阴入 32　　谷百搭节急拍塔切刻

阳入 212　　六麦叶月毒白盒罚

说明：

阴平调 55，作为前字，一般变为 22 调，但在语流中位于停顿处，有时会变为 34，与漳州市区阴平调 34 相近，或许是受后者影响的结果。

（四）连读变调说明

华安话的两字组连读时一般会发生变调。大多数情况下，变调表现为连读上字以下字的调类为条件发生调值的变化，而后字一般不发生变化。主要规律是：

1. 舒声各调循环互变：前字阴平、阳平变读阳去 22 调；前字阳去变读阴去 31 调；前字阴去变读阴上 53 调；前字阴上变读阴平 55 调。

2. 阴入和阳入自变：阴入变读高短 5 调，阳入变读低降短促 21 调。

表3　华安话两字组连读变调规律表

前字＼后字	阴平 55	阳平 232	阴上 53	阴去 31	阳去 22	阴入 32	阳入 212
阴平 55	22	22	22	22	22	22	22
阳平 232	22	22	22	22	22	22	22
阴上 53	55	55	55	55	55	55	55
阴去 31	53	53	53	53	53	53	53
阳去 22	31	31	31	31	31	31	31
阴入 32	5	5	5	5	5	5	5
阳入 212	21	21	21	21	21	21	21

表4　华安话两字组连读变调举例

阴平＋阴平〔55－22 55〕	风吹 hɔŋ tsʰue	香菇 hiɔ kɔ	观音 kuan im
阴平＋阳平〔55－22 232〕	非常 hui siaŋ	肩头 kan tʰau	艰难 kan lan
阴平＋阴上〔55－22 53〕	烧水 sio tsui	鸡母 ke bo	偷走 tʰau tsau
阴平＋阴去〔55－22 31〕	天气 tʰĩ kʰi	生做 sẽ tso	相信 siaŋ sin
阴平＋阳去〔55－22 22〕	街路 ke lɔ	乡下 hiɔ̃ e	和尚 hue siɔ̃
阴平＋阴入〔55－22 32〕	猪血 ti hueʔ	铅笔 ian pit	冬节 taŋ tseʔ
阴平＋阳入〔55－22 212〕	生日 sẽ git	新历 sin lik	三十 sã tsap
阳平＋阴平〔232－22 55〕	棉花 mi hua	梅花 bue hua	棉衣 mi i
阳平＋阳平〔232－22 232〕	行棋 kiã ki	拳头 kun tʰau	流氓 liu bin
阳平＋阴上〔232－22 53〕	黄酒 uĩ tsiu	牛母 gu bo	年尾 ni bue
阳平＋阴去〔232－22 31〕	油菜 iu tsʰai	芹菜 kʰin tsʰai	天气 tʰĩ kʰi
阳平＋阳去〔232－22 22〕	蚕豆 tsʰan tau	姨丈 i tiɔ̃	城裏 siã lai
阳平＋阴入〔232－22 32〕	毛笔 mɔ pit	磁铁 tsu tʰiʔ	牛角 gu kak
阳平＋阳入〔232－22 212〕	猴栗 kau lat	条直 tiau tit	茶热 te luaʔ
阴上＋阴平〔53－55 55〕	点心 tiam sim	简单 kan tan	顶工 tiŋ kaŋ
阴上＋阳平〔53－55 232〕	本钱 pun tsĩ	可能 kʰo liŋ	以前 i tsaŋ
阴上＋阴上〔53－55 53〕	滚水 kun tsui	马桶 be tʰaŋ	狗母 kau bo

续表

阴上 + 阴去 [53 - 55 31]	笋菜 sun tsʰai	反正 huan tsiŋ	考试 kʰo tsʰi
阴上 + 阳去 [53 - 55 22]	小妹 sio muẽ	感冒 kam mɔ	柳树 liu tsʰiu
阴上 + 阴入 [53 - 55 32]	手骨 tsʰiu kut	掌甲 tsiŋ kaʔ	几桌 ki toʔ
阴上 + 阳入 [53 - 55 212]	满月 mua gueʔ	米箩 bi luaʔ	扁食 pan sit
阴去 + 阴平 [31 - 53 55]	菜刀 tsʰai to	菜瓜 tsʰai kua	刺瓜 tsʰi kua
阴去 + 阳平 [31 - 53 232]	剃头 tʰi tʰau	看牛 kʰuã gu	少年 siau lian
阴去 + 阴上 [31 - 53 53]	正手 tsiã tsʰiu	裤仔 kʰɔ a	放屎 paŋ sai
阴去 + 阴去 [31 - 53 31]	见笑 kian siau	做戏 tso hi	再见 tsai kian
阴去 + 阳去 [31 - 53 22]	看命 kʰuã mia	气味 kʰi bi	看病 kuã pẽ
阴去 + 阴入 [31 - 53 32]	四角 si kak	做客 tso kʰeʔ	教室 kau sit
阴去 + 阳入 [31 - 53 212]	放学 paŋ oʔ	四十 si tsap	正月 tsiã gueʔ
阳去 + 阴平 [22 - 31 55]	豆浆 tau tsiɔ̃	外孙 gua sun	外公 gua kɔŋ
阳去 + 阳平 [22 - 31 232]	大门 tua mui	旧年 ku ni	后年 au ni
阳去 + 阴上 [22 - 31 53]	外口 gua kʰau	麵粉 mi hun	饭桶 puĩ tʰaŋ
阳去 + 阴去 [22 - 31 31]	断气 tuĩ kʰui	面布 bin pɔ	路费 lɔ hui
阳去 + 阳去 [22 - 31 22]	味道 bi to	外号 gua ho	旱地 han te
阳去 + 阴入 [22 - 31 32]	藕节 ŋau tsat	后壁 au piaʔ	有折 u tsiat
阳去 + 阳入 [22 - 31 212]	大麦 tua beʔ	二十 gi tsap	旧历 ku lik
阴入 + 阴平 [32 - 5 55]	结婚 kiat hun	发烧 huat sio	北葱 pak tsʰaŋ
阴入 + 阳平 [32 - 5 232]	雪文 sap bun	笔毛 pit mɔ	百年 peʔ ni
阴入 + 阴上 [32 - 5 53]	虱母 sat bo	客鸟 kʰeʔ tsiau	桌仔 toʔ a
阴入 + 阴去 [32 - 5 31]	出嫁 tsʰut ke	拍算 pʰaʔ suĩ	发笑 huat siau
阴入 + 阳去 [32 - 5 22]	发病 huat pẽ	腹裏 pak lai	出面 tsʰut bin
阴入 + 阴入 [32 - 5 32]	铁笔 tʰiʔ pit	拍折 pʰaʔ tsiat	铁甲 tʰiʔ kaʔ
阴入 + 阳入 [32 - 5 212]	发热 huat giat	乞食 kʰit tsiaʔ	八月 peʔ gueʔ
阳入 + 阴平 [212 - 21 55]	药汤 ioʔ tʰŋ	熟薰 sik hun	一千 tsit tsʰiŋ
阳入 + 阳平 [212 - 21 232]	磨盘 bak puã	眉毛 bak mɔ	额头 hiaʔ tʰau

续表

阳入+阴上 [212-21 53]	白酒 peʔ tsiu	着火 toʔ hue	麦秆 beʔ kuã
阳入+阴去 [212-21 31]	食暗 tsiaʔ am	食昼 tsiaʔ tau	力相 lat siɔ̃
阳入+阳去 [212-21 22]	落雨 loʔ hɔ	木匠 bak tsʰiɔ̃	物件 miʔ kiã
阳入+阴入 [212-21 32]	一百 tsit peʔ	读册 tʰak tsʰeʔ	白笔 peʔ pit
阳入+阳入 [212-21 212]	日历 git lik	日食 git sit	月食 gueʔ sit

（五）老男和青男在音系上的主要区别

老男和青男在音系的整体格局上保持大致相同，个别字音表现出一定的差异。声母系统中，某些日母字老男和青男有别。如：肉如入日任：老男［g］、青男［l］。韵母上的差异主要表现在某些字的韵尾上，如：营程：老男［iã］、青男［iŋ］；末：老男［uat］、青男［uaʔ］。

南 靖 话

一 调查点概况

南靖县属漳州市辖县，位于漳州市境西北部，九龙江西溪上游。东邻华安县、漳州芗城区，西接龙岩新罗区、龙岩永定区，南接平和县、龙海市，北部与漳平市交界。东经117°0′—117°36′，北纬24°26′—24°59′。本调查点为县政府驻地山城镇。

本区人口36万人（2018年），以汉族为主。境内通行南靖话。南靖话为闽语闽南方言之泉漳小片。此外，境内大约还有两万人说客家话，主要集中在梅林乡和书洋乡。

本区主要流行的戏曲形式是潮剧、芗剧，还有方言说书、方言快板等。

南靖话是2015年福建省语保点。由厦门大学教师杨伟忠、李焱全程记录整理。

二 方言发音人概况

方言老男张三化，汉族，1958年12月出生于南靖县山城镇，初中文化程度。务农。

方言青男吴平，汉族，1976年2月出生于南靖县金山镇，大学本科文化程度。就职于南靖县教育局。

方言老女陈亚阮，汉族，1955年2月出生于南靖县山城镇，初中文化程度。已退休。

方言青女孙旭红，汉族，1977年9月出生于南靖县山城镇，大学本科文化程度。就职于南靖县龙山镇中心幼儿园。

口头文化发音人有孙旭红（女）、陈亚阮（女），都是山城镇人。

地普发音人有吴平、张三化、吴雄，都是山城镇人。

三　南靖话音系

（一）声母

南靖话有 18 个声母（包括零声母）：

表 1　南靖话声母表

p 八兵爬病飞₀肥饭	pʰ 派片蜂	b 麦明₂味问	m 明₀	
t 多东甜毒张竹茶	tʰ 讨天抽拆柱	l 南老蓝₂连路	n 脑年泥蓝₀软	
ts 资早租酒坐全争装纸主船十	tsʰ 刺草寸清贼抄初床车春手		s 丝三酸想祠谢事山双顺书城	dz 字热
k 高九共权₂县	kʰ 开轻权₀	g 熬月	ŋ 雅	h 飞₂风副好灰响云
∅ 活安温王用药				

说明

声母 m、n、ŋ 是 b、l、g 的音位变体。b、l、g 与鼻化韵母相拼时，受鼻化韵母影响读似 m、n、ŋ，因而增加了三个声母。

（二）韵母

南靖话有 79 个韵母（包括声化韵 m、ŋ）：

表 2　南靖话韵母表

	i 猪雨₂米丝试戏二	u 师₂
a 饱	ia 靴写瓦	ua 歌₀赔
ɛ 茶牙		uɛ 花
e 坐鞋		ue 过飞₀鬼
o 歌₂宝	io 笑₀桥	

续表

	iu 油	ui 开₍白₎对飞₍文₎
ai 排开₍文₎师₍白₎		uai 快
au 豆走	iau 笑₍文₎	
ɔu 苦五雨₍白₎		
m̩ 姆		
ŋ̍ 糖床		
	ĩ 年₍白₎	ũ 毛
ã 敢	iã 兄	uã 山₍白₎半官
ɛ̃ 硬争₍白₎病星		uɛ̃ 妹
ɔ̃ 摸	iɔ̃ 章	
	iũ 洋	uĩ 门
ãi 摆		uãi 様
ãu 闹	iãu 猫	
	im 心深	
am 南	iam 盐	
ɔm 参		
	in 根新	un 寸滚春云
an 山₍文₎	ian 年₍文₎	uan 短权
	iŋ 灯升争₍文₎	
aŋ 讲₍文₎东	iaŋ 响双	
ɔŋ 王讲₍白₎	iɔŋ 用	
	ip 十₍文₎急	
ap 十₍白₎	iap 接₍文₎贴	
ɔp 落		
	it 七一橘直₍白₎绿	ut 骨出
at 八₍文₎节₍白₎	iat 热节₍文₎	uat 法月₍文₎
	ik 色白₍文₎	

续表

ak 壳学_文北六_白	iak 约	
ɔk 托_文国谷	iɔk 六_文局	
	iʔ 接_白	uʔ 托_白
aʔ 盒塔鸭	iaʔ 锡	uaʔ 辣活刮
ɛʔ 白_白		
eʔ 八_白节_白		ueʔ 月_白郭
oʔ 学_白	ioʔ 药尺	
ŋʔ 哪		
	ĩʔ 物	ũʔ 哪
ãʔ 哪		
ɛ̃ʔ 夹		
ãuʔ 嚼		

注:"节"有两种白读。

(三) 声调

南靖话有 7 个单字声调（不包括轻声）:

阴平 34　东该灯风通开天春
阳平 323　门龙牛油铜皮糖红
阴上 54　懂古鬼九统苦讨草买老_白五_白有_白
阴去 21　冻怪半四痛快寸去哭
阳去 22　卖路硬乱洞地饭树动罪后近老_文五_文有_文
阴入 32　谷百搭节急拍塔切刻
阳入 121　六麦叶月毒白盒罚

(四) 连读变调说明

南靖话的词语连读时一般会发生变调。大多数情况下，二字组的前字为阴平、阳平、阴上、阴去、阳去、阳入时，会根据下字调类的不同发生有规律的变化，下字则保持原调；而上字为阴入时，变调规律不明显，暂且视为不变调。

连读变调的调值共有四种：22、44、54、21。其中 22、54、21 见于单字调，44 只见于变调。

南靖话二字组连读变调规律见表3，表左是前字声调调值，表头是后字声调调值，表中是前字变调调值。

表3　南靖话两字组连读变调规律表

前字＼后字	阴平 34	阳平 323	阴上 54	阴去 21	阳去 22	阴入 32	阳入 121
阴平 34	22	22	22	22	22	22	22
阳平 323	22	22	22	22	22	22	22
阴上 54	44	44	44	44	44	44	44
阴去 21	54	54	54	54	54	54	54
阳去 22	21	21	21	21	21	21	21
阴入 32	—	—	—	—	—	—	—
阳入 121	21	21	21	21	21	21	21

表4　南靖话两字组连读变调举例

阴平＋阴平　[34－22 34]	蜘蛛 ti tu	鸡公 ke kaŋ	猪肝 ti kuã
阴平＋阳平　[34－22 323]	今年 kin nĩ	高粱 kau liaŋ	新娘 sin niũ
阴平＋阴上　[34－22 54]	烧水 sio tsui	鸡母 ke bo	欢喜 huã hi
阴平＋阴去　[34－22 21]	天气 tʰĩ kʰi	甘蔗 kam tsia	相信 siaŋ sin
阴平＋阳去　[34－22 22]	街路 kɛ lɔu	甘愿 kam guan	堤岸 tʰe huã
阴平＋阴入　[34－22 32]	猪血 ti hueʔ	阿叔 a tsik	相拍 sio pʰaʔ
阴平＋阳入　[34－22 121]	公历 kɔŋ lik	番麦 huan bɛʔ	三十 sã tsap
阳平＋阴平　[323－22 34]	雷公 lui kɔŋ	梅花 bue huɛ	淮山 huai san
阳平＋阳平　[323－22 323]	明年 mẽ nĩ	头前 tʰau tsiŋ	眠床 bin tsʰŋ
阳平＋阴上　[323－22 54]	年尾 nĩ bue	牛母 gu bo	锣鼓 lo kɔu
阳平＋阴去　[323　22 21]	油菜 iu tsʰai	陪嫁 pue kɛ	详细 siaŋ se
阳平＋阳去　[323－22 22]	城裏 siã lai	蚕豆 tsʰan tau	和尚 hue siũ
阳平＋阴入　[323－22 32]	磁铁 tsu tʰiʔ	铅笔 ian pit	毛笔 mũ pit

续表

阳平+阳入 [323-22 121]	排日 pai dzit	条直 tiau tit	明日 mẽ dzit
阴上+阴平 [54-44 34]	牡丹 bɔu tan	狗公 kau kaŋ	简单 kan tan
阴上+阳平 [54-44 323]	枕头 tsim tʰau	锁匙 so si	本钱 pun tsĩ
阴上+阴上 [54-44 54]	冷水 liŋ tsui	马桶 bɛ tʰaŋ	狗母 kau bo
阴上+阴去 [54-44 21]	韭菜 ku tsʰai	短裤 te kʰɔu	考试 kʰo tsʰi
阴上+阳去 [54-44 22]	柳树 liu tsʰiu	煮饭 tsi puĩ	小妹 sio muẽ
阴上+阴入 [54-44 32]	几桌 ki toʔ	手骨 tsʰiu kut	掌甲 tsiŋ kaʔ
阴上+阳入 [54-44 121]	手镯 tsʰiu soʔ	扁食 pan sit	满月 muã gueʔ
阴去+阴平 [21-54 34]	菜瓜 tsʰai kuɛ	唱歌 tsʰio kuẽ	菜刀 tsʰai to
阴去+阳平 [21-54 323]	菜头 tsʰai tʰau	拜堂 pai tŋ	算盘 suĩ puã
阴去+阴上 [21-54 54]	气喘 kʰui tsʰuan	正手 tsiã tsʰiu	喙齿 tsʰui kʰi
阴去+阴去 [21-54 21]	放屁 paŋ pʰui	做戏 tso hi	见笑 kian siau
阴去+阳去 [21-54 22]	对面 tui bin	放尿 paŋ dzio	看病 kuã pẽ
阴去+阴入 [21-54 32]	四角 si kak	课室 kʰo sit	四百 si pɛʔ
阴去+阳入 [21-54 121]	做月 tso gueʔ	放学 paŋ oʔ	四月 si gueʔ
阳去+阴平 [22-21 34]	饭锅 puĩ ue	豆浆 tau tsiũ	订婚 tiŋ hun
阳去+阳平 [22-21 323]	大门 tua muĩ	旧年 ku nĩ	运途 un tɔu
阳去+阴上 [22-21 54]	老母 lau bu	后悔 au hue	后尾 au bue
阳去+阴去 [22-21 21]	尿布 dzio pɔu	饭店 puĩ tiam	事志 tai tsi
阳去+阳去 [22-21 22]	外号 gua ho	尚惮 siũ tuã	定定 tiã tiã
阳去+阴入 [22-21 32]	自杀 tsu sat	第一 te it	饭桌 puĩ toʔ
阳去+阳入 [22-21 121]	闹热 lau dziat	二十 dzi tsap	大麦 tua bɛʔ
阳入+阴平 [121-21 34]	蜜蜂 bit pʰaŋ	药汤 ioʔ tʰŋ	目珠 bak tsiu
阳入+阳平 [121-21 323]	石头 tsioʔ tʰau	核桃 hut tʰo	学堂 oʔ tŋ
阳入+阴上 [121-21 54]	栗子 lat tsi	佛祖 hut tsɔu	蚀本 siʔ pun
阳入+阴去 [121-21 21]	咳嗽 ka sau	阔气 kʰuaʔ kʰui	客店 kʰɛʔ tiam

阳入+阳去 [121-21 22]	月亮 gueʔ liaŋ	一万 tsit ban	粒饭 liap puĩ
阳入+阴入 [121-21 32]	蜡烛 laʔ tsik	石桌 tsioʔ toʔ	一角 tsit kak
阳入+阳入 [121-21 121]	日食 dzit sit	月食 gueʔ sit	摸脉 bɔŋ mẽʔ

（五）老男和青男在音系上的主要区别

老男和青男在音系的整体格局上保持大致相同，只有个别字音表现出一定的差异。

声母系统中，某些疑母字老男和青男有别。如：业：老男 [g]、青男 [∅]。

韵母系统中，老男某些入声字保留喉塞尾，而青男则丢失，如：踏：老男 [aʔ]、青男 [a]；蜡：老男 [aʔ]、青男 [a]。

平 和 话

一　平和点概况

平和县属漳州市辖县，位于漳州市境中西部。东邻龙海市、漳浦县，西接龙岩永定区、广东省，南接云霄县、诏安县，北部与南靖县交界。东经116°54′—117°31′，北纬24°02′—24°35′。本调查点为县政府驻地小溪镇。

本县有60.95万人，其中汉族60.7万人，畲族0.25万人。平和县辖小溪、山格、南胜、文峰、坂仔、霞寨、安厚、大溪、芦溪、九峰10镇和五寨、秀峰、国强、崎岭、长乐5乡。通行的方言有闽南话和客家话，以讲闽南话的居多，没有少数民族语言。客家话分布在西沿长乐乡全部，九峰镇大部，大溪、芦溪、国强、崎岭4个乡镇的部分地区。县城小溪镇，以及大溪镇所辖的鸿滨居委会和店前、大芹等25个村委会，芦溪镇所辖的东溪居委会和东槐、村坑等17个村委会，国强乡所辖高坑、延山、白叶、墘岭等14个村委会，以及崎岭乡所辖的合溪、桂竹、新南等13个村委会，主要讲闽南话。本调查点记录的是平和闽南话。

平和话为2016年福建省语保点。由集美大学教师陈曼君全程记录整理。

二　方言发音人概况

方言老男卢岸川，汉族，1945年3月出生于小溪镇。初中文化程度。已退休。

方言青男蔡艺伟，汉族，1992年5月出生于小溪镇。高中文化程度。自由职业。

方言老女李秀珍，汉族，1962年2月出生于小溪镇。小学文化程度。自由职业。

方言青女蔡艺娟，汉族，1990年3月出生于小溪镇。初中文化程度。自由职业。

口头文化发音人卢岸川，小溪镇人。

地普发音人有蔡艺娟（女）、卢岸川、李秀珍（女），都是小溪镇人。

三　平和话音系

（一）声母

平和话有15个声母（包括零声母）：

表1　平和话声母表

p 八兵爬病飞白肥饭	pʰ 派片蜂	b 麦明味问	
t 多东甜毒张竹茶	tʰ 讨天抽拆柱	l 脑南年泥老蓝连路软	
ts 资早租酒坐全争装纸主船十白	tsʰ 刺草清贼抄初床白车春手	dz 字热	ɕ 丝三酸想祠谢事床白山双顺书十文城
k 高九共县	kʰ 开轻权	g 熬月	h 飞文风副好灰响活文云白
ø 活白安温王云文用药			

说明：

1. 有浊声母 dz。

2. 当 b、l、g 与鼻化韵相拼时，带有轻微的 m、n、ŋ 音色。m、n、ŋ 是 b、l、g 的音位变体，记音时一律记为 b、l、g。

3. 遇到零声母音节时，其发音往往前带一个弱化的 ʔ。为了简便起见，记音时予以省略。同时，喉塞韵尾 ʔ 有弱化的趋势。

4. 喉擦音 [h] 的发音部位比实际位置稍前。

（二）韵母

平和话有78个韵母（包括声化韵 m、ŋ）：

表2 平和话韵母表

	i 猪雨_文_米丝试戏二	u 师_文_
a 牙_文_饱_白_	ia 靴写瓦_白_	ua 歌_白_瓦_文_
ɛ 茶牙_白_		uɛ 飞_白_
ɔ 数		
e 坐鞋短		ue 过赔
o 歌_文_宝	io 笑_白_桥_白_	
	iu 油	ui 开_白_对飞_文_鬼
ai 开_文_排师_白_		uai 快_文_
au 饱_文_豆走	iau 笑_文_桥_文_	
ou 苦五_白_雨_白_		
m 姆		
ŋ 糖床		
	ĩ 年	
ã 胆三	iã 兄	uã 快_白_山_白_半官
ɛ̃ 骂		
ẽ 硬争_白_病星_白_		uẽ 煤悬
	iũ 抢想	uĩ 横
ãi 妹指		uãi 歪
ãu 藕熬	iãu 猫	
ɔ̃u 午		
õu 五_文_		
	im 心深	
am 南	iam 盐	
ɔm 森		
	in 根新云_文_升_白_	un 寸滚春云_白_
an 山_文_	ian 善延建	uan 权
	iŋ 灯升_文_争_文_病星_文_	

续表

aŋ 讲_文东_白	iaŋ 响双	uaŋ 风
ɔŋ 王讲_白东_文	iɔŋ 用	
	ip 十_文急	
ap 十_白	iap 接_文贴	
	it 七一直	ut 骨出
at 八_文节_白	iat 热_文节_文橘	uat 法活_文月_文
	ik 色	
ak 壳学_文北六_白	iak 约	
ɔk 托_文国谷	iɔk 六_文绿局	
	iʔ 接_白	uʔ 托_白
aʔ 盒塔鸭	iaʔ 锡	uaʔ 辣热_白活_白刮
ɛʔ 白		
eʔ 八_白		ueʔ 节_白月_白郭
oʔ 学_白	ioʔ 药尺	
	ĩʔ 捏	uiʔ 划
ẽʔ 脉		
	iãuʔ 蜷	

说明：

1. o、u 舌位略靠前，u 发音时嘴唇略展，o 发音时嘴唇更展，近于 ɤ。发音时开口度比标准发音开口度小。

2. m 可以自成音节，如"唔 m²²"；ŋ 不可以自成音节，但可以单独做韵母，如"床 tsʰŋ²³"。

3. 跟其他闽南方言一样，拥有丰富的鼻化韵。

（三）声调

平和话有 7 个单字声调（不包括轻声）：

阴平 34　　东该灯风通开天春

阳平 23　　门龙牛油铜皮糖红

阴上 52　　懂古鬼九统苦讨草买老_文五_文

阴去 21	冻怪半四痛快寸去哭
阳去 22	老_白五_白有动罪近后卖路硬乱洞地饭树
阴入 54	谷百搭节急拍塔切刻
阳入 32	六麦叶月毒白盒罚

说明：

1. 古平、去、入三声根据古声母清浊今读各分阴阳，古清上一律归为阴上，次浊上部分归为阴上，部分变为阳去，全浊上一概变为阳去。

2. 七个调中，阴平 34 属于中升调，阳平 23 属于低升调。阴上 52 属于高降调，阴去 21 是低降调，阳去 22 则是低平调。

3. 老派阴入 54 和阳入 32 都为促声调，前者属于高降调，后者属于低降调。

（五）连读变调的说明

两字组连读，除二字之间是主谓关系或末字是轻声音节而不变调外，一般说来，前字无论遇到哪一种声调的后字都要变调，而后字则不变调。具体的变调规律如下：

1. 阴平 34 和阳平 23 都变为 22，与单字调阳去同调。

2. 阴上 52 变为 23，与单字调阳平同调。

3. 阴去 21 变为 52，与单字调阴上同调。

4. 阳去 22 变为 21，跟单字调阴去同调。

5. 阴入 54 逢 -ʔ 韵尾变读 42 短促调；逢 -p、-t、-k 韵尾变读 32 短促调。

6. 阳入 32 变为 21 短促调。

表 3 是平和方言两字连读变调表。表左是前字声调调值，表头是后字声调调值，表中是前字变调调值。

表 3　平和话两字组连读变调规律表

前字＼后字	阴平 34	阳平 23	阴上 52	阴去 21	阳去 22	阴入 54	阳入 32
阴平 34	22	22	22	22	22	22	22
阳平 23	22	22	22	22	22	22	22
阴上 52	23	23	23	23	23	23	23
阴去 21	52	52	52	52	52	52	52
阳去 22	21	21	21	21	21	21	21

续表

前字\后字		阴平 34	阳平 23	阴上 52	阴去 21	阳去 22	阴入 54	阳入 32
阴入 54	-ʔ	42	42	42	42	42	42	42
	-p、-t、-k	32	32	32	32	32	32	32
阳入 32		21	21	21	21	21	21	21

表4　平和话两字组连读变调举例

阴平 + 阴平 [34 - 22 34]	中央 tioŋ iaŋ	春分 tsʰun hun	风台 hoŋ tʰai
阴平 + 阳平 [34 - 22 23]	中南 tioŋ lam	今年 kin lĩ	明午 bẽ lĩ
阴平 + 阴上 [34 - 22 52]	中古 tioŋ kou	沟仔 kau ã	塘仔 tŋ ã
阴平 + 阴去 [34 - 22 21]	中将 tioŋ tsiaŋ	天气 tʰĩ kʰi	中昼 tioŋ tau
阴平 + 阳去 [34 - 22 22]	中共 tioŋ kioŋ	冰雹 piŋ pʰa	溪岸 kʰe huã
阴平 + 阴入 [34 - 22 54]	中国 tioŋ kɔk	初一 tsʰe it	阿叔 a tsik
阴平 + 阳入 [34 - 22 32]	中药 tioŋ ioʔ	归日 kui dzit	排日 pai dzit
阳平 + 阴平 [23 - 22 34]	来宾 lai pin	洋灰 iũ hue	塗沙 tʰou sua
阳平 + 阳平 [23 - 22 23]	来源 lai guan	湴涂 tam tʰou	煤油 buẽ iu
阳平 + 阴上 [23 - 22 52]	来往 lai oŋ	塗粉 tʰou hun	年尾 lĩ bue
阳平 + 阴去 [23 - 22 21]	来信 lai sin	门模 buĩ tiŋ	无趁 bo tʰan
阳平 + 阳去 [23 - 22 22]	来路 lai lou	园地 huĩ te	塍岸 tsʰan huã
阳平 + 阴入 [23 - 22 54]	来客 lai kʰeʔ	磁铁 tsu tʰiʔ	头壳 tʰau kʰak
阳平 + 阳入 [23 - 22 32]	来历 lai lik	手镯 tsʰiu soʔ	扁食 pian sit
阴上 + 阴平 [52 - 23 34]	好心 ho sim	好天 ho tʰĩ	火烌 hue hu
阴上 + 阳平 [52 - 23 23]	好侬 ho laŋ	顶年 tiŋ lĩ	早年 tsa lĩ
阴上 + 阴上 [52 - 23 52]	好纸 ho tsua	冷水 liŋ tsui	滚水 kun tsui
阴上 + 阴去 [52 - 23 21]	好意 ho i	起厝 kʰi tsʰu	火炭 hue tʰuã
阴上 + 阳去 [52 - 23 22]	好事 ho su	所在 sou tsai	厝裏 tsʰu lai
阴上 + 阴入 [52 - 23 54]	好铁 ho tʰiʔ	几桌 ki toʔ	指甲 tsiŋ kaʔ

续表

阴上 + 阳入 [52-23 32]	好药 ho ioʔ	煮食 tsi tsiaʔ	扁食 pian sit
阴去 + 阴平 [21-52 34]	教师 kau su	刺瓜 tsʰi kua	菜瓜 tsʰai kua
阴去 + 阳平 [21-52 23]	教材 kau tsai	过年 kue lĩ	菜头 tsʰai thau
阴去 + 阴上 [21-52 52]	教本 kau pun	棍仔 kun ã	倒手 to tsʰiu
阴去 + 阴去 [21-52 21]	教案 kau an	见笑 kian siau	漏气 lau kʰui
阴去 + 阳去 [21-52 22]	教授 kau siu	对面 tui bin	气味 kʰi bi
阴去 + 阴入 [21-52 54]	教室 kau sit	四角 si kak	再佫 tsai koʔ
阴去 + 阳入 [21-52 32]	教学 kau oʔ	细粒 se liap	满月 buã gueʔ
阳去 + 阴平 [22-21 34]	运输 un si	背心 pue sim	臭酸 tsʰau suĩ
阳去 + 阳平 [22-21 23]	运河 un ho	旧年 ku lĩ	落来 loʔ lai
阳去 + 阴上 [22-21 52]	运转 un tsun	大水 tua tsui	地震 te tsin
阳去 + 阴去 [22-21 21]	运气 un kʰi	面布 bin pou	雨伞 hou suã
阳去 + 阳去 [22-21 22]	运动 un tɔŋ	后面 au bin	裏面 lai bin
阳去 + 阴入 [22-21 54]	运出 un tsʰut	后壁 au piaʔ	目赤 bak tsʰiaʔ
阳去 + 阳入 [22-21 32]	运入 un dzip	旧历 ku lik	历日 la dzit
阴入 + 阴平 [54-42 34]	拍输 pʰaʔ su	擘开 pɛʔ kʰui	册包 tsʰeʔ pau
阴入 + 阳平 [54-42 23]	拍球 pʰaʔ kiu	佫来 koʔ lai	剃头 tʰiʔ tʰau
阴入 + 阴上 [54-42 52]	拍鼓 pʰaʔ kou	桌仔 toʔ ã	屉仔 tʰuaʔ ã
阴入 + 阴去 [54-42 21]	拍算 pʰaʔ suĩ	歇睏 hɛʔ kʰun	哈欠 haʔ tsʰiũ
阴入 + 阳去 [54-42 22]	拍败 pʰaʔ pai	百五 pɛʔ gou	借路 tsioʔ lou
阴入 + 阴入 [54-42 54]	拍结 pʰaʔ kiat	喝忽 huaʔ hut	佫恰 koʔ kʰaʔ
阴入 + 阳入 [54-42 32]	拍石 pʰaʔ tsioʔ	喝食 huaʔ tsiaʔ	喝掠 huaʔ liaʔ
阴入 + 阴平 [54-32 34]	竹篙 tik ko	北葱 pak tsʰaŋ	发烧 huat sio
阴入 + 阳平 [54-32 23]	竹筒 tik taŋ	雪文 sap bun	鲫鱼 tsit hi
阴入 + 阴上 [54-32 52]	竹马 tik bɛ	虱母 sap bo	鲫仔 tsit ã
阴入 + 阴去 [54-32 21]	竹器 tik kʰi	即位 tsit ui21	许位 hit ui
阴入 + 阳去 [54-32 22]	竹帽 tik bɔ	出庙 tsʰut bio	出齐 tsʰut tse

续表

阴入＋阴入〔54－32 54〕	竹节 tik tsat	即角 tsit kak5	许角 hit kak
阴入＋阳入〔54－32 32〕	竹箬 tik hio	竹席 tik tsʰioʔ	督学 tɔk oʔ
阳入＋阴平〔32－21 34〕	六间 lak kiŋ	辣椒 luaʔ tsio	落山 loʔ suã
阳入＋阳平〔32－21 23〕	六侬 lak laŋ	石头 tsioʔ tʰau	石榴 seʔ liu
阳入＋阴上〔32－21 52〕	六点 lak tiam	日头 dzit tʰau	白果 pɛʔ kue
阳入＋阴去〔32－21 21〕	六世 lak si	白菜 pɛʔ tsʰai	白布 pɛʔ pou
阳入＋阳去〔32－21 22〕	六代 lak te	落雨 loʔ hou	绿豆 lik tau
阳入＋阴入〔32－21 54〕	六国 lak kɔk	六桌 lak toʔ	曝日 pʰak dzit
阳入＋阳入〔32－21 32〕	六月 lak geʔ	日食 dzit sit	月食 gueʔ sit

（六）青男和老男在音系上的主要差别

1. 声母方面：

老男声母和青男声母都是 15 个，差别主要体现在文白异读上。有的字在老男声母里有文白异读的差别，但到了青男声母里就只有一读，如"十 tsap³²"；有的字在老男声母里只有一读，属于比较古老的读音，但是到了青男声母里却因向普通话靠拢而变为文白两读，如"熬 go$_{白}^{12}$／ãu$_{文}^{12}$"。

2. 韵母方面：

老男和青男在韵母上的差异表现如下：

（1）老男韵母有 78 个，青男韵母有 75 个，老男韵母比青男韵母多出 uɛ、ɔu、ɛʔ 韵。

（2）老男读 ɔ 韵的"谱布铺布簿"等字到了青男那里则合流到 ou 韵中，因此青男 ɔ 韵的使用范围大为缩小。

（3）老男和青男对文白异读的使用也有差异。有时老男有文白异读，青男则只有一读，如"歌 kau³⁴"；有时同一个字，老男和青男文白异读有所不同，如"饱"的文读老男读为 pau⁵²，青男读为 po⁵²。

3. 声调方面：

青男和老男的声调差别较小，只体现在阳平的调值上，调型不变，但青男阳平 12 跟老男的阳平相比，上升的幅度更小，接近平调。

漳 浦 话

一　调查点概况

漳浦县属漳州市辖县，位于漳州市境南部沿海。东部、南部临台湾海峡，西接平和县、云霄县，北部与龙海市为界。东经117°24′—118°02′，北纬23°43′—24°21′。本调查点为县政府驻地绥安镇。

全县人口约87万人。少数民族以畲族人口最多，大约不到2万人。全县通行闽语闽南方言，接近漳州话。漳浦话内部略有语音方面的差异，大致有绥安、石榴、官浔、佛昙、旧镇等5种口音。

境内比较流行的戏剧有潮剧、芗剧、竹马戏、汉剧、木偶戏等。

漳浦话是2016年国家语保点。由闽南师范大学文学院教师林颂育全程记录整理。

二　方言发音人概况

方言老男朱金龙，汉族，1955年8月出生于绥安镇，小学肄业。自由职业。

方言青男朱志坚，汉族，1985年8月出生于绥安镇，大学本科文化程度。就职于漳浦广播电视台。

方言老女王碧芬，汉族，1962年2月出生于绥安镇，高中文化程度。已退休。

方言青女柯梅娟，汉族，1987年8月出生于绥安镇，大学本科文化程度。就职于漳浦中国邮政储蓄银行。

口头文化发音人有张汶和（霞美镇）、何巧娟（女）、王碧芬（女）、黄瑞坤（以上均为绥安镇人）。

地普发音人有朱金龙、王碧芬（女）、林顺坤，都是绥安镇人。

三 漳浦话音系

（一）声母

漳浦话有 15 个声母（包括零声母）：

表 1 漳浦话声母表

p 八兵爬病飞_白肥饭	pʰ 派片蜂	b 麦明味问	
t 多东甜毒张竹茶	tʰ 讨天抽拆柱	l 脑南年泥老蓝连路热_白软	
ts 资早租酒坐_文全谢_白争装纸主船十	tsʰ 刺_白草寸清贼抄_文初床车春手	dz 裕	s 刺_文坐_白抄_白 丝三酸想祠谢_文事山双顺书城
k 高九共权县	kʰ 开轻	g 字热_文熬月	h 飞_文风副好灰响活_文云
∅ 活_白安温王用药			

说明：

1. b-、l-、g-声母与鼻化韵相拼时，读同部位的鼻音声母 m-、n-、ŋ-。本书一律记为 b-、l-、g-。

2. ts-、tsʰ-、s-声母与齐齿呼韵母相拼时，音值近似 tɕ-、tɕʰ-、ɕ-。

3. [l] 实际读音近似 [d]。

4. [dz] 的实际发音，"塞"的成分较弱，接近 [z]。

5. 其他闽南方言读为 tsʰ-声母的字，在漳浦方言中有对应读为 s-的特点，如"亲 [sin⁴⁴]" "榕 [sioŋ³¹]"。对漳浦方言来说，tsʰ-、s-类似自由变体，表现为同一个字读 tsʰ-或 s-常因人或因时而异。同一个人在无提示情况下对同一个字的念读也常前后不一。如果说单字音个体差别较明显，那么在语汇中，特别是语汇中的非前字，多数人则会习惯性读为 s-（有时近似为塞音成分较弱的 ts-）。

（二）韵母

漳浦话有 71 个韵母（包括声化韵 m、ŋ）：

表2　漳浦话韵母表

	i 猪雨〔文〕米丝试戏二接〔白〕	u 师〔文〕
a 牙〔文〕饱塔鸭	ia 靴写瓦锡	ua 歌〔白〕刮
ɛ 坐茶牙〔白〕短八〔白〕		
ɔ 歌〔文〕宝	iɔ 笑〔白〕桥尺	
e 个（相当于"的"）		ue 过赔飞〔白〕郭
	iu 油	ui 开〔白〕对飞〔文〕鬼
ai 开〔文〕排师〔白〕		uai 快〔文〕
	iei 鞋	
au 豆走	iau 笑〔文〕	
ou 苦五〔白〕雨〔白〕		
m 唔		
ŋ 糖床		
	ĩ 年〔白〕	
ã 胆	iã 兄	uã 快〔白〕山〔白〕半官〔白〕
ɛ̃ 硬争〔白〕病星〔白〕		uɛ̃ 横
	iũ 娘张	uĩ 断卷
ãi 埋		uãi 拐关
ãu 毛〔文〕藕	iãu 猫	
õu 五〔文〕		
	im 心深	
am 南	iam 盐	
om 参〔人参〕		
	in 根新云〔文〕	un 寸滚春云〔白〕
an 山〔文〕星〔文〕	ian 年〔文〕	uan 官〔文〕权
aŋ 讲〔文〕东〔白〕	iaŋ 响双	
oŋ 王讲〔白〕东〔文〕	ioŋ 灯升争〔文〕星〔文〕用	
	ip 急	

续表

ap 盒十	iap 接_文_贴	
	it 七一橘直	ut 骨出
at 八_文_节_白_	iat 热_文_节_文_	uat 法活_文_月_文_
ak 壳学_文_北六_白_	iak 雀剧	
ok 托国谷	iok 色白_文_六_文_绿局	
	iʔ 舌箴	
aʔ 踏闸	iaʔ 食额	uaʔ 辣热_白_活_白_
ɛʔ 节_白_白_白_		uɛʔ 月_白_
ɔʔ 学_白_	iɔʔ 药	
aiʔ 哎		
	iauʔ 嚼_吱吱~~_	
	ɿʔ 物_白_	
ɛ̃ʔ 蜢		
	iãuʔ □_囝仔真~_	

说明：

1. 韵母 -iɕi 在单字音中，介音 -i- 有较明显的腭化色彩，更似附着于声母上的一种发音特征，如"初"记为 [siei]，实际音值更近 [sjei]。在语汇中，介音 -i- 和韵尾则有弱化的倾向，如"初中 [siei¹³tioŋ⁴³]"中的 [siei¹³] 更近 [ɜc¹³]。

2. 韵母 -ɔ、-iɔ 中的 ɔ 较之标准元音，舌位略高且偏前。这两个韵母的字，进入语汇时，开口度相对于单字音有变小的倾向。

3. 韵母 ou 在不同字里音值略有不同，时而两个元音都较为清晰，时而 o 更为明显，u 则较为模糊，音值貌似 ɔ。对某些字来说，ɔ、ou 类似自由变体，如"某""所"。

4. 在所调查范围内，老男发音人有四个字读为撮口，包括"雨_文_ [y⁵¹]""云_文_ [yn⁴¹²]""匀 [yn⁴¹²]""远_文_ [yan⁵¹]"。考虑到这类读音涉及的字少，书面语感较浓，且有明显个体变异的色彩（在本方言区中并不具有代表性），我们仍将其归入相应的齐齿呼韵母中，但随文标注其发音特色。

（三）声调

漳浦话有7个单字声调（不包括轻声）：

阴平 43　　东该灯风通₂开天春

阳平 412　　门龙牛油铜皮糖红

阴上 51　　懂古鬼九统苦讨草买老₂五₂有₂百₂节₂拍塔

阴去 21　　通₂冻怪半四痛快寸去哭

阳去 33　　卖路硬乱洞地饭树老₂五₂有₂动罪近后

阴入 54　　谷百₂搭节₂急切刻

阳入 212　　六麦月毒白盒罚

说明：

1. 在其他闽南方言中还带喉塞尾 -ʔ 的阴入字，在漳浦方言的单字音中多已舒化，表现为喉塞音韵尾丢失，声调并入调型与之相似的阴上。如"借 = 少 tsio⁵¹""削 = 写 sia⁵¹"。但作为双音节或多音节词的后字出现时，带喉塞尾的阴入字则有保留促声和喉塞韵尾的倾向。

2. 阴平有多种变体。鉴于出现频率及为了与阳去33相别，统一记为43。

3. 阳平有多种变体，常见阳平调为降升型转折调，其发音特点是中间的转折部分较为平缓，实际调值常为4112。

4. 阴上记为51。相对于阴平的起点4，阴上的起点5显得特别高。收尾部分有时高于1。

5. 阴去有11、21、211、212等多种变体，统一记为21。分别念读时，漳浦方言某些阳平字调值近似阴去，但比对时，发音人可清楚辨认二者之别。二者的区别往往是通过强化阳平字内部的高低变化来实现，如：化 hua¹¹ ≠ 华 hua³¹² （前长后短，近似31），四 si¹¹ ≠ 徐 si¹¹² （前短后长，近似13）。

6. 参照阴平的起点，我们把老派绥安话的阴入记为54。对一些具体单字而言，阴入字念读时高低变化还是比较明显的。其中，带塞音韵尾的阴入字，发音短促特征较为明显。

7. 阳入记为212。实际念读时，起点和收尾的音高不那么稳定，可能呈现出213、312、311、211等不同变体。声母为舌根音的阳入字，起点可能还高于3。

（四）连读变调的说明

漳浦方言两字组连读，除二字之间是主谓关系或末字是轻声音节而不变调外，一般说来，前字要变调，后字不变调。前字变调仅与前字本身的调类有关，而与后字调类无关。即当前字单字调同一，与之组合的后字调类无论是什么，前字变调结果是一样的。前字为入声的，根据韵尾的不同分成两组不同的变调形式。

请特别注意：

1. 前字阴平或阳平的两字组，无论后字为何种调类，前字都可视为由原阴平 43 或原阳平 412 变为阳去 33。其中后字若为阴平 43、阳平 412、阴上 51、阴入 54 等起点较高的调类，前字有时变读为 13。鉴于哪些词变读为 13，哪些词变读为 33 并无明显分派规律可循，且可能因人因时而异，故将 13 视为 33 的变体。

2. 其他闽南方言中带喉塞韵尾的阴入字，在漳浦方言的单字音中多舒声化而混同于阴上。但其作为前字进入语汇时，却与阴上字有着不同的变调表现。鉴于该类阴入字在语汇末字中还常复原出带喉塞韵尾的短促读法，我们姑且认定该类字的深层读法为"$-?^{54}$"。

表 3　漳浦话两字组连读变调规律表

前字＼后字	阴平 43	阳平 412	阴上 51	阴去 21	阳去 33	阴入 54	阳入 212
阴平 43	33	33	33	33	33	33	33
阳平 412	33	33	33	33	33	33	33
阴上 51	43	43	43	43	43	43	43
阴去 21	51	51	51	51	51	51	51
阳去 33	21	21	21	21	21	21	21
阴入 54　-ʔ	51	51	51	51	51	51	51
阴入 54　-p/t/k	4	4	4	4	4	4	4
阳入 212	21	21	21	21	21	21	21

表 4　漳浦话两字组连读变调举例

阴平 + 阴平 [43-33 43]	当央 taŋ ŋ	猪肝 ti kuã	风台 hoŋ tʰai
阴平 + 阳平 [43-33 412]	冰雹 pioŋ pau	梳头 siei tʰau	番薯 han tsi
阴平 + 阴上 [43-33 51]	烧水 sio tsui	花蕾 hue lui	猪母 ti bɔ

续表

阴平+阴去 [43-33 21]	天气 tʰi kʰi	中昼 tioŋ tau	甘蔗 kam tsia
阴平+阳去 [43-33 33]	山路 suã lou	溪岸 kʰie huã	乡下 hiũ ɛ
阴平+阴入 [43-33 54]	亲戚 tsʰin tsʰiok	山谷 suã kok	冬节 taŋ tsɛʔ
阴平+阳入 [43-33 212]	归日 kui git	蜂蜜 paŋ bit	猪舌 ti tsiʔ
阳平+阴平 [412-33 43]	荷花 hɔ hue	年冬 lĩ taŋ	雷公 lui koŋ
阳平+阳平 [412-33 412]	年头 lĩ tʰau	胡蝇 hou sin	清明 tsʰioŋ bioŋ
阳平+阴上 [412-33 51]	茶米 tɛ bi	塗粉 tʰou hun	年尾 lĩ bue
阳平+阴去 [412-33 21]	寒蔗 kuã tsia	油菜 iu tsʰai	无气 bɔ kʰui
阳平+阳去 [412-33 33]	园地 huĩ tiei	时阵 si tsun	蚕豆 tsʰam tau
阳平+阴入 [412-33 54]	铅笔 ian pit	咸涩 kʰiam siap	侬客 laŋ kʰɛʔ
阳平+阳入 [412-33 212]	前日 tsioŋ git	农历 loŋ liok	
阴上+阴平 [51-43 43]	水灾 tsui tsai	水沟 tsui kau	火烌 hue hu
阴上+阳平 [51-43 412]	水油 tsui iu	以前 i tsioŋ	顶年 tioŋ lĩ
阴上+阴上 [51-43 51]	冷水 lioŋ tsui	水果 tsui kɔ	几桌 ki tɔ
阴上+阴去 [51-43 21]	火炭 hue tʰuã	笋菜 sun tsʰai	起厝 kʰi su
阴上+阳去 [51-43 33]	小路 siɔ lou	以后 i au	所在 sou tsai
阴上+阴入 [51-43 54]	手骨 tsʰiu kut	尾叔 bue tsiok	掌甲 tsioŋ kaʔ
阴上+阳入 [51-43 212]	每日 bue git	洗浴 siei iok	满月 buã guɛʔ
阴去+阴平 [21-51 43]	菜瓜 tsʰai kue	灶骹 tsau kʰa	背心 pue sim
阴去+阳平 [21-51 412]	正月 tsiã pioŋ	半暝 puã bɛ̃	喙唇 tsʰui tun
阴去+阴上 [21-51 51]	透早 tʰau tsa	扫帚 sau tsiu	喙齿 sui kʰi
阴去+阴去 [21-51 21]	粪扫 pun sɔ		
阴去+阳去 [21-51 33]	做旱 tsɔ uã	厝瓦 tsʰu hia	对面 tui bin
阴去+阴入 [21-51 54]	教室 kau sit		
阴去+阳入 [21-51 212]	做月 tsɔ guɛʔ	放学 paŋ ɔʔ	
阳去+阴平 [33-21 43]	下骹 ɛ kʰa	饲猪 tsʰi ti	豆浆 tau tsiũ
阳去+阳平 [33-21 412]	面前 bin tsioŋ	饲牛 si gu	大门 tua buĩ

续表

阳去 + 阴上 [33-21 51]	大水 tua tsui	裏底 lai tie	外口 gua kʰau
阳去 + 阴去 [33-21 21]	电罐 tian kuan	面布 bin pou	雨伞 hou suã
阳去 + 阳去 [33-21 33]	下面 ɛ bin	现在 hian sai	县裏 kuan lai
阳去 + 阴入 [33-21 54]	自杀 tsu sat	后壁 au piaʔ	釉粟 tiu siok
阳去 + 阳入 [33-21 212]	号脉 hau bẽʔ	旧日 ku liok	大麦 tua bɛʔ
以下是前字带 -ʔ 尾 阴入 + 阴平 [54-51 43]	拍针 pʰa tsiam	隔奶 kɛ lioŋ	册包 tsʰɛ pau
阴入 + 阳平 [54-51 412]	肉油 ba iu		
阴入 + 阴上 [54-51 51]	客鸟 kʰɛ tsiau		
阴入 + 阴去 [54-51 21]	拍算 pʰa suĩ	客店 kʰɛ tiam	
阴入 + 阳去 [54-51 33]	约谜 iɔ bi		
阴入 + 阴入 [54-51 54]	拍折 pʰa tsiat	铁笔 tʰi bit	
阴入 + 阳入 [54-51 212]	桀狭 kʰɛ ɛʔ		
以下是前字带 -p -t -k 尾 阴入 + 阴平 [54-4 43]	结婚 kiat hun	北葱 pak tsʰaŋ	发烧 huat siɔ
阴入 + 阳平 [54-4 412]	北片 pak pioŋ		
阴入 + 阴上 [54-4 51]	翼股 sit kou	腹肚 pak tou	
阴入 + 阴去 [54-4 21]	出嫁 tsʰut kɛ	疳势 kʰiap si	
阴入 + 阳去 [54-4 33]	国务 kok bu		
阴入 + 阴入 [54-4 54]	国策 kok tsʰiok		
阴入 + 阳入 [54-4 212]	乞食 kʰit tsiaʔ		
以下是前字带 -ʔ 尾 阳入 + 阴平 [212-21 43]	食奶 tsia lioŋ	着痧 tiɔ sua	药汤 iɔ tŋ
阳入 + 阳平 [212-21 412]	石头 tsiɔ tʰau	学堂 ɔ tŋ	
阳入 + 阴上 [212-21 51]	白酒 pɛ tsiu	麦秆 bɛ kuaĩ	
阳入 + 阴去 [212-21 21]	物配 bĩ pʰue		
阳入 + 阳去 [212-21 33]	摵定 tʰɛ tiã	麦穗 bɛ sui	

续表

阳入+阴入 [212-21 54]	蜡烛 la tsiok		
阳入+阳入 [212-21 212]	食药 tsia iɔʔ	白直 pɛ tit	
以下是前字带 -p -t -k 尾 阳入+阴平 [212-21 43]	蜜蜂 bit pʰaŋ	目珠 bak tsiu	
阳入+阳平 [212-21 412]	核桃 hut tʰɔ	目眉 bak bai	
阳入+阴上 [212-21 51]	木耳 bok gi	玉米 giok bi	
阳入+阴去 [212-21 21]	力相 lat siũ		
阳入+阳去 [212-21 33]	熟似 siok sai	木匠 bak siũ	绿豆 liok tau
阳入+阴入 [212-21 54]	目虱 bat sat		
阳入+阳入 [212-21 212]	日历 git liok		

（五）青男和老男在音系上的主要差别

漳浦方言青男和老男在音系上区别不大，除了音值方面的差异，如阴平和阳平调值有较明显区别。相对于老男略降的43，青男阴平多呈平调44。相对于老男的转折调412，青男阳平更多表现为降调。

其他比较明显的区别还有：

1. 老男有15个声母，青男有14个声母。表现为老男读 dz-声母字，青男都读为 l-声母。如"裕 dzu$^{33}_{老}$—lu$^{33}_{青}$"。

2. 随着时间的推移，青男某些字音有逐渐流失的倾向，尤其是那些相对文雅而又不是特别常用的口语词，往往是老男能准确说出读音和使用语境，青男或表示听过但不用，或表示从来就没注意过有相应说法。如"饿""靴""叶"等。

东 山 话

一 调查点概况

东山县属漳州市辖县，位于漳州市境东南端。东临台湾海峡，西临诏安湾，南临台湾海峡，北部与诏安县、云霄县相对。东经117°17′—117°35′，北纬23°33′—23°47′。本调查点为铜陵镇，在县政府驻地西埔镇正东偏北沿海。

东山全县常住人口约21.8万人，主要是汉族，少数民族人口仅200余人。全县通行闽语闽南方言东山话，内部略有差异：城关片，包括铜陵镇、康美乡和杏陈乡；西埔片，包括西埔镇、漳塘乡、陈城乡和前楼乡；大产村原属诏安县管辖，1952年划归东山县，有些字的读音比较特殊，独立为大产片。

清乾隆年间，潮剧传入铜山（今铜陵），至今仍是东山主要剧种。昆剧，清道光十一年（1831），铜山人林阿哥在广东碣石湾学得昆曲，回铜山设昆曲馆。民国时期，学唱昆曲者日多，至20世纪60年代停止活动，1980年重新组织昆剧文艺队，逢节日常在街头演出。汉剧，清代从广东梅县传入。1978年后，仅有城关农民业余汉剧团组织演唱活动。其他曲艺，如芗剧、木偶、大曲、南音、四平锣鼓和五角戏，也曾在县内出现。芗剧是1950年5月后由漳州芗剧团来东山演出时传入的，城关曾组织业余芗剧团。五角戏是五个人演出，一人可扮数角，这种戏曾在东沈、下湖等村出现，今已失传。

东山话是2015年福建省语保点。由闽南师范大学文学院林颂育全程记录整理。

二 方言发音人概况

方言老男许培斌，汉族，1944年8月出生于铜陵镇，高中文化程度。已退休。

方言青男李嘉彬，1990年3月出生于铜陵镇，高中文化程度。就职于铜陵镇政府办公室。

方言老女林武珍,1945年9月出生于铜陵镇,中专文化程度。已退休。

方言青女欧楠楠,1988年10月出生于铜陵镇,大专文化程度。就职于铜陵镇广朋置业有限公司。

口头文化发音人有孙用川、陈宗歹、蔡婉香(女)、张丽卿(女),都是铜陵镇人。

地普发音人有林子贤、马清喜、何永福,都是铜陵镇人。

三　东山话音系

(一) 声母

东山话有15个声母(包括零声母):

表1　东山话声母表

p 八兵爬病飞_白肥饭	pʰ 派片蜂	b 麦明味问		
t 多东甜毒张竹茶	tʰ 讨天抽拆柱	l 脑南年泥老蓝连路软		
ts 资早租酒坐_文全谢_白争装纸主船十_白	tsʰ 刺草寸清贼抄初床_文车春手	dz 字热	s 丝三酸想祠谢_文床_白事山双顺书十_文城	
k 高九共县	kʰ 开轻权	g 熬月	h 飞_文风副好灰响活_文云	
ø 活_白安温王用药				

说明:

1. b-、l-、g-声母与鼻化相拼时,读同部位的鼻音声母 m-、n-、ŋ-。即东山方言 b-、l-、g- 常与非鼻化韵相拼,m-、n-、ŋ- 常与鼻化韵相拼,二者分布近似互补。m-、n-、ŋ- 可看作是 b-、l-、g- 受韵母鼻化成分同化作用而产生的音位变体。

2. ts-、tsʰ-、s- 声母与齐齿呼相拼时,音值近似 tɕ-、tɕʰ-、ɕ-。

3. [l] 实际读音近似 [d]。

4. [dz] 的实际发音，"塞"的成分较弱，接近 [z]。
5. [h] 发音部位比标准喉音靠前。
6. 零声母 [∅] 发音时带有轻微的喉塞音 [ʔ]。

(二) 韵母

东山话有 76 个韵母（包括声化韵 m、ŋ）：

表2　东山话韵母表

	i 猪米丝试戏二	u 师_文
a 牙_文饱_白	ia 靴写瓦	ua 歌_白
e 坐茶牙_白鞋短_白		ue 过赔飞_白
o 歌_文宝	io 笑_白桥_白	
	iu 油	ui 开_白对飞_文鬼
ai 开_文排师_白		uai 快_文
au 饱_文豆走	iau 笑_文桥_文	
ou 苦五_白雨_白		
m̩ 姆		
ŋ̍ 糖床		
	ĩ 雨_文年_白	
ã 胆_白	iã 兄_白	uã 快_白山_白半_白官_白横
ẽ 硬争_白病星_白		
õ 奴毛	iõ 娘	
		uĩ 断光
ãi 买_文卖_文		uãi 妹关
ãu 脑藕	iãu 猫	
oũ 五_文		
	im 心深	
am 南	iam 盐	
om 参_人参		
	in 根新	un 小滚春云

续表

an 山_文星_文	ian 年_文	uan 半_文短_文官_文权
aŋ 讲_文东_白	iaŋ 响双	
eŋ 灯升争_文星_文兄_文		
oŋ 王讲_白东_文	ioŋ 用	
	ip 十_文急	
ap 盒十_白	iap 接_文贴	
	it 七一橘直	ut 骨出
at 八_文节_白	iat 热_文节_文	uat 法活_文月_文
ak 壳学_文北六_白	iak 药_文	
ek 色白_文尺_文锡_文		
ok 托国谷	iok 六_文绿局	
	iʔ 接_白	uʔ 挨
aʔ 塔鸭	iaʔ 锡_白	uaʔ 辣热_白活_白刮
eʔ 八_白节_白白_白		ueʔ 月_白
oʔ 学_白	ioʔ 药_白尺_白	uoʔ 郭
	iuʔ 刮	
aiʔ 哎		uaiʔ 跌
auʔ 贸	iauʔ 嚼_{吱吱~~}	
	ĩʔ 物_白	
ẽʔ 蜢		
	iãʔ □_{囝仔真~}	

说明：

1. 单元音 o 发音近似唇形略圆的 [ə]。

2. om、oŋ、ioŋ、õ、iõ、ok、iok 等韵母中的 o 近似 [ɔ]，开口度介于 [o] 与 [ɔ] 之间。

3. ẽ、ẽʔ 中的 e 发音近似 [ɛ]，开口度介于 [ɛ] 与 [e] 之间。

4. 韵母 ou 在不同字里音值略有不同，如"路 [lou³³]"两个元音都较为清晰，"箍 [kʰou⁵⁵]"则 o 更为明显，u 较为模糊。

（三）声调

东山话有 7 个单字声调（不包括轻声）：

阴平 44　　东该灯风通开天春

阳平 213　　门龙牛油铜皮糖红

阴上 51　　懂古鬼九统苦讨草买老$_文$五$_文$有$_文$

阴去 22　　冻半四痛快寸去哭

阳去 33　　卖路硬乱洞地饭树老$_白$五$_白$有$_白$动罪近后怪

阴入 41　　谷百搭节急拍塔切刻

阳入 131　　六麦月毒白盒罚

说明：

1. 诵读单字音时，发音人有将阴去混同于阳去的倾向。具体说来，部分阴去字保持阴去的读法，部分阴去字已习惯读如阳去，有部分阴去字调值在阴去和阳去中游离，发音因时因地而异。但阴去和阳去字在连读变调中表现有别，基本不混。

2. 阳平为降升型曲折调。起点高度不太稳定，以 2 为常，调值记为 213。相比之下，下降部分时长较上升部分短，有时发音近似 13。

3. 阳入单念时为升降型曲折调，调值为 131。但其短促特征并不显著，单念不到位或处于语流末字时，实际调值有时近似 13 或 14，与阳平相近。如"猪舌 ti^{33}tsi$ʔ^{131}$ – ti^{33}tsi$ʔ^{14}$"。

（四）连读变调的说明

东山方言两字组连读，除二字之间是主谓关系或末字是轻声音节而不变调外，一般说来，前字要变调，后字不变调。前字变调仪与前字本身的调类有关，一般与后字调类无关。主要规律是：

1. 当前字为平声（阴平、阳平）字，后字为阴平、阳平、阴上、阴去时，前字变 33 调，与阳去单字调相同；后字为阳去、阴入、阳入时，前字或变成 33 或变成 22，分派条件尚不明确。

2. 当前字为阳去，后字为阴平、阳平、阴上、阴去时，前字或变成 22，或保持不变，分派条件尚不明确。

3. 当前字为阴上，后字不论什么声调，前字都变读 44 调，与单字阴平调相同。当前字为阴去，后字不论什么声调，前字都变 51 调，跟单字阴上调相同。

4. 当前字为阴入带 –ʔ 尾时，不论后字什么声调，前字一律丢失喉塞韵尾变

51 调，与单字阴上相同；如带 -p/-t/-k 尾时，则一律变 5 短调。

5. 当前字为阳入带 -ʔ 尾时，不论后字什么声调，前字一律丢失喉塞音尾变 22 调，与单字阴去相同；如带 -p/-t/-k 尾时，则一律变 41 短调，与单字阴入相同。

表3　东山话两字组连读变调规律表

前字 \ 后字		阴平 44	阳平 213	阴上 51	阴去 22	阳去 33	阴入 41	阳入 131
阴平 44		33	33	33	33	33	33	33
						22	22	22
阳平 213		33	33	33	33	33	33	33
						22	22	22
阴上 51		44	44	44	44	44	44	44
阴去 22		51	51	51	51	51	51	51
阳去 33		22	22	22	22	22	22	22
阴入 41	-ʔ	51	51	51	51	51	51	51
	-p/t/k	5	5	5	5	5	5	5
阳入 131	-ʔ	22	22	22	22	22	22	22
	-p/t/k	41	41	41	41	41	41	41

注：关于"阳平+阳入"的后字变调，因在调查范围内未收集到相关用例，为体现规则的规整性，仍保留变调。

表4　东山话两字组连读变调举例

阴平+阴平 [44-33 44]	中秋 tioŋ tsʰiu	猪哥 ti ko	猫公 giaũ kaŋ
阴平+阳平 [44-33 213]	冰雹 peŋ pau	蟾蜍 tsioŋ tsi	梳头 se tʰau
阴平+阴上 [44-33 51]	烧水 sio tsui	猪母 ti bo	乡里 hiõ li
阴平+阴去 [44-33 22]	天气 tʰĩ kʰi	相看 sio kʰuã	栽菜 tsai tsʰai
阴平+阳去 [44-33 33]	师傅 sai hu	新妇 sim pu	相骂 sio bẽ
[44-22 33]	家具 ke ki	鸡卵 ke luĩ	收殓 siu liam

续表

阴平+阴入 [44－33 41]	相拍 sio pʰaʔ		
[44－22 41]	亲戚 tsʰin tsʰek	猪血 ti hueʔ	
阴平+阳入 [44－33 131]	新历 sin lek	生日 sẽ dzit	番麦 huan beʔ
[44－22 131]	猪舌 ti tsiʔ		
阳平+阴平 [213－33 44]	雷公 lui koŋ	膣嬰 tsʰan ẽ	刣猪 tʰai ti
阳平+阳平 [213－33 213]	头前 tʰau tseŋ	胡蝇 hou sin	头毛 tʰa bõ
阳平+阴上 [213－33 51]	苹果 peŋ ko	牛母 gu bo	头碗 tʰau uã
阳平+阴去 [213－33 22]	芹菜 kʰin tsʰai	皮蛋 pʰi tan	
阳平+阳去 [213－33 33]	和尚 hue siõ	松树 sioŋ tsʰiu	
[213－22 33]	徒弟 tou te	红柿 aŋ kʰi	蚕豆 tsʰeŋ tau
阳平+阴入 [213－33 41]	匏桸 pu hiaʔ	松柏 sioŋ peʔ	
[213－22 41]	侬客 laŋ kʰeʔ	棉绩 bı tsioʔ	毛笔 bõ pit
阳平+阳入 [213－33 131]	农历 loŋ lek	神佛 sin hut	横直 huã tit
阴上+阴平 [51－44 44]	牡丹 bou tan	水鸡 tsui ke	狗公 kau kaŋ
阴上+阳平 [51－44 213]	水油 tsui iu	鲤鱼 li hi	枕头 tsim tʰau
阴上+阴上 [51－44 51]	冷水 leŋ tsui	粉鸟 hun tsiau	狗母 kau bo
阴上+阴去 [51－44 22]	火炭 hue tʰuã	起厝 kʰi tsʰu	蠓罩 baŋ ta
阴上+阳去 [51－44 33]	所在 sou tsai	狗蚁 kau hia	手电 tsʰiu tian
阴上+阴入 [51－44 41]	草锲 tsʰau keʔ	几桌 ki toʔ	走腹 tsau pak
阴上+阳入 [51－44 131]	满月 buã gueʔ	尾蝶 bue iaʔ	屎礐 sai hak
阴去+阴平 [22－51 44]	菜瓜 tsʰai kua	叫更 kio kẽ	灶骹 tsʰau kʰa
阴去+阳平 [22－51 213]	菜头 tsʰai tʰau	剃头 tʰĩ tʰau	喙唇 tsʰui tun
阴去+阴上 [22－51 51]	透早 tʰau tsa	暗鸟 am tsiau	喙齿 tsʰui kʰi
阴去+阴去 [22－51 22]	教案 kau an	粪扫 pun so	过世 kue si
阴去+阳去 [22－51 33]	刈面 tui bin	扫位 sau ui	放尿 paŋ dzio
阴去+阴入 [22－51 41]	教室 kau sit		
阴去+阳入 [22－51 131]	透日 tʰau dzit	臭馊 tsʰau sioʔ	

续表

阳去+阴平 [33-22 44]	饲猪 tsʰi ti	揆针 tu tsiam	断奶 tuĩ leŋ
阳去+阳平 [33-22 213]	馒头 ban tʰau		
阳去+阴上 [33-22 51]	麵粉 bī hun		
阳去+阴去 [33-22 22]	电罐 tian kuan	断气 tuĩ kʰui	
阳去+阳去 [33-22 33]	豆腐 tau hu	上墓 tsʰiõ boŋ	寺庙 si bio
阳去+阴入 [33-22 41]	藕节 gaũ tsat	豉汁 sĩ tsiap	唔八 m bat
阳去+阳入 [33-22 131]	大麦 tua beʔ	号脉 hau bēʔ	闹热 lau dziat
以下前字带-ʔ尾：			
阴入+阴平 [41-51 44]	拍针 pʰa tsiam	簸箕 pua ki	
阴入+阳平 [41-51 213]	铁锤 tʰi tʰui		
阴入+阴上 [41-51 51]	客鸟 kʰe tsiau		
阴入+阴去 [41-51 22]	客店 kʰe tiam		
阴入+阳去 [41-51 33]	割釉 kua tiu		
阴入+阴入 [41-51 41]	拍折 pʰa tsiap	垃圾 la sap	
阴入+阳入 [41-51 131]	朴实 pʰo sit	拍堡 pʰa pʰueʔ	
以下前字带-p/-t/-k尾：			
阴入+阴平 [41-5 44]	出山 tsʰut suã	发烧 huat sio	结婚 kiat hun
阴入+阳平 [41-5 213]	国旗 kok ki		
阴入+阴上 [41-5 51]	国母 kok bo	虱母 sat bo	腹肚 bak tou
阴入+阴去 [41-5 22]	国税 kok sue		
阴入+阳去 [41-5 33]	国务 kok bu	腹裹 pak ai	
阴入+阴入 [41-5 41]	国策 kok tsʰek		
阴入+阳入 [41-5 131]	国学 kok hak	乞食 kʰit tsiaʔ	
以下前字带-ʔ尾：			
阳入+阴平 [131-22 44]	药膏 io ko		
阳入+阳平 [131-22 213]	药房 io paŋ		
阳入+阴上 [131-22 51]	药水 io tsui	白酒 pe tsiu	蚀本 si pun

续表

阳入+阴去 [131-22 22]	药店 io tiam		
阳入+阳去 [131-22 33]	药效 io hau	物件 bī kiã	
阳入+阴入 [131-22 41]	药册 io tsʰeʔ	蜡烛 la tsiok	
阳入+阳入 [131-22 131]	药物 io but		
以下前字带-p/-t/-k尾：			
阳入+阴平 [131-41 44]	木工 bak kaŋ	熟薰 siok hun	目珠 bak tsiu
阳入+阳平 [131-41 213]	特权 tek kʰuan	密婆 bit po	
阳入+阴上 [131-41 51]	木耳 bok dzi	翼股 sit kou	食指 sit tsi
阳入+阴去 [131-41 22]	特价 tek ke		
阳入+阳去 [131-41 33]	特务 tek bu		
阳入+阴入 [131-41 41]	特色 tek sek	目汁 bak tsiap	
阳入+阳入 [131-41 131]	特别 tek piat	逐日 tak dzit	

（五）青男和老男在音系上的主要差别

和老男差别较大的是，青男曾梗摄字韵母韵尾发音靠前，但因韵腹有别而与臻摄基本还保持分立状况（en/et-in/it），可见在曾梗摄与臻摄的发音上，老男和青男只是音值有别，音类分合格局未变。

云霄话

一 调查点概况

云霄县是漳州市辖县，位于漳州市境南部沿海，闽南金三角中部。东邻漳浦县，西接平和县、诏安县，南临东山县。东经117°07′—117°23′，北纬23°45′—24°14′。本调查点为县政府驻地云陵镇。

全县人口42万多人，以汉族为主。少数民族中畲族人口较多，超过千人，此外还有苗族、壮族、蒙古族、布依族、朝鲜族、土家族、回族、维吾尔族等，人口都不足百人。境内主要通行云霄话，属于闽语闽南方言，分布在云霄各乡镇，使用人口41万多人。极少数地区讲客家话，主要是通贝、桥头、金山、三星、仙石、白竹、平岭等，计5000多人。目前，客家话的区域日益缩减。

云霄话是2016年国家语保点，由集美大学教师叶荧光记录整理。

二 方言发音人概况

方言老男方志勇，汉族，1950年11月出生在云陵镇。自考大专文化程度。已退休。

方言青男张毅，汉族，1982年2月出生于云陵镇。大学本科文化程度。就职于云霄县广播电视新闻中心。

方言老女方惠云，汉族，1952年10月出生于云陵镇。中专文化程度。已退休。

方言青女郑颖，汉族，1984年10月出生于云陵镇。大学本科文化程度。就职于云霄元光中学。

口头文化发音人有方群达、蔡红专、蔡晓亮、方慧云（女）、郑颖（女），都是云陵镇人。

地普发音人有方群达、蔡红专、蔡晓亮，都是云陵镇人。

三 云霄话音系

(一) 声母

云霄话有 18 个声母（包括零声母）：

表 1 云霄话声母表

p 八兵 爬白 病飞白 肥白 饭白	pʰ 派 片 爬文 蜂白	b 麦 明 味 问文	m 问白	
t 多东甜毒张 竹茶 事白	tʰ 讨 天 抽 拆 柱白	l 老蓝连路南 年文 热白 软文	n 脑年白 泥软白	
ts 资早租酒贼文 坐全谢白 争装纸 主船白 十白 柱文	tsʰ 刺草寸清 贼白 抄初床车 春船文 手茶文	dz 热文 字		s 丝三酸想 祠谢文 事文 山双顺书 十文 城
k 高九共 县白	kʰ 开轻权	g 月	ŋ 熬	h 飞文 蜂文 肥文 饭文 风 副好灰活文 县文 响云白
ø 活白 安温王 云文 用药				

说明：

1. 浊塞音 b、g 发音时破裂性不强。

2. ts、tsʰ、s 在齐齿呼前腭化，实际音值接近 tɕ、tɕʰ、ɕ。

3. 声母 m、n、ŋ 和 b、l、g 与韵母的配合关系为：m、n、ŋ 只与鼻化韵（包括鼻化塞音尾韵）和声化韵相配合，b、l、g 只与元音韵元音尾韵、鼻音尾韵和塞音尾韵相配合，m 与 b、n 与 l、ŋ 与 g 两两互补。

(二) 韵母

云霄话有 69 个韵母（包括声化韵 m、ŋ）：

表2　云霄话韵母表

	i 米丝试戏二猪雨文	u 师文
a 饱白茶文	ia 写靴	ua 歌白刮
ɛ 茶白牙		uɛ 花白
e 坐鞋白短白		
o 歌文坐文过文宝白	io 笑白桥白	ue 赔飞白过文
	iu 油	ui 飞文鬼开白对
ai 开文排鞋文师白		uai 快
ei 洗		
au 宝文饱文豆白走白	iau 笑文桥文	
ou 苦五白雨白豆文走文		
m̩ 唔		
ŋ̍ 糖白床白	ĩ 硬白争白病白星白年白	
ã 三白	iã 兄白	uã 山白半白官白
ɛ̃ 妹	iũ 想	uĩ 横白
õ 饿		
ãi 买文		
ãu 脑	iãu 猫白	
õu 五文	im 心深	
am 南三文	iam 盐	
om 参人参	in 根新云文	un 寸滚春云白
an 山文半文	ian 年文灯升硬文争文病文星文横文兄文	uan 短文官文权
aŋ 讲文东白	iaŋ 响双	
oŋ 糖文床文王东文讲白	ioŋ 用	
	ip 十文急	
ap 盒十白	iap 接文贴	
	it 七一橘直	ut 骨出
at 八文节白	iat 热文节文月文白文尺文锡文色	uat 辣文活文法

续表

ak 壳白学文北白六白	iak 药文	
ok 托北文国谷壳文	iok 六文绿局	
	iʔ 接白	
	ĩʔ 物白耳白	
aʔ 塔鸭	iaʔ 锡白瓦	uaʔ 辣白热白活
εʔ 白白		uεʔ 划
eʔ 八白节白		ueʔ 月白郭白
oʔ 学白郭文	ioʔ 药白尺白	

说明：

1. 元音 o 在 oŋ、ioŋ、ok、iok 中的开口度比 o 略大。

2. iu、ui、un、ut 的主要元音和韵尾间存在轻微的过渡音 ə。

3. 鼻化韵为纯鼻韵，鼻化成分从韵头贯穿到韵尾。

（三）声调

云霄话有 7 个单字声调（不包括轻声）：

阴平 55　　东该灯风通开天春

阳平 32　　门龙牛油铜皮糖红

阴上 53　　懂古鬼九统苦讨草买老文五文有文

阴去 22　　冻怪半四痛快寸去哭白

阳去 33　　动罪近后前~老白五白有白卖路硬乱洞地饭树

阴入 5　　谷白搭节哭文急拍塔切刻

阳入 12　　六麦叶树~月毒白盒罚

说明：

1. 阳平［32］发音时，时长较长时为［323］。

2. 入声调为短促调。

（四）连读变调说明

云霄话两字组连读，通常是前字变调，后字一般不变调。如果后字为轻声，前字也不变调。前字变调情况如下：

1. 前字为阴平［55］或阳平［32］，一律变为［33］，与单字阳去同调。

2. 前字为阴上［53］，一律变成［55］，与单字阴平同调。

3. 前字为阴去［22］，一律变为［53］，与单字阴上同调。

4. 前字为阳去［33］，一律变为［21］。

5. 前字为阴入［5］，如前字韵母为喉塞尾韵，前字喉塞韵尾消失，并且声调变［53］，与阴上同调；如前字为 -p、-t、-k 尾韵，前字声调不变。

6. 前字为阳入［12］，声调变为［21］，如前字为喉塞尾韵，前字喉塞韵尾消失。

表 3　云霄话两字组连续变调规律表

前字＼后字	阴平 55	阳平 32	阴上 53	阴去 22	阳去 33	阴入 5	阳入 12
阴平 55	33	33	33	33	33	33	33
阳平 32	33	33	33	33	33	33	33
阴上 53	55	55	55	55	55	55	55
阴去 22	53	53	53	53	53	53	53
阳去 33	21	21	21	21	21	21	21
阴入 5	53	53	53	53	53	53	53
阳入 12	21	21	21	21	21	21	21

表 4　云霄话两字组连读变调举例

阴平 + 阴平 ［55 - 33 55］	猪肝 tik uã
阴平 + 阳平 ［55 - 33 32］	猪油 ti iu
阴平 + 阴上 ［55 - 33 53］	猪母 ti bou
阴平 + 阴去 ［55 - 33 22］	中昼 tian tau
阴平 + 阳去 ［55 - 33 33］	新妇 sim pu
阴平 + 阴入 ［55 - 33 5］	猪血 ti hueʔ
阴平 + 阳入 ［55 - 33 12］	猪舌 ti tsiʔ
阳平 + 阴平 ［32 - 33 55］	头鬃 tʰau tsʰaŋ˧
阳平 + 阳平 ［32 - 33 32］	头前 tʰau tsian˧
阳平 + 阴上 ［32 - 33 53］	头碗 tʰau uã˧
阳平 + 阴去 ［32 - 33 22］	油菜 iu tsʰai˧

续表

阳平 + 阳去 [32 - 33 33]	黄豆 uĩ tau，
阳平 + 阴入 [32 - 33 5]	棉绩 mĩ tsioʔ
阳平 + 阳入 [32 - 33 12]	牛舌 gu tsiʔ
阴上 + 阴平 [53 - 55 55]	好天 ho tʰĩ
阴上 + 阳平 [53 - 55 32]	往年 oŋ nĩ
阴上 + 阴上 [53 - 55 53]	狗母 kau bou
阴上 + 阴去 [53 - 55 22]	火炭 hue tʰuã
阴上 + 阳去 [53 - 55 33]	破病 pʰua pĩ
阴上 + 阴入 [53 - 55 5]	手骨 tsʰiu kut
阴上 + 阳入 [53 - 55 12]	爽直 soŋ tit
阴去 + 阴平 [22 - 53 55]	菜瓜 tsʰai kuɛ
阴去 + 阳平 [22 - 53 32]	倒爿 to piaŋ
阴去 + 阴上 [22 - 53 53]	菜鼎 tsʰai tiã
阴去 + 阴去 [22 - 53 22]	放屁 paŋ pʰui
阴去 + 阳去 [22 - 53 33]	菜豆 tsʰai tau
阴去 + 阴入 [22 - 53 5]	课室 kʰuɛ sit
阴去 + 阳入 [22 - 53 12]	细粒 sei liap
阳去 + 阴平 [33 - 21 55]	大官 tua kuã
阳去 + 阳平 [33 - 21 32]	大门 tua muĩ
阳去 + 阴上 [33 - 21 53]	大股 tua kou
阳去 + 阴去 [33 - 21 22]	面布 bin po
阳去 + 阳去 [33 - 21 33]	断气 tuĩ kʰui
阳去 + 阴入 [33 - 21 5]	后壁 au piaʔ
阳去 + 阳入 [33 - 21 12]	闹热 lau dziat
阴入 + 阴平 [5 - 53 55]	拍针 pʰa tsiam
阴入 + 阳平 [5 - 53 32]	剃头 tʰi tʰau
阴入 + 阴上 [5 - 53 53]	煞尾 sua bue

续表

阴入 + 阴去 [5 - 53 22]	客店 kʰɛ tiam
阴入 + 阳去 [5 - 53 33]	百五 pɛ gou
阴入 + 阴入 [5 - 53 5]	拍折 pʰa tsiat
阴入 + 阳入 [5 - 53 12]	朴实 pʰo sit
阳入 + 阴平 [12 - 21 55]	蜜蜂 bit pʰaŋ
阳入 + 阳平 [12 - 21 32]	核桃 hiat tʰo
阳入 + 阴上 [12 - 21 53]	木耳 bok dzi
阳入 + 阴去 [12 - 21 22]	十四 tsap si
阳入 + 阳去 [12 - 21 33]	绿豆 liok tau
阳入 + 阴入 [12 - 21 5]	目汁 bak tsiap
阳入 + 阳入 [12 - 21 12]	疟疾 liap tsit

（五）儿化、小称音变规律

"仔"尾词的前字变调如下：

前字为阴平 [55]、阳平 [32]、阳入 [12]，前字一般变为 [33]。阳入字如为喉塞尾韵，则喉塞尾消失。前字为阴上 [53]、阴去 [22]，前字变为 [55]。前字为阳去 [33]，前字不变调前字为阴入 [5] 时，如韵母为喉塞尾韵，前字韵尾消失，变为 [55]；如韵母为 -p，-t，-k 尾韵，则前字声调不变。

阴平 + "仔" [55 - 33 53]	霜仔 sŋ a
阳平 + "仔" [32 - 33 53]	园仔 huĩ a
阴上 + "仔" [53 - 55 53]	棍仔 kun a
阴去 + "仔" [22 - 55 53]	李仔 li a
阴入 + "仔" [5 - 55 53]	鸭仔 a a
阳入 + "仔" [12 - 33 53]	褥仔 giok a

（六）老男和青男在音系上的主要区别

老男和青男在音系上区别不大，只是青男在连读变调时，调值略低一点。

诏 安 话

一 调查点概况

诏安县属漳州市辖县，位于漳州市境南部沿海。东邻平和县、云霄县，西接广东省，南临东海、南海交汇处。东经116°55′—117°22′，北纬23°45′—24°11′。本调查点为县政府驻地南诏镇。

全县人口约64.6万，其中汉族63万多人，少数民族中约有畲族1.4万人。境内使用两种方言：(1) 客家方言，主要分布在西部山区，使用人口约21万人；(2) 闽南方言，通常叫作诏安闽南话，主要分布于平原和沿海区域，使用人口约43万人。其中，官陂镇、霞葛镇、秀篆镇为纯客镇，太平镇则是闽南方言和客家方言的双方言区。本书所记南诏镇通行闽南方言。

方言曲艺方面，县内闽南话地区演出潮剧，唱词用潮州话，对白多用诏安闽南话；另有一种"歌册"，也用诏安闽南话演唱，七字一句，内容多为历史故事，尚有少数老人能唱出。客家话地区有丰富的山歌，客家山歌尚有少数老年人能唱出，但近年来少人传唱，濒临灭绝。

诏安话是2017年国家语保点。由福建工程学院教师林天送全程记录整理。

二 方言发音人概况

方言老男傅喜生，汉族，1954年5月出生于南诏镇，在当地读中小学，中专文化程度。已退休。

方言青男许少泽，汉族，1987年8月出生于南诏镇，初中文化程度。就职于诏安县梅峰小学。

方言老女黄惠珍，汉族，1954年7月出生于南诏镇，中专文化程度。已退休。

方言青女林焓悦，汉族，1988年9月出生于南诏镇，大学本科文化程度。就职于诏安县总工会。

口头文化发言人有沈水香（女）、刘继周、林福才、沈秋卿（女），都是南诏镇人。

地普发言人有刘继周、黄惠珍（女）、林福才，都是南诏镇人。

三　诏安话音系

（一）声母

诏安话有 18 个声母（包括零声母）：

表 1　诏安话声母表

p 八兵爬白病飞白肥白饭白	pʰ 派片爬文蜂白	b 麦明味问文	m 问白	
t 多东甜毒张竹茶事白	tʰ 讨天抽拆柱白	l 老蓝文连路南年文软文	n 脑年白泥蓝白软白	
ts 资早租酒贼文坐全谢白争装纸船白主书白十白柱文	tsʰ 刺草寸清贼白拆文抄初床车春手	dz 热字		s 丝三酸想祠谢文事文山双顺书文十文城
k 高九共县	kʰ 开轻权	g 月	ŋ 熬	h 好灰响云白飞文风副蜂文肥文饭文
ø 船文安温用药王云文活				

说明：

1. 浊塞音 b、g 发音时破裂性不强。

2. 声母 m、n、ŋ 和 b、l、g 与韵母的配合关系为：m、n、ŋ 只与鼻化韵（包括鼻化塞音尾韵）和声化韵相配合，b、l、g 只与元音韵、元音尾韵、鼻音尾韵和塞音尾韵相配合，m 与 b、n 与 l、ŋ 与 g 两两互补。

（二）韵母

诏安话有 79 个韵母（包括声化韵 m、ŋ）：

表 2　诏安话韵母表

	i 米丝试戏二	u 雨文
a 饱白	ia 写靴	ua 歌白过文
ɛ 茶牙		uɛ 过白
ə 坐白短白		
		ue 赔飞白
o 歌文坐文宝白	io 笑白桥白	
ɯ 猪师文		
	iu 油	ui 飞文鬼开白对
ai 开文排师白		uai 快
ei 鞋		
au 宝文饱文豆走白	iau 笑文桥文	
ou 苦雨白走文		
m 怀		
ŋ 糖白床白		
	ĩ 年白	
ã 三白	iã 兄白	uã 山白半白官白瓦文
ɛ̃ 硬白争白病白星白		uɛ̃ 横白
õ 货文	iõ 想白	
	iũ 牛文	uĩ 惯白
ãi 买文		
ɛ̃i 婴		
ãu 脑	iãu 猫	
õu 五		
	im 心深	

续表

am 南	iam 盐	uam 犯
om 参_人参		
	in 根新	un 寸滚春云
an 山_文半_文星_白	ian 年_文	uan 短_文官_文权
	iŋ 灯升硬_文争_文病_文星_文横_文兄_文	
aŋ 讲_文东_白	iaŋ 响双	
oŋ 糖_文床_文王讲_白东_文	ioŋ 用	
	ip 十_文急	
ap 盒十_白	iap 接_文贴	uap 法
op 溢		
	it 七一橘直	ut 骨出
at 八_文节_白	iat 热_文节_文	uat 月_文
	ik 北_文色白_文尺_文锡_文绿	
ak 壳学_文北_白六_白		
ok 托国谷	iok 六_文局	
	iʔ 接_白	
aʔ 塔鸭	iaʔ 瓦_白锡_白	uaʔ 辣热_白活刮
ɛʔ 节_白白_白		uɛʔ 画划
əʔ 雪		
eʔ 八_白		ueʔ 月_白郭
oʔ 学_白	ioʔ 药尺_白	
	ĩʔ 物_白	
ɛ̃ʔ 脉		

说明：

1. 韵母 ui、iŋ、ik 中间有过渡音 ə。
2. 韵母 an、ian、uan、in、un、at、iat、uat 发完后，舌尖有时可抵住下齿背。
3. 元音 o 在开口呼韵母中比在齐齿呼中，开口度大一些。

（三）声调

诏安话有 7 个单字声调：

阴平 44　　东该灯风通开天春
阳平 24　　门龙牛油铜皮糖红
阴上 53　　懂古鬼九统苦讨草买_文_老_文_五_文_有_文_
阴去 22　　冻怪半四痛快寸去哭_白_
阳去 33　　买_白_老_白_五_白_有_白_动罪近后卖路硬乱洞地饭树
阴入 32　　谷百搭节急哭_文_拍塔切刻
阳入 13　　六麦叶月毒白盒罚

说明：

1. 入声调为短促调。

2. 阳平的前部略降。韵母为单元音韵母时降得较为明显，实际音值为 214，但若韵母时段较长，则前部下降不明显，整体以升为主，所以记为 24。

（四）连续变调说明

两字组连读，后字一律不变调。后字为轻声，前字不变调。后字为非轻声音节，前字变调情况如下：

1. 前字为阴平 44 时，一律变为 33，与阳去单字调相同。
2. 前字为阳平 24 时，一律变为 22，与阴去单字调相同。
3. 前字为阴上 53 时，一律变为 24，与阳平单字调相同。
4. 前字为阴去 22 时，一律变为 53，与阴上单字调相同。
5. 前字为阳去 33 时，一律变为 31。
6. 前字为阴入 32 时，如韵母为喉塞尾韵，则前字喉塞尾消失，并且声调变为 53；如前字为非喉塞尾韵，则前字声调变为 4。
7. 前字为阳入 13 时，如韵母为喉塞尾韵，则前字喉塞尾消失，并且声调变为 31；如非喉塞尾韵，则前字声调变为 32。

表 3　诏安话两字组连读变调规律表

前字＼后字	阴平 44	阳平 24	阴上 53	阴去 22	阳去 33	阴入 32	阳入 13
阴平 44	33	33	33	33	33	33	33
阳平 24	22	22	22	22	22	22	22
阴上 53	24	24	24	24	24	24	24

续表

前字＼后字		阴平44	阳平24	阴上53	阴去22	阳去33	阴入32	阳入13
阴去22		53	53	53	53	53	53	53
阳去33		31	31	31	31	31	31	31
阴入32	-ʔ	53	53	53	53	53	53	53
	-p、-t、-k	4	4	4	4	4	4	4
阳入13	-ʔ	31	31	31	31	31	31	31
	-p、-t、-k	32	32	32	32	32	32	32

表4　诏安话两字组连读变调举例

阴平+阴平 [44-33 44]	天光 tʰĩ kuĩ
阴平+阳平 [44-33 24]	天时 tʰĩ si
阴平+阴上 [44-33 53]	烧水 sio tsui
阴平+阴去 [44-33 22]	中昼 tioŋ tau
阴平+阳去 [44-33 33]	番豆 huan tau
阴平+阴入 [44-33 32]	猪血 tɯ hueʔ
阴平+阳入 [44-33 13]	猪舌 tɯ tsiʔ
阳平+阴平 [24-22 44]	牛公 gu kaŋ
阳平+阳平 [24-22 24]	围裙 ui kun
阳平+阴上 [24-22 53]	牛牯 gu kou
阳平+阴去 [24-22 22]	芹菜 kʰin tsʰai
阳平+阳去 [24-22 33]	眠梦 biŋ baŋ
阳平+阴入 [24-22 32]	毛笔 mõ pit
阳平+阳入 [24-22 13]	农历 loŋ lik
阴上+阴平 [53-24 44]	好天 ho tʰĩ
阴上+阳平 [53-24 24]	水塍 tsui tsʰan
阴上+阴上 [53-24 53]	滚水 kun tsui

续表

阴上 + 阴去 [53 – 24 22]	苦菜 kʰou tsʰai
阴上 + 阳去 [53 – 24 33]	柳树 liu tsʰiu
阴上 + 阴入 [53 – 24 32]	水笔 tsui pit
阴上 + 阳入 [53 – 24 13]	爽直 soŋ tit
阴去 + 阴平 [22 – 53 44]	菜刀 tsʰai to
阴去 + 阳平 [22 – 53 24]	细条 sei tiau
阴去 + 阴上 [22 – 53 53]	喙齿 tsʰui kʰi
阴去 + 阴去 [22 – 53 22]	放屁 paŋ pʰui
阴去 + 阳去 [22 – 53 33]	菜豆 tsʰai tau
阴去 + 阴入 [22 – 53 32]	四角 si kak
阴去 + 阳入 [22 – 53 13]	透日 tʰau dzit
阳去 + 阴平 [33 – 31 44]	饲猪 tsʰi tɯ
阳去 + 阳平 [33 – 31 24]	大门 tua muĩ
阳去 + 阴上 [33 – 31 53]	大水 tua tsui
阳去 + 阴去 [33 – 31 22]	雨伞 hou suã
阳去 + 阳去 [33　31 33]	寺庙 sĩ bio
阳去 + 阴入 [33　31 32]	白杀 tsɯ sat
阳去 + 阳入 [33 – 31 13]	号脉 hau mẽʔ
阴入 + 阴平 [32 – 53 44]　　　　　[32 – 4 44]	拍针 pʰa tsiam 出山 tsʰut suã
阴入 + 阳平 [32 – 53 24]　　　　　[32 – 4 44]	剃头 tʰi tʰau 迌迌 tʰit tʰo
阴入 + 阴上 [32 – 53 53]　　　　　[32 – 4 44]	客鸟 kʰɛ tsiau 腹肚 pak tou
阴入 + 阴去 [32 – 53 22]　　　　　[32　4 44]	割釉 kua tiu 出嫁 tsʰut kɛ
阴入 + 阳去 [32 – 53 33]　　　　　[32　4 44]	客栈 kʰɛ tsan 腹裏 pak lai

续表

阴入+阴入 [32-53 32] [32-4 44]	拍折 pʰa tsiʔ 叔伯 tsik pɛʔ
阴入+阳入 [32-53 13] [32-4 44]	朴实 pʰo sik 乞食 kʰit tsiaʔ
阳入+阴平 [13-31 44] [13-32 44]	食奶 tsia nɛ̃ 目珠 bak tsiu
阳入+阳平 [13-31 24] [13-32 44]	月娘 gue niõ 目仁 bak dzin
阳入+阴上 [13-31 53] [13-32 44]	蚀本 si pun 木耳 bok dzi
阳入+阴去 [13-31 22] [13-32 44]	合算 ha sŋ 蜀万 tsit ban
阳入+阳去 [13-31 33] [13-32 44]	落雨 lo hou 力相 lat siõ
阳入+阴入 [13-31 32] [13-32 44]	月熄 gue sit 目汁 bak tsiap
阳入+阳入 [13-31 13] [13-32 44]	月食 gue sit 入木 dzip bak

（五）老男和青男在音系上的主要区别

1. 蟹摄开口一四等、合口一二三等，止摄开口三等、合口三等，老男今读 ue 韵的字，青男读 uɛ 韵，例如"贝杯煤岁皮吹飞"等。

2. 咸摄开口四等阳声韵，老男读 uam，青男读 uan，如"犯"。咸摄开口四等，老男读 uap，青男读 uak，如"法"。

3. 山宕江曾梗通 6 摄，老男读 iaŋ、iŋ、aŋ、ik、ak 等韵母的字，青男一般相应地读 ian、in、an、it、at 韵母。

4. 山摄合口一三等，老男读 uat 韵的字，青男读 uak，例如"夺发越"等字。

龙 岩 话

一 调查点概况

龙岩市位于福建省西南部，东邻泉州市，西接江西省，南接广东省、漳州市，北部与三明市交界。辖新罗、永定 2 区及长汀、上杭、武平、连城 4 县，漳平 1 市。东经 116°40'—117°25'，北纬 24°47'—25°35'，本调查点为新罗区。

新罗区境内有闽南话和客家话两大方言。龙岩话属于闽南方言，使用人口约 41 万，为本地通用的方言。龙岩话内部还有一些差异，可以分为三大片：一是城关话，使用范围包括城关、西陂、曹溪、小池、铁山、雁石等乡镇与东肖、龙门、红坊、江山、白沙等乡镇绝大部分村落，以及万安乡的石城、高池等南片地带。二是苏坂话，主要在苏坂乡使用。三是适中话，适用范围为适中镇的绝大部分村落。龙岩话以龙岩城关话为代表。客家话区使用人口 2 万多人，且有逐渐缩小的趋势。新罗区的客家话主要包括：①万安话，使用范围包括万安乡的浮口、墩头、长子坑、下林村、上坂、同新、好坑、西贯等村。②营话，使用范围包括白沙乡的小溪、油水、马家山、珍坑、吕凤、孔党、营兜等村的大部分地区。③双车话，使用范围包括江山乡双车、福坑、新寨、老寨、背洋、梅溪等村。④大池话，适用于大池乡大和、黄美、竹何、合甲、大山、雅金等村。⑤梅县话，见于白沙乡百丈排。⑥永定话，使用范围为红坊镇的联合、龙星、中联等村，龙门镇五星村部分地区，适中镇城坑、竹子炉等村。⑦孔夫话，仅东肖镇隘头村使用。

龙岩话是 2016 年福建省语保点。由龙岩学院师范教育学院教师王咏梅、林丽芳、翁春记录整理。

二 方言发音人概况

方言老男翁志辉，汉族，1960 年 9 月出生于龙岩市新罗区，并长期生活于此。文化程度高中。自由职业。

方言青男郭瑶，汉族，1985年10月出生于龙岩市新罗区。大学文化程度。就职于新罗区人力资源与社会保障局。

方言老女杜雪如，汉族，1960年6月出生于龙岩市新罗区。高中文化程度。已退休。

方言青女章义曼，汉族，1984年7月出生于龙岩市新罗区。大学文化程度。就职于新罗区西城街道莲花社区居委会。

口头文化发音人有翁永金、林一汉、杜雪如（女）、章筱芳（女），都是新罗区人。

地普发音人有蒋华山、章筱芳（女）、翁永金，都是新罗区人。

三　龙岩话音系

（一）声母

龙岩话有20个声母（包括零声母）：

表1　龙岩话声母表

p 八兵爬病飞_白肥_白饭_白	pʰ 派片蜂	b 麦明味	m 问	
t 多东甜毒张竹茶装_白	tʰ 讨天抽拆柱	l 南老蓝连路	n 脑年泥软	
ts 资早租装_文纸主_文船	tsʰ 草寸贼祠抄初床车春_文			s 丝_文三祠_文事山双顺_文城
tɕ 酒清_文字坐全_白谢_文争主_白十	tɕʰ 刺清_文全_文春_白手			ɕ 丝_白酸想谢_文顺_白书
k 高九共	kʰ 开轻权	g 热月活_白王云用药	ŋ 熬	x 飞_文风副肥_文饭_文好县
∅ 安温				

说明：

1. b、l、g和m、n、ŋ出现的条件是互补的。在鼻化音韵母前读m、n、ŋ，在其他韵母前读b、l、g。如：面 mĩ³³和明 bin¹¹，老 lau²¹和脑 nãu²¹，饿 go³³和硬

ŋiẽ³³。

2. ts、tsʰ、s 和 tɕ、tɕʰ、ɕ 出现的条件是互补的。ts、tsʰ、s 和开口呼、合口呼韵母相拼，tɕ、tɕʰ、ɕ 和齐齿呼韵母相拼，如：租 tsɿ³³、贼 tsʰat³²、送 saŋ²¹³，字 tɕi³³、一 tɕiɛt³²、先 ɕiɛn³³。

3. g 在有些音节中发音较弱，近乎零声母。

4. tɕ、tɕʰ、ɕ 与 iɛt 相拼时，有些字音 iɛt 的 ɛ 开口度近于 e，如：积 tɕiɛt⁵、测 tɕʰiɛt⁵、色 ɕiɛt⁵。在这种情况下，tɕ、tɕʰ、ɕ 的发音部位略前，但与 ts、ts、s 仍有区别。

（二）韵母

龙岩话有66个韵母（包括声化韵 m、ŋ）：

表2　龙岩话韵母表

ɿ 师ᵥ丝ᵥ	i 猪雨ᵥ米丝ᵦ试戏二接ᵦ	u 苦五ᵥ雨ᵦ牛ᵥ
a 饱塔鸭	ia 写	ua 辣活ᵦ
ɛ 下	iɛ 茶牙白	uɛ 瓦
e 鞋	ie 坐短节ᵦ八ᵦ	ue 歌ᵦ过赔飞ᵦ刮月郭
o 歌ᵥ宝笑ᵦ学ᵦ尺	Io 桥药	
	iu 油	ui 开ᵦ对飞ᵥ鬼
ai 开ᵥ排师ᵦ		uai 快
au 豆走	iau 笑ᵥ	
	iua 靴外ᵦ	
m 姆		
ŋ 五ᵦ		
	ĩ 年	ũ 奴
ã 三ᵦ	iã 兄	uã 山ᵦ半官ᵦ
ɛ̃ 楹	iɛ̃ 硬争ᵦ病ᵦ	uɛ̃ 横
õ 糖床讲ᵦ	iõ 张	
	iũ 牛ᵥ	uĩ 煤
ãi 爱		uãi 外ᵥ
ãu 闹	iãu 猫	

续表

	iuã 件	
am 南三_文	iam 盐	
	iom 心深	
	in 根 新_白 春_白 灯 升 争_文 病_文 星_文	un 寸 滚 春_文 云
an 山_文 星_白	ian 权	uan 官_文
aŋ 双_白 东_白	iaŋ 响 讲_文	uaŋ 王 双_文
oŋ 东_文	ioŋ 用	
ap 盒	iap 接_文 贴 十	
	iop 急	
	it 七 一 直 色	
at 八_文 锡		uat 法 活_文
	iɛt 热 节_文 橘 出_文	uɛt 骨 出_文
ak 壳 北 六_白	iak 学_文	uak 扩
ok 托 国 谷 六_文	iok 绿 局	

说明：

1. 元音 e、ɛ 的发音较接近，但能区别词义。如：灰 xue³³ ≠ 花 xuɛ³³，歇 xie³³ ≠ 吓 xiɛ³³。

2. 存在少量双介音韵母，如：靴 xiua³³、件 kiuã⁴²。介音 iu 与 y 差别很大，iu 不能用 y 替代。

3. 有些带 iɛt 韵母的字，其中 ɛ 的舌位略高，介于 e 与 ɛ 之间，如：芦 tɕiet⁵、惜 ɕiet⁵。但不区别词义，因而统一记为 iɛt。

4. 与 m、n 相拼时，鼻化元音仍旧存在，与语流音变中的同化现象不同。

5. 有些韵母为 un 的字，u、n 之间带有很短暂的元音 ə，如：粉 xuən²¹、粪 puən²¹³、顺 suən⁴²、唇 luən¹¹。但不区别词义，在此统一记为 un。

6. 有些韵母为 ie 的字，i 的发音极为短暂，但仍可见开口度的变化。

（三）声调

龙岩话有 8 个单字声调：

阴平 33   东该灯风通开天春卖路硬饭_白
阳平 11   门龙牛油铜皮糖红
阴上 21   懂古鬼九统苦讨草买老五_文有_文
阴去 213   冻怪半四痛快寸去饭_文树
阳去 42   五_白有_白动罪近后乱洞地切麦月白
长入 55   百搭节_白塔
阴入 5   谷_{稻~}节_文急拍刻
阳入 32   六毒盒罚

说明：

1. 阴平调 33，实际发音时前段中平，后段微升，但听感上与升调差别较大。阴平字置于词语末尾时，有些字的调值略高，近于 44，如：台风 tʰai¹¹xoŋ³³、雷公 lui¹¹koŋ³³。在此统一记为 33。

2. 阳平调型为低平调，末端略有下降趋势，实际音值介于 22 和 11 之间，这里记为 11。阳平与阴上直接下降的 21 有明显的区别。

3. 阴去调型为降升调，音值记为 213。前段略带不明显的低降成分，但上升部分是调值的主体，与升调略有区别。

4. 长入音值为 55，声调高平而不短促，韵母不带塞音韵尾。含少量古浊音声母去声字（如：币 pi⁵⁵、递 ti⁵⁵）。阴入调是高短促调，音值为 5，韵母带塞音韵尾，与长入的调值有舒促之别，有些字的调值较长入略低。

5. 有些阳入重读时调值与阳去调 42 接近。

（四）连读变调说明

龙岩话两字组的变调，绝大多数是前字变调后字不变。除了一些第一个音节为入声的词，连读变调后变为 1 或 3 外，其余声调的变化，并不产生新的调值。两字组前字变调后的调值有 11、213、21 和 1、3 五种，其中变为 11 的居多。

两字组前字为阳平的均不变调；后字为阳平的，除前字为阴上、阳入外，其余声调前字均不变调；后字为阴上的，除前字为阴上、阳去、阳入外，其余声调前字均不变调；前字为阴上的，除后字为阳平、阴上外，其余声调前字均不变调。

表3　龙岩话两字组连读变调规律表

前字＼后字	阴平33	阳平11	阴上21	阴去213	阳去42	长入55	阴入5	阳入32
阴平33	11	—	—	11	11	11	11	11
阳平11	—	—	—	—	—	—	—	—
阴上21	—	213	213	—	—	—	—	—
阴去213	21	—	—	21	21	21	21	21
阳去42	11	—	11	11	11	11	11	11
长入55	11	—	—	11	11	11	11	11
阴入5	3	—	—	3	3	3	3	3
阳入32	3	1	3	3	3	3	3	3

表4　龙岩话两字组连读变调举例

阴平+阴平［33－11 33］	天光 tʰĩ kuĩ	飞机 xui ki	鲜鲜_{新鲜} tsʰĩ xian
阴平+阴去［33－11 213］	花布 xuɛ pu	青菜 tɕʰiɛ tsʰai	天气 tʰĩ kʰi
阴平+阳去［33－11 42］	兄弟 xiã ti	安静 an tɕin	轻重 kʰin taŋ
阴平+长入［33－11 55］	偏僻 pʰĩ pia	猪血 ti xue	番鸭 xuan a
阴平+阴入［33－11 5］	中国 tsoŋ kok	推托 tʰui tʰok	空腹 kʰaŋ pak
阴平+阳入［33－11 32］	消毒 ɕiau tok	生活 ɕin xuat	家属 kie ɕiok
阴上+阳平［21－213 11］	可怜 kʰo lian	火炉 xue lu	感情 kam tɕʰin
阴上+阴上［21－213 21］	老板 lau pan	水果 sui ko	检讨 kiam tʰo
阴去+阴平［213－21 33］	汽车 kʰi tsʰa	菜单 tsʰai tuã	化妆 xue tsõ
阴去+阴去［213－21 213］	世界 ɕi kai	破布 pua pu	变化 pian xua
阴去+阳去［213－21 42］	快件 kʰuai kiuã	干部 kan pʰo	破败 pʰua pai
阴去+长入［213－21 55］	对付 tui xu	顾客 ku kiɛ	半尺 puã tsʰo
阴去+阴入［213－21 5］	庆祝 kʰin tsok	建筑 kian tsok	货色 xue ɕiɛt
阴去+阳入［213－21 32］	快乐 kuai lok	教育 kiau iok	继续 ki ɕiok
阳去+阴平［42－11 33］	后胎 au tʰai	电灯 tian tin	被单 pʰue tuã
阳去+阴上［42－11 21］	市长 tɕʰi tsaŋ	队长 tui tsaŋ	电缆 tiɛn lan

续表

阳去 + 阴去 [42 - 11 213]	重要 tsoŋ iau	电线 tian suã	下昼 ɛ tau
阳去 + 阳去 [42 - 11 42]	运动 in toŋ	地洞 ti toŋ	外贸 ŋuāi mau
阳去 + 长入 [42 - 11 55]	石塔 tso tʰa	大雪 tua ɕiɛ	快递 kʰuai ti
阳去 + 阴入 [42 - 11 5]	幸福 xin xok	外国 ŋuāi kok	地质 ti tɕiɛt
阳去 + 阳入 [42 - 11 32]	石佛 tso xuət	事业 sɿ iak	面熟 bin sok
长入 + 阴平 [55 - 11 33]	铁山 tʰi suã	插花 tsʰa xuɛ	肉花 木槿花 ba xuɛ
长入 + 阴去 [55 - 11 213]	铁矿 tʰi kʰuaŋ	互爱 xu ai	百货 piɛ xue
长入 + 阳去 [55 - 11 42]	护士 xu sɿ	铁石 ti tso	肉蟹 ba xɛ
长入 + 长入 [55 - 11 55]	各迹 别处 ko tɕia	铁塔 ti tʰa	百八 piɛ piɛ
长入 + 阴入 [55 - 11 5]	铁壳 tʰi kʰak	百一 piɛ it	桌角 to kak
长入 + 阳入 [55 - 11 32]	泼墨 pua bak	铁戳 铁轩 tʰi tsʰak	八十 piɛ tɕiap
阴入 + 阴平 [5 - 3 33]	北方 bak xuaŋ	结婚 kiɛt xun	革新 kit ɕin
阴入 + 阴去 [5 - 3 213]	国庆 kok kʰin	结算 kiɛt suan	促进 tsʰok ɕin
阴入 + 阳去 [5 - 3 42]	接近 tɕiap kin	乞食 kʰit tsa	竹箸 tiok niõ
阴入 + 长入 [5 - 3 55]	出血 tɕʰiɛt xue	腹渴 pak kʰua	结雪 kiɛt ɕiɛ
阴入 + 阴入 [5 - 3 5]	结束 kiɛt sok	接触 tɕiap tsʰok	直接 tit tɕiap
阴入 + 阳入 [5 - 3 32]	结实 kak tɕiɛt	积极 tɕiɛt kit	骨殖 kuət ɕiɛt
阳入 + 阴平 [32 - 3 33]	目珠 bak tɕiu	集中 tɕiɛt tsoŋ	读字 tʰak tɕi
阳入 + 阳平 [32 - 1 11]	目毛 bak mõ	绿茶 liok tiɛ	食堂 ɕiɛt tʰaŋ
阳入 + 阴上 [32 - 3 21]	日子 lit tɕi	目屎 bak sai	局长 kiok tsaŋ
阳入 + 阴去 [32 - 3 213]	目镜 bak kiã	学费 xiak xui	日记 lit ki
阳入 + 阳去 [32 - 3 42]	实在 ɕiet tsai	服侍 xok sɿ	逐项 每样 tak xaŋ
阳入 + 长入 [32 - 3 55]	六白 lak piɛ	合格 xap kiɛ	十八 tɕiap piɛ
阳入 + 阴入 [32 - 3 5]	合作 xap tsok	直接 tit tɕiap	十七 tɕiap tɕʰiɛt
阳入 + 阳入 [32 - 3 32]	学习 xiak ɕiop	六十 lak tɕiap	捷捷 经常 tsiap tsiap

（五）老男和青男在音系上的主要区别

青男和老男音系上的差异主要体现在韵母上。果摄字青男读为 uo 或 o，如：多 tuo³³、河 xo¹¹，老男只读 o，如：多 to³³、河 xo¹¹。老男有韵母 ap、iap、iop，青男除"灭"读为 iɛp 外，无收 –p 的韵母。老男读为 ap、iap、iop 的咸摄、深摄入声字，如：杂 tsap、十 tɕiap、吸 kʰiop、急 kiop，青男大多并入 ak、iak、iok，分别读为 tsak、tɕiak、kʰiok，极少数并入 it，如：急 kit。

漳 平 话

一　调查点概况

漳平市属龙岩市代管市，位于龙岩市境东部。东邻永春县、安溪县、华安县，西接龙岩新罗区，南接南靖县，北部与永安市、大田县交界。东经117°11′—117°44′，北纬24°54′—25°47′，本调查点为市政府驻地菁城镇。

截至2019年，全市常住人口约28万。畲族约1600人，约占全县总人口0.67%；其他少数民族（回、苗、壮、满、土家、布依、瑶、侗、彝、土、高山、蒙古、纳西、傣）近2000人，占总人口之0.71%。漳平境内的方言基本属于闽语闽南方言，但由于与通行客家话的闽西地区交界，在某些方面受客家话的明显影响。漳平方言内部有差别，有菁城、永福、新桥、溪南、双洋等五种口音。除双洋口音外，其他四种口音［-m、-n、-ŋ］与［-p、-t、-k］六种辅音韵尾皆全。①菁城口音：主要通行于菁城、桂林、芦芝、和平、西园、南洋等城关及附近各乡镇。菁城口音是最接近厦门、漳州一带闽南话的一种漳平话。②永福口音：主要通行于永福、拱桥、官田等乡镇。永福口音的重要特点是韵母系统里没有［ɔ］韵，它把菁城口音的［ɔ］韵字都读成［ou］韵。漳平方言的其他口音都没有［ou］韵。③新桥口音：主要通行于新桥、吾祠、灵地等乡镇。新桥口音的重要特点是韵母系统里有一个［ɯ］韵。漳平方言的其他口音都没有［ɯ］韵。④溪南口音：主要通行于溪南、象湖两个区乡。溪南口音的重要特点是把果摄一等字读成［ɤ］韵。漳平方言的其他口音都没有［ɤ］韵。⑤双洋口音：主要通行于双洋、赤水两个区乡。双洋口音的重要特点是韵母系统里只有［-ŋ、-k］两个辅音韵尾。如：耽＝单＝当 taŋ³⁵（阴平）、沓＝达＝独 tak²¹（阳入）。

方言曲艺或地方戏方面主要有受外来影响的汉剧、芗剧和畲族的盘歌对唱。

漳平话是2016年国家语保点，由闽江学院教师唐若石全程记录整理。

二　方言发音人概况

　　方言老男陈文夏，汉族，1953 年 5 月出生于菁城镇，中专文化程度。在漳平各小学任教，1997 在桂林中心学校工作直至退休。

　　方言青男李明勇，汉族，1982 年 7 月出生于菁城街道，大学本科文化程度。任职于漳平市烟草公司。

　　方言老女李彩琴，汉族，1958 年 1 月出生于漳平市桂林街道，中专文化程度。已退休。

　　方言青女许霄媚，汉族，1987 年 10 月出生于菁城街道，初中文化程度。个体工商户。

　　口头文化发音人有李巧玲（女）、黄逸民、邓钦明，都是菁城镇人。

　　地普发音人有陈建佳、邓钦明、傅仁东（官田乡），除加注外，都是菁城镇人。

三　漳平话音系

（一）声母

漳平话有 17 个声母（包括零声母）：

表 1　漳平话声母表

p 八兵爬病飞白肥饭白	p^h 派片蜂	b 麦明味问文	m 问白	
t 多东甜毒张竹茶	t^h 讨天抽拆柱白	l 南年文老蓝连路字热软文	n 脑年白泥软白	
ts 资早租酒坐谢白柱文争装纸主船十白	ts^h 刺草寸清贼全拆文抄初床车春手			s 丝三酸想祠谢文事山双顺书十文城

k 高九共县	kʰ 开轻权	g 热文月活白温用药	ŋ 样藕	h 飞文风副饭文好灰响活文云
∅ 熬安王				

说明：

1. 包括零声母，漳平话共有 17 个声母。其中浊塞音 [b、l、g] 声母与鼻化韵相拼时，变为同部位的 [m、n、ŋ]，二者是同一音位的不同变体。

2. [b、g] 的实际发音，"塞"的程度比标准音弱些。[l] 的实际发音，比浊塞音 [d] 轻，舌尖离开硬腭后，气流从舌面上端流出，不从舌尖两端流出，但其音值听起来接近 [l]。

（二）韵母

漳平话有 56 个韵母（包括声化韵 m、ŋ）：

表 2　漳平话韵母表

	i 猪雨文米丝试戏二接白	u 师文
a 饱塔鸭	ia 靴写锡白	ua 歌白辣热活白刮
ɔ 苦五雨白	io 笑白桥药尺	uo 歌文宝学白
ɛ 茶牙白白	ie 坐鞋贴白八白节白	ue 过瓦赔飞白月郭
	iu 油	ɲi 开白对飞文鬼
ai 开文排师白		uai 快
au 宝文豆走	iau 笑文	
m̩ 唔	im 心深	
ŋ̍ 糖床		
	ĩ 盐白年白	uĩ 卷门劝
ã 衫胆	iã 兄	uã 山白半官白
ɛ̃ 硬争白病星		uẽ 横
ɔ̃ 毛雾	iɔ̃ 抢让	
ãu 脑闹		

续表

iãu 鸟		
am 南	iam 盐_文	
	in 根新灯升争_文	
an 山_文		uan 短官_文
en 年_文权		uen 寸滚春云
aŋ 讲_文东_白	iaŋ 响双	uaŋ 慌防
oŋ 王讲_白东_文	ioŋ 用	
	ip 及吸	
ap 盒十_白	iap 接_文贴_文	
	it 十_文急橘直色锡_文	ut 骨出
at 达扎		uat 法活_文
et 热_文节_文白_文	iet 七一	
ak 八_文壳北六_白	iak 学_文	
ok 托国谷	iok 六_文绿局	

说明：

1. 韵母大致按中古汉语阴声韵、阳声韵和入声韵的格局三分。有6种辅音韵尾 -m、-n、-ŋ 和 -p、-t、-k。例：南（-m）、安（-n）、项（-ŋ）盒（-p）、汁（-t）、壳（-k）。

2. [m、ŋ] 既可为声母，又可为韵尾，还可自成音节。

（三）声调

漳平话有7个声调（不包括轻声）：

阴平 35　东该灯风通开天春卖路硬饭_白

阳平 33　门龙牛油铜皮糖红百搭节_白塔

阴上 53　懂古鬼九统苦讨草买老_文五_文有_文

阴去 21　冻怪半四痛快寸去饭_文树哭

阳去 55　动罪近后老_白五_白有_白乱洞地切麦月白_白

阴入 21　谷节_文急拍刻白_文

阳入 5　　　六毒盒罚

说明：

1. 有 7 种声调，古平去入声字，根据古声母的清浊分别为阴调类和阳调类，分别为阴平、阳平、阴去、阳去、阴入、阳入 6 种；上声只有一类，即阴上，包括古清上和部分次浊上声字（文读），全浊上声及部分次浊上声字（白读）归入阳去。入声调较为短促。

2. 大部分古次浊去声字及部分全浊去声字今读阴平。如：卖、路、硬（均为阴平）；饭（白读阴平）。

3. 部分古入声字今读脱落辅音韵尾，并入调值相近的舒声调：古清音声母入声字大部分读作阳平，如"百、搭、塔"，少数字读阴去，如"哭"；古浊音声母入声字读作阳去，如"麦、月"。

4. 阴上调 53 在口语中有时降得更低，近于 52 或 51。

5. 阳去调 55 实际发音略低，近于 44。

6. 阳入调 5 略带下降趋势。

（四）两字组连读变调规律

漳平话的词语连读时一般都要发生变调，但变调时不产生新调值。总的规律是：除了上字阳平外，其他上字一般都变调而下字不变调。具体规则是：

1. 除阳平外，大部分前字按本调作划一的变调，但"阴去 + 阴上"时前字变 55 调。

2. 入声字若已舒化（阴入读阳平或阴去，阳入读阳去），则其充当前字时变调规律等同于相应的舒声字。

3. 古全浊及次浊上声字若已读阴平，则按阴平变调。

表 3　漳平话两字组连读变调规律表

前字＼后字	阴平 35	阳平 33	阴上 53	阴去 21	阳去 55	阴入 21	阳入 5
阴平 35	33	33	33	33	33	33	33
阳平 33	—	—	—	—	—	—	—
阴上 53	21	21	21	21	21	21	21
阴去 21	53	53	55	53	53	53	53

续表

前字＼后字	阴平 35	阳平 33	阴上 53	阴去 21	阳去 55	阴入 21	阳入 5
阳去 55	21	21	21	21	21	21	21
阴入 21	5	5	5	5	5	5	5
阳入 5	21	21	21	21	21	21	21

表 4　漳平话两字组连读变调举例

阴平＋阴平［35－33 35］	香菇 hiaŋ kɔ
阴平＋阳平［35－33 33］	蜂糖 pʰaŋ tʰŋ
阴平＋阴上［35－33 53］	鸡母 kie buo
阴平＋阴去［35－33 21］	甘蔗 kam tsia
阴平＋阳去［35－33 55］	番柿 huan kʰi
阴平＋阴入［35－33 21］	钢笔 kaŋ pit
阴平＋阳入［35－33 5］	新历 sin lit
阴上＋阴平［53－21 35］	点心 tiam sim
阴上＋阳平［53－21 33］	枕头 tsim tʰau
阴上＋阴上［53－21 53］	老虎 luo hɔ
阴上＋阴去［53－21 21］	煮菜 tsi tsʰai
阴上＋阳去［53－21 55］	手镯 tsʰiu sio
阴上＋阴入［35－21 21］	孔雀 kʰoŋ tsiak
阴上＋阳入［53－21 5］	扁食 pan sit
阴去＋阴平［21－53 35］	饲猪 tsʰi ti
阴去＋阳平［21－53 33］	算盘 suĩ puã
阴去＋阴上［21－55 53］	畚斗 puen tau
阴去＋阴去［21－53 21］	客店 kʰɛ tiam
阴去＋阳去［21－53 55］	最后 tsui au

续表

阴去+阴入 [21-53 21]	固执 kɔ tsit
阴去+阳入 [21-53 5]	骗局 pʰen kiok
阳去+阴平 [55-21 35]	跋狮 pua sai
阳去+阳平 [55-21 33]	旧年 ku nĩ
阳去+阴上 [55-21 53]	电火 ten hue
阳去+阴去 [55-21 21]	白菜 pɛ tsʰai
阳去+阳去 [55-21 55]	食药 tsia gio
阳去+阴入 [55-21 21]	藕节 gau tsat
阳去+阳入 [55-21 5]	后日 au liet
阴入+阴平 [21-5 35]	拍针 pʰat tsiam
阴入+阳平 [21-5 33]	出来 tsʰut lai
阴入+阴上 [21-5 53]	失火 sit hue
阴入+阴去 [21-5 21]	出嫁 tsʰut kɛ
阴入+阳去 [21-5 55]	发电 huat ten
阴入+阴入 [21-5 21]	剥削 pak siak
阴入+阳入 [21-5 5]	结实 kat sit
阳入+阴平 [5-21 35]	目珠 bak tsiu
阳入+阳平 [5-21 33]	墨盘 bak puã
阳入+阴上 [5-21 53]	日子 liet tsi
阳入+阴去 [5-21 21]	读册 tʰat tsʰɛ
阳入+阳去 [5-21 55]	列传 let tsuan
阳入+阴入 [5-21 21]	目汁 bak tsiap
阳入+阳入 [5-21 5]	六日 lak liet

（五）儿化、小称音变规律

1. 漳平话"囝"由于高频已虚化，有 kiã⁵³、iã³⁵、a⁵⁵ 等音读，a⁵⁵ 当地习惯写为"仔"，这里从众。

2. "仔"的零声母由于弱化，在语流中会随前字韵尾不同而增添相应的声母。具体规律如下：

（1）当居于元音韵和元音尾韵后，"仔"读零声母，如：簿仔（本子）$p^h ɔ^{21} a^{55}$、柄仔（把儿）$pɛ̃^{55} a^{55}$。

（2）当其后置于鼻辅音韵尾［-m、-n、-ŋ］之后，零声母随之变为［m-、n-、ŋ-］，如：杉仔（杉树）$sam^{33} ma^{55}$、秤仔（秤）$tsʰin^{55} na^{55}$、侬仔（连环画）$laŋ^{33} ŋa^{55}$。

（3）当其后置于辅音韵尾［-p、-t、-k］之后，零声母随之变读为［b-、l-、g-］，如：蛤仔（青蛙）$kap^5 ba^{55}$、橘仔（橘子）$kit^5 la^{55}$、入仔（袋子）$lak^5 ga^{55}$。

3. 当"仔"置于阴上（53）和阴去（21）调之后，前字变为55调。如：钮（阴上53）→钮（55）仔；巷（阴去21）→巷（55）仔。

大田城关话

一 调查点概况

大田县属三明市辖县，位于三明市境南部。东邻尤溪县、德化县，西接永安市、漳平市，南接永春县，北部与三明市辖区、沙县交界。东经 117°28′58″—118°03′13″，北纬 25°28′53″—26°09′42″。本调查点为县政府驻地均溪镇，本书简称为大田话。

本镇人口约有 42 万人，其中汉族约 40 万，回族约 1.5 万，另有满族、畲族、苗族约 0.5 万人。大田县的方言，按照当地习惯称呼，分为前路话、后路话、闽南话、桃源话和客家话等五种。其中前路话、闽南话、桃源话均属闽语闽南方言。后路话为闽南方言和闽中方言的过渡方言。前路话分布于均溪、早兴、石牌、谢洋、武陵、上京、太华、梅山、湖美和前坪等乡镇，使用人口约 22 万。后路话分布于广平、建设、文江、奇韬等四乡镇，使用人口约 10 万。闽南话分布于屏山、吴山、济阳等乡镇，使用人口约 3.7 万。桃源话分布于桃源的多数村和上京的黄城、桂坑、城口、丰田、南坑等地，使用人口约 2.3 万。客家话分布于桃源的东坡、黄山头，太华的高星及广平等地，使用人口约 4 万。近年来，各方言受普通话影响较大，正在向普通话靠拢。桃源话已经处于濒危状态。

本地民间艺术或方言曲艺有花灯、舞弄狮、舞龙、迎龙、踩高跷、山歌、民乐小调、花鼓戏、百乐班、高甲戏等。

大田话是 2017 年福建省语保点。由泉州师范学院教师陈燕玲和福建工程学院教师林天送全程记录整理。

二 方言发音人概况

方言老男范占鳌，汉族，1948 年 9 月出生于均溪镇，在当地读中小学，中专文化程度。已退休。

方言青男范建椿，汉族，1987年10出生于均溪镇，大专文化程度。就职于福建兴田城市建设投资有限公司。

方言老女范兰卿，汉族，1960年10月出生于均溪镇，高中文化程度。已退休。

方言青女范舒婷，汉族，1990年5月出生于均溪镇，大专文化程度。就职于大田县邮政储蓄银行。

口头文化发音人有范永能、陈细叶（女）、范小霞（女）、连雪卿（女，太华镇）、范占鳌、范宜代、范占椅，除加注外，都是均溪镇人。

地普发音人有范建泉、范占鳌、范宜代，都是均溪镇人。

三 大田城关话音系

（一）声母

大田城关话有18个声母（包括零声母）：

表1 大田城关话声母表

p 八兵爬病飞_白肥饭	pʰ 派片蜂	b 麦明味问_文月温王云_文	m 问_白安_白		
t 多东甜毒张竹茶事_白	tʰ 讨天抽拆柱_白	l 南年_文泥老蓝连路	n 脑年_白软		
ts 资早租酒字坐全柱_文争装纸主船书_白十	tsʰ 刺草寸清贼抄初床车春手			s 丝三酸想祠谢事_文山双顺书_文城	z 热药
k 高九共权县	kʰ 开轻	g 熬	ŋ 营	h 飞_文风副好灰响活云_白	
ø 安_文用					

说明：

1. b、l、g与m、n、ŋ两组声母互补，m、n、ŋ只拼鼻化韵和声化韵，b、l、

ŋ 只拼其他韵母。

2. z 的摩擦成分较轻，逢古云、以、影母字今读近于 j。

（二）韵母

大田城关话有 39 个韵母（包括声化韵 ŋ）：

表 2　大田城关话韵母表

		i 雨_文 米丝试戏二	u 苦五雨_白
a 茶牙饱鸭白_白		ia 靴写	ua 歌_白 瓦辣
ɛ 开_文 排师_白			uɛ 快
ɔ 歌_文 豆走	iɔ 笑_文 桥_文		
e 坐鞋八_白 节			ue 赔飞_白 短刮_白 月郭
ɤ 过师_文 宝笑_白 学_白 尺	iɤ 桥_白 药		
	iu 油		ui 开_白 对飞_文 鬼
ŋ 糖床讲_白			
ã 争_白 病星_白	iã 兄		uã 山_白 半官_文 横
ɛ̃ 挺	uɛ̃ 歪		
ɔ̃ 脑	iɔ̃ 撞		
	iŋ 心深年_白 响_白		uŋ 砖
aŋ 南山_文 双_白 讲_文 硬	iaŋ 盐年_文 权响_文		uaŋ 官_文 王双_文
eŋ 根新灯升 争_文 星_文			ueŋ 寸滚春云
oŋ 东	ioŋ 用		
	iʔ 接_白		
aʔ 盒塔十八_文 壳学_文 北色白_文 锡六_白	iaʔ 接_文 贴急_文 热_白 橘	uaʔ 法活刮_文	
eʔ 急_白 七一直			
oʔ 骨出托国谷六_文 绿	ioʔ 局		

说明：ɔ 的开口度略小。

（三）声调

大田城关话有 7 个单字声调：

阴平 33　　东该灯风通开天春卖路乱地_文饭

阳平 24　　门龙牛油铜皮糖红

阴上 53　　懂古鬼九统苦讨草买老有

阳上 55　　动罪近后麦月白_文五硬

去声 31　　冻怪半四痛快寸去洞地_白树百节

阴入 3　　　哭拍塔切刻谷搭急

阳入 5　　　叶_姓毒白_白盒罚六

说明：

1. 阳平［24］听感上有点曲折，慢读时近于［214］或［215］。

2. 阳上［55］略升，实际调值为［45］。

（四）连读变调说明

大田城关话两字组连读，总的规则是前字变调，后字不变调。

七个单字调可以分为两组：

高调——阳平 24、阴上 53、阳上 55、阳入 5。

低调——阴平 33、去声 31、阴入 3。

两字组变调规律如下：

1. 阴平 33 作前字，逢后字为高调，前字不变调。逢后字为低调，前字变为 53。

2. 阳平 24 作前字，逢后字为高调，前字变为 33。逢后字为低调，前字变为 53。

3. 阴上 53 作前字，逢后字为高调，前字变为 31。逢后字为低调，前字变为 24。

4. 阳上 55 作前字，逢后字为高调，前字变为 33。逢后字为低调，前字变为 53。

5. 去声 31 作前字，不管后字为何调，前字一律变为 55。

6. 阴入 3 作前字，不管后字为何调，前字一律变为 5。

7. 阳入 5 作前字，逢后字为高调，前字变 3；逢后字为低调，前字不变。

表3 大田城关话两字组连读变调规律表

前字＼后字	阴平 33	阳平 24	阴上 53	阳上 55	去声 31	阴入 3	阳入 5
阴平 33	53	—	—	—	53	53	—
阳平 24	53	33	33	33	53	53	33
阴上 53	24	31	31	31	24	24	31
阳上 55	53	33	33	33	53	53	33
去声 31	55	55	55	55	55	55	55
阴入 3	5	5	5	5	5	5	5
阳入 5	—	3	3	3	—	—	3

表4 大田城关话两字组连读变调举例

阴平＋阴平 [33-53 33]	天星 tʰiŋ tsʰã	公路 koŋ lu
阴平＋去声 [33-53 31]	天气 tʰiŋ kʰi	
阴平＋阴入 [33-53 3]	冬节 taŋ tseʔ	
阳平＋阴平 [24-53 33]	雷公 lui koŋ	
阳平＋阳平 [24-33 24]	头毛 tʰɔ mŋ	
阳平＋阴上 [24-33 53]	朋友 paŋ iu	
阳平＋阳上 [24-33 55]	姨丈 i tiŋ	
阳平＋去声 [24-53 31]	芹菜 kʰeŋ tsʰɛ	
阳平＋阴入 [24-53 3]	铅笔 ziaŋ peʔ	
阳平＋阳入 [24-33 5]	南极 laŋ keʔ	
阴上＋阴平 [53-24 33]	煮饭 tsi pŋ̍	
阴上＋阳平 [53-31 24]	锁匙 sɤ si	
阴上＋阴上 [53-31 53]	滚水 kueŋ tsi	
阴上＋阳上 [53-31 55]	旅社 li sa	
阴上＋去声 [53-24 31]	煮菜 tsi tsʰɛ	
阴上＋阴入 [53-24 3]	水窟 tsi kʰoʔ	

续表

阴上 + 阳入 [53 – 31 5]	扁食 piaŋ seʔ	
阳上 + 阴平 [55 – 53 33]	后生 hɔ sã	
阳上 + 阳平 [55 – 33 24]	学堂 ɣ tŋ	
阳上 + 阴上 [55 – 33 53]	白酒 pa tsiu	
阳上 + 阳上 [55 – 33 55]	后爸 ɔ pa	
阳上 + 去声 [55 – 53 31]	受气 su kʰi	
阳上 + 阴入 [55 – 53 3]	第一 te eʔ	
阳上 + 阳入 [55 – 33 5]	旧历 ku liaʔ	
去声 + 阴平 [31 – 55 33]	菜刀 tsʰɛ tɣ	
去声 + 阳平 [31 – 55 24]	算盘 suŋ puã	
去声 + 阴上 [31 – 55 53]	电火 tiaŋ hue	
去声 + 阳上 [31 – 55 55]	贵重 kui taŋ	
去声 + 去声 [31 – 55 31]	客雀 kʰa tsʰiɣ	
去声 + 阴入 [31 – 55 3]	钢笔 koŋ peʔ	
去声 + 阳入 [31 – 55 5]	四十 si tsaʔ	
阴入 + 阴平 [3 – 5 33]	福公 hoʔ koŋ	
阴入 + 阳平 [3 – 5 24]	北神 paʔ seŋ	
阴入 + 阴上 [3 – 5 53]	腹里 paʔ li	失火 seʔ hue
阴入 + 阳上 [3 – 5 55]	熄月 seʔ bue	吸石 siaʔ tsɣ
阴入 + 去声 [3 – 5 31]	出嫁 tsʰoʔ ka	咳嗽 kʰaʔ sɔ
阴入 + 阴入 [3 – 5 3]	擸擖 laʔ saʔ	
阴入 + 阳入 [3 – 5 5]	熄日 seʔ leʔ	
阳入 + 阳平 [5 – 3 24]	日头 leʔ tʰɔ	
阳入 + 阴上 [5 – 3 53]	木耳 boʔ zi	
阳入 + 阳上 [5 – 3 55]	活动 huaʔ toŋ	
阳入 + 阳入 [5 – 3 5]	六十 laʔ tsaʔ	

（五）老男和青男在音系上的主要差别

1. 老男读 ɡ 声母的字，青男一般读零声母，例如"吴"，老男 ɡu^{24}，青男 u^{24}。

2. 老男读 b 声母的部分字，青男读为零声母，例如"月"，老男 bue^{55}，青男 ue^{55}。

3. 老男没有 f 声母，青男将部分字的声母读为 f。例如，富：老男 pu^{31}，青男 fu^{31}；付：老男 hu^{31}，青男 fu^{31}。

4. 果摄老男读 ɤ 韵母的部分字，青男读 ɔ 韵母。例如，锣：老男 lɤ^{24}，青男 lɔ^{24}；祸：老男 hɤ^{55}，青男 hɔ^{31}。

5. 老男的 eŋ 韵母，青男除了有些读 eŋ 韵外，还有部分字读 ieŋ 韵，如"深"，老男 tsʰeŋ^{33}，青男 tsʰieŋ^{33}。

6. 老男没有 y 韵，青男将部分合口三等字读为 y 韵。例如，徐：老男 si^{24}，青男 sy^{24}；区：老男 kʰi^{33}，青男 kʰy^{33}。

大田广平话

一　调查点概况

大田县属三明市辖县，行政地理以及方言分布情况详见99页"大田城关话"。本调查点为大田县广平镇，位于本县北部，东和东北与尤溪县相邻，北与沙县交界，西与永安市交界，南部是本县文江镇和建设镇。

按照大田话的内部差别，广平镇话属于后路话，是闽语闽南话与闽中话的一种过渡性方言。语言特点相对复杂。

大田广平话是2017年福建省语保点。由泉州师范学院教师陈燕玲和福建工程学院教师林天送全程记录整理。

二　方言发音人概况

方言老男林维龙，汉族，1958年10月出生于广平镇，在当地读中小学，中专文化程度。已退休。

方言青男蒋启峰，汉族，1982年11月出生于广平镇，大专文化程度。就职于广平中心小学。

方言老女郑秀玉，汉族，1957年10月出生在广平镇，中专文化程度。已退休。

方言青女郭良妙，汉族，1981年5月出生于广平镇，大专文化程度。就职于广平镇中心幼儿园。

口头文化发音人林维龙、蒋秀兰（女）、郭良国、蒋启利、郭香妹（女），都是广平镇人。

地普发音人有郭香妹（女）、林维标、蒋启利，都是广平镇人。

三 大田广平话音系

（一）声母

大田广平话有 18 个声母（包括零声母）：

表 1　大田广平话声母表

p 八兵爬病飞_白肥饭	pʰ 派片蜂	b 麦明味_白	
t 多东甜毒_文张竹茶事_白	tʰ 讨天毒_白祠拆抽杜	l 南泥年脑老连路蓝软	
ts 资早租酒坐全争_白装船	tsʰ 刺草寸清贼抄床		s 丝三酸想谢事_文双十
tʃ 纸主争_文书_白字	tʃʰ 初车春手	ʃ 山顺书_文城	dʒ 热用药
k 高九共权县	kʰ 开轻	g 味_文问熬月王	h 飞_文风副好灰响活云
∅ 安温			

说明：

1. 声母 b、l、g 在鼻化韵前分别读为 m、n、ŋ。本书记音不单列 m、n、ŋ。
2. tʃ、tʃʰ、ʃ 逢齐齿呼、撮口呼韵母分别接近 tɕ、tɕʰ、ɕ。

（二）韵母

大田广平话有 38 个韵母（包括声化韵 ŋ）：

表 2　大田广平话韵母表

	i 排鞋米丝戏二八节_白	u 苦五雨_白	y 雨_文开_白
a 茶牙饱塔鸭白	ia 写	ua 瓦辣	ya 寄
ɒ 盒法十节_白活骨托壳学_文北色国锡_白谷六	iɒ 油		

续表

	iɐ 接贴急热节文七一出橘直锡文绿局		
ɛ 开文师白		uɛ 鬼	
e 盐心深新灯升争文星		ue 寸滚云	
ø 根春			
o 歌白豆走	io 笑文		
ɤ 双东	iɤ 用		
ɯ 歌文过师文试宝郭学白	iɯ 笑白药尺		
	iu 桥	ui 坐赔对快飞短刮月	
ŋ̍ 黄			
ẽ 争白病	iẽ 兄		
õ 半官白横	iõ 山		
		uĩ 县	yĩ 砖
ẽi 年白硬			
		uŋ 讲	
aŋ 南	iaŋ 年文	uaŋ 官文王	yaŋ 权
oŋ 糖床	ioŋ 响		

说明：

1. 韵母 o 与 ɤ、e 与 ɛ 有对立，例如：交 ko³³ ≠ 公 kɤ³³、经 ke³³ ≠ 该 kɛ³³。

2. 韵母 io 和 iɤ 有对立，例如：箫 ʃio³³ ≠ 赎 ʃiɤ³³。韵母 ia 与 iɐ 有对立，例如：择 tia³¹ ≠ 摘 tiɐ³¹。

3. 韵母 uĩ 中间有轻微过渡音 ə。

（三）声调

大田广平话有 5 个单字声调（不包括轻声）：

阴平 33　东该灯风通开天春六毒_文盒罚

阳平 24　门龙牛油铜皮糖红

阴上 51　懂古鬼九统苦讨草买老有

阳上 45　动罪近后五硬麦月白

去声 31　冻怪半四痛快寸去卖路乱洞地饭树谷百搭节急拍塔切刻毒_白

（四）连读变调说明

大田广平话两字组连读，一般是前字变调，后字不变调。规律如下：

1. 阴平［33］作前字，逢去声［31］不变调，逢其他调变为［22］。

2. 阳平［24］作前字，逢去声［31］变为［33］，逢其他调变为［22］。

3. 阴上［51］作前字，不论后字何调均变为［24］。

4. 阳上［45］作前字，逢后字去声［31］变为［33］，逢其他调变为［22］。

5. 去声［31］作前字，按不同古音来源及后字调类有不同变调：

（1）古清去字逢后字去声［31］变［45］，逢后字其他调变［33］；

（2）古浊去字逢后字去声［31］变［33］，逢其他调变［22］；

（3）古清入字一律变为短调［5］。

表 3　大田广平话两字组连读变调规律表

前字＼后字	阴平 33	阳平 24	阴上 51	阳上 45	去声 31
阴平 33	22	22	22	22	—
阳平 24	22	22	22	22	33
阴上 51	24	24	24	24	24
阳上 45	22	22	22	22	33
去声 31　古清去字	33	33	33	33	45
去声 31　古浊去字	22	22	22	22	33
去声 31　古清入字	5	5	5	5	5

表4 大田广平话两字组连读变调举例

阴平+阴平 [33-22 33]	山东 ʃiɒ tɤ	立春 liɒ tʃʰø	
阴平+阳平 [33-22 24]	东南 tɤ laŋ	日头 liɐ tʰo	
阴平+阴上 [33-22 51]	风水 hɤ ʃy		
阴平+阳上 [33-22 45]	山下 ʃiõ a		
阳平+阴平 [24-22 33]	南山 laŋ ʃiõ	同学 tɤ ɒŋ	
阳平+阳平 [24-22 24]	羊头 iɔŋ tʰo		
阳平+阴上 [24-22 51]	红水 ɤ tʃy		
阳平+阳上 [24-22 45]	门户 guẽ hu		
阳平+去声 [24-33 31]	牛角 gu kɒ	和尚 mɯ sɔŋ	芹菜 kʰø tsʰɛ
阴上+阴平 [51-24 33]	水东 tʃy tɤ	水力 tʃy liɐ	
阴上+阳平 [51-24 24]	水南 tʃy laŋ		
阴上+阴上 [51-24 51]	水井 tʃy tsã		
阴上+阳上 [51-24 45]	水下 tʃy a		
阴上+去声 [51-24 31]	水分 tʃy hue	水塔 tʃy tʰa	水埕 tʃy tɒ
阳上+阴平 [45-22 33]	被单 pʰui tõ	五十 gu sɒ	
阳上+阳平 [45-22 24]	户头 hu tʰo		
阳上+阴上 [45-22 51]	户口 hu kʰo		
阳上+阳上 [45-22 45]	落雨 lɯ hu		
阳上+去声 [45-33 31]	被面 pʰui mẽi	犯法 haŋ hɒ	药店 dʒɯ tẽi
去声+阴平 [31-33 33]	四方 si huaŋ	四十 si sɒ	
[31-22 33]	大山 tua ʃiõ		
[31-5 33]	恶毒 ɒ tɒ	福州 hɒ tʃiɒ	
去声+阳平 [31-33 24]	四围 si dʒy		
[31-22 24]	大侬 tua lõ		
[31-5 24]	竹床 tiɒ tsʰɔŋ		
去声+阴上 [31-33 51]	四两 si liũ		
[31-22 51]	大水 tua tʃy		
[31-5 51]	谷雨 kɒ y		

去声+阳上 [31-33 45]	四户 si hu		
[31-22 45]	大舅 tua ku		
[31-5 45]	接受 tsiɐ ʃiɐ		
去声+去声 [31-45 31]	四角 si kɒ	四季 si kuɛ	四面 si bẽi
[31-33 31]	大索 tua sɯ	大埕 tua tɒ	
[31-5 31]	七万 tsʰiɐ baŋ	壁角 pia kɒ	福建 hɒ kyaŋ

（五）老男和青男在音系上的主要区别

1. 老男读为去声31调的部分字，青男读为33调，如"数使击足"等。

2. 老男读为阴上51调的部分字，青男读为24调，如"解子引歪协蓬"等。

3. 老男读为 uĩ 韵的部分字，青男读为 uŋ 韵，如"断"，老男 tuĩ⁴⁵，青男 tuŋ⁴⁵；"门"，老男 guĩ²⁴，青男 guŋ²⁴。

霞浦三沙话

一　调查点概况

霞浦县属宁德市辖县，位于宁德市境东部。东临东海，西接福安市、宁德蕉城区、罗源县，南临连江县，北部与柘荣县、福鼎市交界。东经119°46′—120°26′，北纬26°25′—27°07′。本调查点为三沙镇，位于霞浦县东北沿海。

据2019年资料，霞浦全县人口大约54万，其中三沙镇约4.5万。三沙镇境内主要为汉族人口，还有少数畲族人。三沙镇畲族主要分布在东山村、二坑村、单斗村和三坪自然村，约3000人。三沙镇的方言主要有三沙闽南话和霞浦话两种，一些与水门乡和牙城镇邻近的村落讲"平阳话"（属于水门、牙城闽南话片）。此外，境内一些村落还分布有畲话，也是一种汉语方言。本调查点记录的是三沙闽南话。

三沙镇地方曲艺以前有"闽南话讲书"，现已无传人。戏曲以前有业余闽剧团，"文革"期间停办，"文革"后恢复，现又停办多年。此外，民间还有霞浦话和三沙话民歌，目前只有少数上年纪的人会唱。

霞浦三沙话是2016年国家语保点。由福建教育学院教师李滨全程记录整理。

二　方言发音人概况

方言老男刘必志，汉族，1950年3月出生于三沙镇，在当地读中小学，初中文化程度。已退休。

方言青男邱辉铭，汉族，1983年1月出生于三沙镇，在三沙长大。文化程度初中。

方言老女李雪凤，汉族，1945年4月出生于三沙镇，初中文化程度。已退休。

方言青女吴玲芳，汉族，1983年6月出生于三沙镇，初中文化程度。

口头文化发音人有李继昌、李雪凤（女）、杨英宋（女）、刘昇、陈祥珠（女），都是三沙镇人。

地普发音人有杨英荣（女）、刘昇、卢芳芳（女），都是三沙镇人。

三　霞浦三沙话音系

（一）声母

霞浦三沙话有 18 个声母（包括零声母）：

表 1　霞浦三沙话声母表

p 八兵飞_白肥	pʰ 派片蜂		b 爬病麦明味问_文	m 饭问_白
t 多东甜毒张竹茶	tʰ 讨天抽拆柱_白	l 老蓝连路热	n 脑南年泥软	
				ç 响
ts 资早租酒字坐全柱_文争装纸主船书十	tsʰ 刺草寸清贼抄初床车春手			s 丝三酸想祠谢事山双顺城
k 高九共权县	kʰ 开轻	g 熬月	ŋ 危迎	h 飞_文风副好灰云
ø 活安温王用药				

说明：

1. 古並、明母以及疑母字，与非鼻化韵母相拼时，分别读为同部位的浊鼻冠音 [ᵐb] 和 [ᵑg]。

2. 古泥来母不混，分别读为清晰的 n、l。

3. ts 组声母发音时，收紧点在上齿背，与齐齿呼韵母相拼时略有腭化。

4. 古晓匣母字与齐齿呼、撮口呼韵母相拼时，发音部位前移为偏前的舌面中音 [ç]。[ç] 个书记作 [ç]。

5. h 声母拼合口韵母时双唇略有摩擦。

（二）韵母

霞浦三沙话有 49 个韵母（包括声化韵 ŋ）：

表 2　霞浦三沙话韵母表

	i 米丝试戏二文接白	u 雨文	y 猪师文
a 饱白塔鸭	ia 写瓦文锡	ua 瓦白	
ɛ 泥下			
ɔ 歌苦五雨白饱文			
e 茶牙			
ø 坐白过赔飞白短白郭			
o 坐文靴宝			
	iu 油	ui 开白对快白飞文鬼	
ai 开文排师白		uai 快文	
		uoi 鞋八白	
au 豆走	iau 表条		
	ieu 笑桥		
ŋ 二白糖床			
	ĩ 年硬争白病星白		
ã 胆	iã 兄	uã 山白半官	
	iũ 响白	uĩ 横	
ãi 间			
	iŋ 硬争白病星白	uŋ 滚春云	
aŋ 南山文双东	iaŋ 盐	uaŋ 短文权	
ɔŋ 王讲			
eŋ 心深新灯升争文星文用白冰品			
oŋ 根寸			yoŋ 响文用文
	iʔ 碟	uʔ 出	

续表

aʔ 盒十八₂壳学₂北六	iaʔ 接₂贴热₂节₂橘	uaʔ 法辣热₉活刮	
ɔʔ 乇			
eʔ 直色白绿急七一			
øʔ 月			
oʔ 骨托₂学₉谷局	ioʔ 药尺		yoʔ 属
oiʔ 节₉			
ɔuʔ 托₉国			

说明：

1. 鼻化韵字一般来自古咸山摄和梗摄，属于白读层。

2. 鼻音韵尾只有一类，记为 [ŋ]。

3. 塞音韵尾在喉塞音 [-ʔ] 和舌根塞音 [-k] 之间游移，二者是自由变体的关系。一般说来，前元音后面的韵尾更倾向于发成 [-k]，例如"达""六""踢"等字音，在听感上更像带 [-k] 尾。由于不构成与喉塞尾的对立，本书一律记为 [ʔ]。

4. [ŋ] 可自成音节，如"秧"，也可与辅音声母相拼，如"糖""床"。

5. [o] 和 [ɔ] 有别，如"根 koŋ⁴²—刚 kɔŋ⁴²"。

6. [uŋ] 和 [uʔ] 中的 [u] 实际读音为介于 [u] 和 [o] 之间的 [ʊ]。

（三）声调

霞浦三沙话有 6 个单字声调（不包括轻声）：

阴平 42　东该灯风通开天春

阳平 35　门龙牛油铜皮糖红

阴上 51　懂古鬼九统苦讨草买老₂五₂节₉塔

去声 21　老₉五₉有动罪近后冻怪半四痛快寸去卖路硬乱洞地饭树

阴入 5　谷百搭节₂急哭拍切刻

阳入 24　六麦叶月毒白盒罚

说明：

1. 阴平 [42]，与阴上 [51] 相比，下降和缓，降幅略小。

2. 去声包含了古去声字以及古浊音声母上声字。

3. 少数古入声清音声母字今读舒声，调值为51，归并入阴上调。

4. 阳入调虽然短促，但实际上是一个曲折调［243］，读快时调尾不明显，记为［24］。

（四）两字组连读变调规律

霞浦三沙话的词语连读时一般都要发生变调。连读变调总的规律是前字作划一的变调，连读变调语段的末一个音节的声调基本保留不变，只有小部分变调。基本规则是：

1. 阴平调作前字，不论后字是什么声调都变为44调。

2. 阳平调作前字，不论后字是什么声调都变为21调，跟单字调去声同调。

3. 阴上调作前字，不论后字是什么声调都变为35调，跟单字调阳平同调。

4. 去声调作前字时，根据古声母的清浊进行分化。古清音声母去声字都变为55调，古浊音声母去声字和古浊音声母上声字都不变调。

5. 阴入调作前字也分化为两类，一类不变调，韵母仍带喉塞音韵尾［-ʔ］；一类变为55调，韵母丢失［-ʔ］尾，读为舒声韵。

6. 阳入调作前字，除了一部分后字是阳去不变调外，逢其他后字都变21短调。

7. 阴平调作后字，逢前字是去声、阴入前者变舒声时，变为21调。

表3 霞浦三沙话两字组连读变调规律表

前字＼后字		阴平42	阳平35	阴上51	去声21	阴入5	阳入24
阴平42		44	44	44	44	44	44
阳平35		21	21	21	21	21	21
阴上51		35	35	35	35	35	35
去声21	清	55　21	55	55	55	55	55
去声21	浊	—	—	—	—	—	—
阴入5	甲	—	—	—	—	—	—
阴入5	乙	55　21	55	55	55	55	55
阳入24		21	21	21	21	21	21

表 4　霞浦三沙话两字组连读变调举例

阴平 + 阴平 ［42－44 42］	春天 tsuŋ tʰĩ
阴平 + 阳平 ［42－44 35］	花瓶 huoi paŋ
阴平 + 阴上 ［42－44 51］	清楚 tsʰeŋ tsʰu
阴平 + 去声 ［42－44 21］	青菜 tsʰeŋ tsʰai
阴平 + 阴入 ［42－44 5］	中国 tŋ kɔuʔ
阴平 + 阳入 ［42－44 24］	膏药 ko ioʔ
阳平 + 阴平 ［35－21 42］	农村 nɔ tsʰŋ
阳平 + 阳平 ［35－21 35］	银行 ŋoŋ haŋ
阳平 + 阴上 ［35－21 51］	朋友 peŋ iu
阳平 + 去声 ［35－21 21］	皇帝 hoŋ te
阳平 + 阴入 ［35－21 5］	油漆 iu tsʰaʔ
阳平 + 阳入 ［35－21 24］	牛肉 yu heʔ
阴上 + 阴平 ［51－35 42］	火车 hø tsʰia
阴上 + 阳平 ［51－35 35］	海棠 hai touŋ
阴上 + 阴上 ［51－35 51］	火腿 hø tʰui
阴上 + 去声 ［51－35 21］	广告 kʰoŋ ko
阴上 + 阴入 ［51－35 5］	可惜 kʰɔ siʔ
阴上 + 阳入 ［51－35 24］	宝石 po tsioʔ
去声（清）+ 阴平 ［21－55 42－21］	汽车 kʰi tsʰia
去声（清）+ 阳平 ［21－55 35］	带鱼 tua ʒy
去声（清）+ 阴上 ［21－55 51］	政府 tseŋ ŋu
去声（清）+ 去声 ［21－55 21］	世界 se kai
去声（清）+ 阴入 ［21－55 5］	教室 kau siʔ
去声（清）+ 阳入 ［21－55 24］	化学 hua haʔ
阴入（乙）+ 阴平 ［5－55 42－21］	客厅 kʰe tiã
阴入（乙）+ 阳平 ［5－55 35］	借钱 tsio tsĩ
阴入（乙）+ 阴上 ［5－55 51］	索尾 so bø

续表

阴入（乙）+去声 [5-55 21]	百姓 pe seŋ
阴入（乙）+阴入 [5-55 5]	客鹊 kʰe tsʰioʔ
阴入（乙）+阳入 [5-55 24]	烛碟 tsø ti
阳入（甲）+阴平 [24-21 42]	读书 tʰaʔ tsy
阳入（甲）+阳平 [24-21 35]	学堂 haʔ tŋ
阳入（甲）+阴上 [24-21 51]	日子 leʔ tsi
阳入（甲）+去声 [24-21 21]	核算 hoʔ sŋ
阳入（甲）+阴入 [24-21 5]	及格 kɪʔ keʔ
阳入（甲）+阳入 [24-21 24]	实习 sɪʔ seʔ

（五）儿化、小称音变规律

三沙话有很丰富的"仔"尾。"仔"通常位于词末，或表示"小""可爱""亲昵"的感情色彩，如"瓶仔"（比较小的瓶子）、"红婴仔"（刚出生的小婴儿）；或有"蔑视"之意，如"乡下仔"（乡下人）；或起成词作用，如"桃仔"（"桃"一般不能单说）等。其声母为零声母，但在阳声韵后声母类化为同部位的 [ŋ]；韵母都为 [a]，调值都是51。

（六）其他主要音变规律

[ts、tsʰ] 在元音韵或元音尾韵字和入声喉塞音 [ʔ] 后面变成 [ʒ]，如"面头前" [beŋ⁵⁵ nau²¹ ts-ʒaiŋ³⁵]；在鼻音尾韵字后面变成 [nz]，如"杉柴树" [saŋ⁴⁴ tsʰ-nza²¹ tsʰiu²¹]。

（七）老男青男的音系差别说明

受普通话影响，青男声母 [h] 与合口呼韵母相拼时基本都转化为 [f]，如"付" [fu²¹]、"蟹" [fuoi²¹]、"回" [fuoi³⁵] 等（例外的有"坏""怀"等），与开口呼和齐齿呼韵母相拼时依然保留 [h]，如"灰" [hø⁴²]、"戏" [hi²¹]、喜 [hi⁵¹]。[f] 与 [h] 是互补关系。

福鼎沙埕话

一　调查点概况

福鼎市属宁德市代管市，行政地理详见"概况卷之一"第161页"福鼎城关话"。本调查点为福鼎市沙埕镇，位于市境正东沿海。

福鼎市境内主要通行以市政府驻地桐山话为代表的福鼎话。境内部分地区使用闽南话，主要通行于沙埕、前岐、贯岭、嵛山、叠石等乡镇。全市使用闽南话的人数达13万多，占全县总人口的22.3%，是福鼎的第二方言。沙埕话在福鼎闽南话里有一定代表性。

当地的曲艺有福鼎贯岭的彭彭鼓。这是一种独具特色的曲艺形式，由一人单独（也可多人同台）说唱，伴奏乐器非常简单，只有一鼓一拍。

福鼎沙埕话是2017年福建省语保点。由福建师范大学教师陈芳全程记录整理。

二　方言发音人概况

方言老男苏振旺，汉族，1952年8月出生于福鼎龙安江南村，在沙埕镇成长。中专文化程度。已退休。

方言青男刘允斌，汉族，1983年1月出生于沙埕镇。大学本科文化程度。就职于福鼎第五中学。

方言老女庄玉仙，汉族，1962年5月出生于沙埕镇。中专文化程度。就职于福鼎沙埕中心小学。

方言青女刘燕微，汉族，1984年2月出生于沙埕镇。大学本科文化程度。就职于福鼎第五中学。

口头文化发音人有庄玉仙（女）、苏振旺、刘允斌，都是沙埕镇人。

地普发音人有苏振旺、刘允斌、林时全，都是沙埕镇人。

三　福鼎沙埕话音系

（一）声母

福鼎沙埕话有18个声母（包括零声母）：

表1　福鼎沙埕话声母表

p 八兵爬病飞₍白₎肥	pʰ 派片蜂	m 明₍白₎问	b 麦明₍文₎味	
t 多东甜毒张竹茶事₍白₎	tʰ 讨天抽拆柱	n 脑年泥软	l 南老蓝连路	
ts 资早租酒贼₍文₎字坐全争装纸主船书十	tsʰ 刺草寸清贼₍白₎抄初床车春手		z 热	s 丝三酸想祠谢事₍文₎山双顺城
k 高九共权县	kʰ 开轻	ŋ 硬	g 月	x 飞₍文₎风副好灰响云
∅ 熬活安温王用药				

说明：

1. 本次调查分别记录了m、n、ŋ和b、l、g这两组声母。但就本次调查的材料来看，没有发现m、n、ŋ和b、l、g对立的例子。

2. ts、tsʰ、s与齐齿呼韵母相拼时略微腭化。

3. x与齐齿呼韵母相拼时位置靠前；与u相拼时，可能发成双唇清擦音[ɸ-]。

（二）韵母

福鼎沙埕话有48个韵母（包括声化韵 ŋ）：

表2　福鼎沙埕话韵母表

	i 米丝戏二	u 雨₍文₎
a 饱盒塔鸭	ia 靴写瓦锡₍白₎	ua 歌辣热₍白₎活
ɔ 苦五雨₍白₎托₍白₎		

续表

ɔ 坐过赔飞_白 短月_白 郭		
e 茶牙白		
o 宝学_文		
ɯ 猪师_白		
	iu 油	ui 开_白 对快_文 飞_文 鬼
ai 开_文 排师_文		uai 快_白
		uei 八
au 豆走	iau 柱	
eu 愁	ieu 笑桥药尺	
ɯei 鞋节_白		
ŋ 糖床		
	ĩ 年硬争_白 病星_白	
ã 三	iã 兄	uã 山半官
ẽ 泥		
ɔ̃ 毛		
	iɯ̃ 娘	ɯĩ 横
ãi 闲		
ãu 闹		
an 南双东_白	ian 盐	uan 权
ən 根		uən 寸滚春云
	ien 心深新灯升争_文 星_文 用	
ɔŋ 王讲东_文	iɔŋ 响	
at 十学_白 六	iat 接贴热_文 节_文 橘	uat 法刮月_文
ət 激		uət 骨出
	iet 急七 直色锡_文 绿	
ak 壳北		
ɔk 托_文 国谷	iɔk 局	

说明：

1. ɯei 和 uei 的韵尾较弱，自然口语中可能脱落。

2. 鼻韵尾虽有 n、ŋ 两种，实际上并不对立，ŋ 只用在 [ɔŋ iɔŋ] 两个韵母里，其他元音后的鼻韵尾都是 [n]。不过在实际发音过程中，n 的发音部位比较靠后。

3. 入声韵有 t、k 两种塞音韵尾，两种韵尾只在 a 后对立。例如：渴 kʰat⁴ ≠ 壳 kʰak⁴。

4. 声化韵 ŋ 在零声母和其他声母后音色略有不同。"秧""黄"等字记成零声母音节，实际当是鼻音自成音节；其他声母和其后的声化韵 ŋ 之间，有过渡的央元音 ə，但元音色彩很弱。

（三）声调

福鼎沙埕话有 6 个单字声调（不包括轻声）：

阴平 44　　东该灯风通开天春
阳平 24　　门龙牛油铜皮糖红麦月₊白白盒
阴上 53　　懂古鬼九统苦讨草买老₊有₊百搭节₊拍₊塔
去声 21　　冻怪半四痛快寸去卖路硬乱洞地树老₊五有₊动罪近后
阴入 4　　　谷节₊急拍₊切刻
阳入 24　　六叶月₊毒罚

说明：

1. 阴上 [53] 的降幅较大，调头较缓，接近于 [553]。

2. 阳平 [24] 的调头较缓，接近于 [224]。

3. 阴入 [4] 有读降调的趋势。

4. 阳入调与阳平调的调形一致，定为 [24]。阳入字由于字音保持塞音韵尾，时长较短。部分古浊入字韵尾脱落，自然并入阳平调。

（四）连读变调说明

沙埕闽南方言两字连读，通常是前字变调，后字不变调。主要规律是：

1. 阴平作前字，在舒声调前变 33 调，在入声调前变 21 调。

2. 阳平作前字一律变为 21 调，跟单字去声同调。

3. 阴上作前字，在平声（阴平和阳平）、阳入前变 44 调，跟单字阴平同调；在阴上、阴入前变 21 调，跟单字去声同调；在去声前部分变 44 调，部分不变调。

4. 去声单字调不分阴阳，但在两字组连读变调中有所分化。古清音声母字在舒声前变44调，跟单字阴平同；在入声前变33调。古浊去字都不变调。

5. 阴入作前字，只在阴上前变21短调，在其他声调前都不变调。阳入作前字一律变21短调。

表3　福鼎沙埕话两字组连读变调规律表

前字＼后字		阴平44	阳平24	阴上53	去声21	阴入4	阳入24
阴平44		33	33	33	33	21	21
阳平24		21	21	21	21	21	21
阴上53		44	44	21	44	21	44
去声21	来自古清去	44	44	44	44	33	33
	来自古浊去	—	—	—	—	—	—
阴入4		—	—	21	—	—	—
阳入24		21	21	21	21	21	21

表4　福鼎沙埕话两字组连读变调举例

阴平+阴平 [44-33 44]	天星 星星 tʰi si	风飑 台风 xuan tʰai	阴天 ien tʰĩ
阴平+阳平 [44-33 24]	冰雹 pien βau	家时 时候 ka si	今年 kien nĩ
阴平+阴上 [44-33 53]	今载 今天 kiã tsai	冬节 冬至 tan tɯei	花蕾 xuei lui
阴平+去声 [44-33 21]	天气 tʰi kʰi	乡下 xiu e	甘蔗 kan tsia
阴平+阴入 [44-21 4̲]	鸡角 公鸡 kɯei kak	骸骨 腿 kʰa kuət	铅笔 ian piet
阴平+阳入 [44-21 2̲4̲]	新历 阳历 sien liet	生日 sī ziet	三十 sāt sat
阳平+阴平 [24-21 44]	雷公 luei kɔŋ	河边 河岸 xo pī	洋灰 水泥 iū xə
阳平+阳平 [24-21 24]	石头 tsieu tʰau	洋油 煤油 iū iu	明年 mā nī
阳平+阴上 [24-21 53]	年底 nī tɯei	时节 时候 si tɯe	苹果 pʰien kɔ
阳平+去声 [24-21 21]	油菜 iu tsʰai	塍岸 田埂 tsʰan nuã	油菜 iu tsʰai
阳平+阴入 [24-21 4̲]	毛笔 mɔ piet	白鸽 鸽子 pe kak	蜡烛 la tsiet

续表

阳平+阳入 [24-21 24]	蝴蝶 xɔ tiat	白粥稀饭 bə tsiet	横直反正 xuĩ tiet
阴上+阴平 [53-44 44]	好天晴天 xo tĩ	火烌灰 xə u	牡丹 bɔ tan
阴上+阳平 [53-44 24]	往年 ɔŋ nĩ	小麦 siu be	鲤鱼 li xɯ
阴上+阴上 [53-21 53]	滚水开水 kuən tsui	水果 tsui kɔ	老虎 la ɔ
阴上+去声 [53-44 21]	尾后后面 bə au	韭菜 ku tsʰai	起厝盖房子 kʰi tsʰu
阴上+阴入 [53-21 4]	喜鹊 xi tsʰiɔk	酒碛坛子 tsiu tsiat	手骨胳膊 tsʰiu kuət
阴上+阳入 [53-44 24]	扁食 pien siet	屎合= sai xat	扁食馄饨 pien siet
去声+阴平 [21-44 44]	灶骹厨房 tsau kʰa	半晡 puã pɔ	裤骹裤腿 kʰɔ kʰa
去声+阳平 [21-44 24]	菜头 tsʰai tʰau	鲫鱼 tsi xɯ	剃头理发 tʰi tʰau
去声+阴上 [21-44 53]	厝瓦瓦 tsʰu xia	看病 kʰuã pĩ	算命 sŋ miã
去声+去声 [21-44 21-53]	做戏演戏 tsɯei xi	尾后背后 bə au	对面 tui bien
去声+阴入 [21-33 4]	钢笔 kɔŋ piet	做息 tso siet	教室 kau siet
去声+阳入 [21-33 24]	计划 zi uei		
阴入+阴上 [4-21 53]	吸铁磁铁 xiet tʰi	腹肚腹部 puət tɔ	圾洗垃圾 sat sɯei
阳入+阴平 [24-21 44]	目珠眼睛 bat tsiu	学堂学校 xat tŋ	读书 tʰak tsɯ
阳入+阳平 [24-21 24]	日头 ziet tʰau	核桃 xuət tʰo	密婆 biet po
阳入+阴上 [24-21 53]	栗子 lat tsi	木耳 mɔk ni	褥囝褥子 ziɔk kã
阳入+去声 [24-21 21]	绿豆 liet tau	学校 xat xau	绝对 tsuat tui
阳入+阴入 [24-21 4]	合适合算 xat siet		
阳入+阳入 [24-21 24]	六十 lak tsat		

（五）老男和青男在音系上的主要区别

老男和青男的发音略有不同，声、韵、调存在音色上的细微差异。音系上的区别主要体现在韵母上。老男的韵母系统中仍存在韵母 ɯei，而青男的韵母系统中 ɯei 和 uei 已经混同，韵母 ɯei 已经消失。另外，老男的词汇调查中发现 ət 韵母，例字仅有"潋"一个，青男口语中暂时没有发现此韵母。

建 瓯 话

一 调查点概况

建瓯市属南平市代管市，位于南平市境东部。东邻屏南县、古田县，西接顺昌县，南接南平延平区，北部与南平建阳区、政和县交界。东经117°58′—118°57′，北纬26°38′—27°20′。本调查点为芝山街道，与市政府驻地欧宁街道相邻。

建瓯全市人口54.5万人，以汉族为主，人口约53.6万，畲族、苗族、回族、满族等十个少数民族，人口约0.37万，其中建瓯市房道镇吴大元村与东游镇安国寺自然村为畲族聚居地，但大部分讲建瓯话，只有十几个70多岁的老人会讲畲话。建瓯市川石乡为苗族聚居地，其他少数民族则散居，主要讲建瓯话。建瓯话明显可分为两种口音，大致分布如下：（1）建安话（东溪）包括东峰腔（东游镇、东游镇、川石乡、水源乡）、小桥腔（小桥镇、玉山镇）、南雅腔（南雅镇、迪口镇）。（2）瓯宁话（西溪）包括吉阳腔（吉阳镇、徐墩镇、房道镇）、小松腔（小松镇、龙村乡）。本次调查的芝山街道不属于欧宁片，市区芝城镇口音和东西片口音也有一定差异。

本市主要有方言唱曲、游春戏、木偶戏。方言唱曲多在佛教节日时的寺庙堂或老人做寿的厅堂演唱；游春戏主要表现乡间邻里的生活情趣；木偶戏的唱段与念白皆用建瓯话。

建瓯话是2015年福建省语保点。由武夷学院教师谢建娘全程记录整理。

二 方言发音人概况

方言老男吴雪灏，汉族，1953年12月出生于芝山街道，并长期生活于此。本科文化程度。已退休。

方言青男朱永亮，汉族，1981年9月出生于欧宁街道。中专文化程度。就职于建瓯市朱子家电服务部。

方言老女徐美珍，汉族，1941年9月出生于通济街道。中专文化程度。已退休。

方言青女金冯华，汉族，1980年11月出生于芝山街道。中专文化程度。就职于东游中心小学。

口头文化发音人有吴雪灏、邹超燕，都是芝山街道人。

地普发音人有金冯华（女）、吴雪灏、徐美珍（女，通济街道），除加注外，都是芝山街道人。

二 建瓯话音系

（一）声母

建瓯话有15个声母（包括零声母）：

表1 建瓯话声母表

p 八兵爬病肥饭	pʰ 派片蜂	m 麦明味问		
t 多东甜毒文张竹茶事白	tʰ 讨天毒白抽拆柱	n 脑南年泥软		l 老文蓝连路
ts 资早租酒字坐全祠谢白争装低主	tsʰ 刺草寸清贼抄初床车春		s 老白丝三酸想谢文事文山双顺手书十城文响	
k 高文九共权县	kʰ 开轻	ŋ 熬月	x 飞文风副好灰活	
ø 飞白船城文热高白安温王云用药				

说明：

1. 声母［ts］、［tsʰ］拼齐齿呼、撮口呼时，发音部位后移，腭化为舌面音［tɕ］、［tɕʰ］。声母［s］拼齐齿呼（i、iŋ 韵除外），发音部位后移，腭化为舌面音［ɕ］。但［ts、tsʰ、s］与［tɕ、tɕʰ、ɕ］两组声母不对立，同音位，今统一记成［ts、tsʰ、s］。

2. [x] 的具体发音部位与所拼合的韵母洪细有关，拼齐齿呼、撮口呼时部位略前移。

（二）韵母

建瓯话有 31 个韵母：

表 2　建瓯话韵母表

	i 米丝试戏二飞_文_十急七一橘	u 苦五师壳谷	y 雨鬼出六绿局
a 茶牙塔鸭贴学_文_白_白_	ia 写	ua 过瓦法活刮郭	
ɛ 北直色白_文_锡	iɛ 接急热节_文_	uɛ 开快飞_白_辣月	
œ 儿			
ɔ 歌盒托学_白_	iɔ 靴药尺		
e 豆走			
o 坐赔对短骨国			
	iu 油		
ai 排鞋八节_白_		uai 拐罚血	
au 宝饱	iau 笑桥		
	iŋ 盐年		
aŋ 南病	iaŋ 兄	uaŋ 王横	
ɔŋ 寸滚糖床双讲东	iɔŋ 响	uɔŋ 旺	
		uiŋ 山半官权根	
aiŋ 灯硬争星		uaiŋ 翻万	
eiŋ 心深新升			
œyŋ 春云用			

说明：

1. 本次调查的韵母较《建瓯方言词典》（李如龙、潘渭水，1997）少了 [yɛ]、[yiŋ]、[ieiŋ] 三韵，[yɛ] 今读为 [ɜu]，[yiŋ] 今读为 [uiŋ]，[ieiŋ] 已不传。

2. ［aiŋ］、［uɔŋ］两韵中，［ŋ］尾有弱化的倾向。

3. ［o］舌位较标准元音［o］高些。

4. ［iɔ］韵中［i］略微带圆唇色彩。

5. ［ai］韵中［i］舌位较标准元音［i］略低。

6. ［uɔŋ］韵为零声母时，略带唇齿音［v］的色彩。

（三）声调

建瓯话有 6 个单字声调（不包括轻声）：

阴平 54　　东该灯风通开天春

上声 21　　懂古鬼九统苦讨草买老_文有铜红

阴去 33　　门龙牛油皮糖老_{~鸡}冻怪半四快寸去

阳去 55　　老_白近后痛卖路硬乱洞地饭树毒_白白_白盒罚

阴入 24　　谷百搭节急哭拍塔切刻

阳入 42　　六麦叶月毒_文白_文五动罪

说明：

1. 阴平［54］降调明显，有时接近［53］。

2. 上声［21］的调尾略长，收尾处略上扬，有时接近于［212］。

3. 今字音的调类与古四声清浊的对应很不整齐：古浊平声字，今分别读上声、阴去；古浊上声字，今多数归阳去，少数归阳入。

4. 入声自成调类，分阴入、阳入，部分字读阳去，入声音节不短促，没有塞音韵尾。

（四）连读变调说明

建瓯话没有明显的连读变调情况。有些连读变调属于可变可不变的情况，通常情况下是在快读时发生的，如：

1. 上声字与其他声调字组成的两字组在快读时可读为阴去调，如："韭菜" siu²¹tsʰiɛ²¹可读为 siu³³tsʰiɛ²¹；"狗嫲"（母狗）e²¹ma³³可读为 e³³ma³³；"房间"（卧室）pɔŋ²¹kaiŋ⁵⁴可读为 pɔŋ³³kaiŋ⁵⁴。同时，在某些两字组中快读时也不发生连读变调，如："甜萝"（丝瓜）在快读时也保持原调 taŋ²¹lɔ³³，"每工"（每天）在快读时也保持原调 muɛ²¹kɔŋ⁵⁴。

2. 阴入与其他声调字组成的两字组在快读时可读为阳去调，如："隔暝"（昨天）ka²⁴maŋ³³可读为 ka⁵⁵maŋ³³，"历书"li²⁴sy⁵⁴可读为 li⁵⁵sy⁵⁴。

以上这些情况属于可变而不是必变，不能据此类推，这些两字组在一般的交谈语速中是可以不发生连读变调的。

在亲属称谓的重叠两字组中，有连读变调情况，如：

1. 阴入字与阴入字组成的两字组，前一字读为上声调，如："叔叔"（叔父）sy²⁴sy²⁴须读为sy²¹sy²⁴；"伯伯"（伯父）pa²⁴pa²⁴须读为pa²¹pa²⁴。

2. 上声字与上声字组成的两字组有两种变调情况：

后一字读为阴入，如："爷爷" iɛ²¹iɛ²¹须读为iɛ²¹iɛ²⁴，"奶奶" nai²¹nai²¹须读为nai²¹nai²⁴。

两上声字都读为阴去，如："婶婶" seiŋ²¹seiŋ²¹须读为seiŋ³³seiŋ³³，"嫂嫂" sau²¹sau²¹须读为sau³³sau³³。

（五）老男和青男在音系上的主要区别

老男和青男在音系上的主要区别在于［uɔŋ］韵为零声母时，老男有时略带唇齿音［v］，而青男音色则更多介于［x］和［f］之间。

建 阳 话

一 调查点概况

建阳属南平市辖区，位于南平市境中部。东邻松溪县、政和县，西接光泽县、邵武市，南接顺昌县、建瓯市，北部与武夷山市、浦城县交界。东经117°31′—118°38′，北纬27°06—27°43′。本调查点为区政府驻地潭城街道。

本区人口约35万人，其中汉族33万多人，其他还有畲族、满族、回族等21个少数民族。畲族主要聚居于漳墩镇，他们对内使用畲话（畲族人说的一种汉语方言），对外使用当地的闽北方言。其他少数民族为散居，主要讲建阳话。建阳话属于闽语闽北方言系统，但具有明显的混合性质，内部差异明显。建阳区东片水吉、回龙、漳墩、小湖四个乡镇以及崇雒乡的后畲村方言近于建瓯话，西部黄坑和麻沙镇方言杂有邵武、光泽一带的方言口音，其余中部乡镇通行建阳话，以潭城口音为代表。黄坑乡北部山区居住的主要是民国年间宁化县移民，这一带是客家方言岛。麻沙镇竹州金台自然村居住的主要是闽南移民，是闽南话方言岛。

建阳话是2015年福建省语保点。由武夷学院教师陈平全程记录整理。

二 方言发音人概况

方言老男谢世鹏，汉族，1947年6月出生于潭城街道，并长期生活于此。高中文化程度。已退休。

方言青男徐强，汉族，1985年10月出生于建阳区童游街道（与潭城街道相邻）。初中文化程度。自由职业。

方言老女陈巧凤，汉族，1954年12月出生于潭城街道。高中文化程度。已退休。

方言青女吕美珍，汉族，1982年8月出生于建阳区童游街道。大专文化程度。就职于南平市建阳区崇雒小学。

口头文化发音人有陈巧凤（女）、谢世鹏、吕美珍（女，童游街道）、徐强（童游街道），除加注外，都是潭城街道人。

地普发音人有谢世鹏、陈巧凤（女）、徐强（童游街道），除加注外，都是潭城街道人。

二　建阳话音系

（一）声母

建阳话有18个声母（包括零声母）：

表1　建阳话声母表

p 八兵爬病飞〈文〉风〈大~〉肥饭	pʰ 派片	m 麦明问		
t 多东张竹茶事〈白〉	tʰ 讨〈文〉刺〈文〉草寸清贼抄初床春	n 脑南午泥软		l 甜毒老〈文〉蓝连路早字全谢〈白〉
ts 资租酒坐争装纸主	tsʰ 车		s 老〈白〉刺〈白〉丝三酸想祠谢〈文〉事〈文〉山双顺手书十城〈~市〉	
k 高〈文〉九共权县	kʰ 并轻	ŋ 熬月	x 风〈吹~〉副蜂好灰响活	h 讨〈白〉天抽拆杜
ø 高〈白〉温云用				
j 飞〈白〉船城〈浦~〉热工药				
w 味安				

说明：

1. [pʰ] 声母字有时可以读成 [x]，在语流中，常把 [pʰ] 读成 [x]。

2. 单字音里没有唇齿音 [f]，但是在语流中，碰到"方、纺、凰"等字时读成 [f]。

3. [n] 发音偏后，近于 [ȵ]。

4. [x] 与 [h] 有明显的区别，发 [x] 时舌根紧张，发 [h] 时舌根放松，喉头紧张。

5. 声母 [ts、tsʰ、s] 拼齐齿呼、撮口呼时，发音部位后移，近于 [tɕ、tɕʰ、ɕ]。[ts、tsʰ、s] 与 [tɕ、tɕʰ、ɕ] 两组声母不对立，今统一记成 [ts、tsʰ、s]。

6. [w] 主要出现在 [u、ɔ] 之前，与零声母音节虽然不构成音位对立，但是在实际发音中确实存在差别，所以单立为一个声母。

7. [j] 出现在齐齿呼和合口呼之前，与零声母音节虽然不构成音位对立，但是在实际发音中确实存在差别，所以单立为一个声母。

（二）韵母

建阳话有 36 个韵母：

表2　建阳话韵母表

	i 试 戏 十 急文 一 橘		y 猪 雨 鬼 出 绿 局
a 茶 牙 塔 鸭 贴 学文 白	ia 写	ua 瓦 法 刮	
ɔ 歌 盒 托	iɔ 靴 笑 桥 药 尺		
e 北 直 色 锡	ie 接 急白 热 节文	ue 坐 辣 活 郭	ye 开白 快 飞白 月
o 苦 五 师 壳 谷 六		uo 过 学白	
	iu 油	ui 赔 对 短 骨 国	
ai 开文 排动 鞋 八 节白		uai 排名	
ɔi 米 丝 二 飞文 七			
au 宝 饱			
əu 豆 走			
	iŋ 深 升	uŋ 寸 滚	
aŋ 南 病	iaŋ 兄白	uaŋ 横	
ɔŋ 糖 床 讲	iɔŋ 响 王		
oŋ 双 东		uoŋ 光	

续表

aiŋ 根文灯硬争星		uaiŋ 晚万	
ɔiŋ 心半新			
eiŋ 春云兄文用	ieiŋ 盐年	ueiŋ 山官	yeiŋ 权根白

说明：

1. [e] 开口度略大，近于 [ɛ]，在"黑蟆"两个字里读音近于 [ei]。
2. [əu] 有时起始音开口度略小，发音靠前，动程明显，近于 [ieu]。
3. [ui] 发音时，口形微张，发音近于 [uoi]。
4. [iɔ][iɔŋ] 韵头唇形略圆，近于 [yo][yoŋ]。
5. [ye] 韵腹唇形略圆，近于 [yø]。
6. [ueiŋ] 有时动程不明显，近于 [uiŋ]。

（三）声调

建阳话有 8 个声调（不包括轻声）：

阴平 51　　东该灯风通开天春

阳平甲 45　　门龙牛油皮糖

阳平乙 41　　铜红

阴上 21　　懂古鬼九统苦讨草买老文有

阴去 33　　冻怪半四痛快寸去动罪后老白五地白树文

阳去 55　　卖路硬乱洞地文饭树白近

阴入 35　　谷百搭节急哭拍白塔切刻

阳入 4　　拍文六麦叶月毒白盒罚

说明：

1. 阳平分阳平甲 [45] 和阳平乙 [41]，阳平甲主要是古次浊平声字，阳平乙主要是古全浊平声字。

2. 阴上 [21] 在单字调中，有时调尾略长，收尾处略上扬，近于 [212]。

3. 阳去 [55]，调值不太稳定。一般在双字组前字时，调值较高较平；在双字组后字时调值比较低，尾音略有下降，为 [44] 或者 [43]。阴去和阳去有部分混同，青男中已经合并为去声 [33]。

4. 阳入 [4] 收音较为短促，可以感觉到喉塞音的成分。为了方便跟附近建瓯音比较，也鉴于实际口语中阴入字与阳入字的声调往往相混，因此本次记录不记喉塞音。

（四）连读变调说明

建阳话没有明显的连读变调情况。有些连读变调属于可变可不变的情况，通常情况下是在快读时发生的，如：

（1）阴平 51 与其他字组成两字组，快读时可变读为 55，例如：污喏_{肮脏} a⁵¹ nɔ³⁵ 可读为 a⁵⁵ nɔ³⁵，恩娘 aiŋ⁵¹ niɔŋ⁴⁵ 可读为 aiŋ⁵⁵ niɔŋ⁴⁵。

（2）阳平甲 45 与其他字组成的两字组，处于非重读音节的前字时在快读时可读为 33 调。例如：婆婆 po⁴⁵ po⁴⁵，可读为 po³³ po⁴⁵；台风 lai⁴⁵ xoŋ⁵¹ 可读为 lai³³ xoŋ⁵¹。

（3）阳平乙 41 与其他字组成的两字组，快读时有时可读为 33 调，例如：围巾 y⁴¹ kyeiŋ⁵¹，可读为 y³³ kyeiŋ⁵¹；核桃 xui⁴¹ au⁴¹，可读成 xui³³ au⁴¹；松树 leiŋ⁴¹ tsʰiu⁵⁵，可读为 leiŋ³³ tsʰiu⁵⁵。

以上这些情况属于可变可不变，实际变调比较少，在实际调查过程中找到的变调例子很少，不能类推，在正常语速下，一般不变调。

（4）阴入 35 调与其他字组成的两字组的前字时，往往读为阳入调 4，但在阳平乙、阴上、阴入字前的阴入字一般不发生变调。例如：

阴入 + 阴平 [35－4 51]	一千 tsi tʰaiŋ	一边 tsi pieiŋ	
阴入 + 阳平甲 [35－4 45]	虱嬷 se ma	叔爷 sy jia	割禾 ko wui
阴入 + 阴去 [35－4 33]	搭厝 ta tshiɔ	客店 kʰa taŋ	一世 tsi sie
阴入 + 阳去 [35－4 55]	一万 tsi wuaiŋ		

（五）老男和青男在音系上的主要区别

1. 青男部分 h 母与 x 母字相混。如"副蜂"老男是 x 母，而青男是 h 母；"天抽拆"老男是 h 母，而青男是 x 母。

2. 老男有韵母 aŋ（南病）和 aiŋ（根_文灯硬争星），而青男的 aiŋ 韵已经混入 aŋ（南病根_文灯硬争星）。

政 和 话

一　调查点概况

政和县属南平市辖县，位于南平市境东部。东邻寿宁县、周宁县，西接南平建阳区，南接建瓯市、屏南县，北部与松溪县、浙江省交界。东经118°33′—119°47′，北纬27°05′—27°23′。本调查点为县政府驻地熊山街道。

本县人口约23万人，以汉族为主，约占总人口的99.4%，还有畲、苗、回、满、藏、彝、蒙古、瑶等少数民族，约占总人口的0.6%。政和方言属于闽语闽北方言，内部有些差异。代表政和方言的城关熊山话，与建瓯方言相近；石屯、东平两乡临近建瓯，方言与建瓯话相通；铁山乡临近浙江庆元，腰岭以上村民基本会讲政和、庆元两县方言；高山区镇前、杨源、澄源受邻县周宁、寿宁、屏南的影响，带有闽东方言的某些腔调。

本县方言曲艺主要有政和杨源四平戏。

政和话是2017年福建省语保点。由武夷学院教师谢建娘全程记录整理。

二　方言发音人概况

方言老男黄传奇，汉族，1951年8月出生于熊山街道，并长期生活于此。高中文化程度。已退休。

方言青男林锋，汉族，1979年3月出生于熊山街道。大学本科文化程度。就职于政和第三中学。

方言老女何远红，汉族，1959年8月出生于熊山街道。大专文化程度。已退休。

方言青女周俊丽，汉族，1982年11月出生于熊山街道。初中文化程度。就职于政和县熊山街道解放村。

口头文化发音人有黄传奇、杨青、杨定基、吴富兴，都是熊山街道人。

地普发音人有林锋、杨青、黄传奇，都是熊山街道人。

二 政和话音系

（一）声母

政和话有 15 个声母（包括零声母）：

表 1 政和话声母表

p 八兵爬病肥饭	pʰ 派片蜂	m 麦明味_白_问		
t 多东甜毒张竹茶装_白_事_白_	tʰ 讨天抽拆柱	n 脑南年泥软		l 老_文_蓝连路
ts 资早租酒字坐全祠争装_文_纸主十	tsʰ 刺草寸清贼抄初床车春		s 老_白_丝三酸想谢事_文_山双顺手书城_文_响	
k 高_文_九共权县	kʰ 开轻	ŋ 熬月	x 飞_文_风副高_白_好灰活云	
ø 味_文_飞_白_船城_白_热安温王用药				

说明：

1. 舌尖前音声母［ts、tsʰ、s］与齐齿呼、撮口呼韵母相拼时腭化明显，仅［s］与 i、iŋ 两韵韵相拼时不发生腭化，如：四［si⁴²］、鲜［siŋ⁵³］。由于不构成音位上的区别，本音系都记成［ts、tsʰ、s］。

2. ［x］的具体发音部位与所拼合的韵母洪细有关，拼开口、合口时则部位略后移。

3. 单字音没有［f］声母，但是在语流中，拼读［uauŋ］韵时，"方、纺、粉"等字有时会读成［f］。

4. 有些字的口语读音与古声母的对应特殊，部分古来母字，文读 l 声母，白读 s 声母，如：聋［sauŋ³³］、雷［suɛ³³］、卵［sauŋ⁵⁵］等。

（二）韵母

政和话有 32 个韵母：

表2 政和话韵母表

	i 米丝试戏二十急_文 七一橘	u 苦五师走壳谷六 出_白 绿局	y 猪雨飞_文
a 茶牙盒塔鸭_文 辣 学_文 白_白	ia 写	ua 瓦法刮	
ɛ 豆北直色白_文 锡	iɛ 接急_白 热节_文	uɛ 坐赔对快_文 短活骨 学_白 国	yɛ 开 快_白 飞_白 月
o 歌过靴宝鸭_白 托郭	io 笑桥药尺		
	iu 油	ui 鬼出_文	
ai 排鞋贴八节_白		uai 乖发	
au 饱	iau 拆		
	iŋ 盐年		
aŋ 南病	ɪaŋ 轻盈	uaŋ 横	
oŋ 王双东	ioŋ 响		
			yiŋ 权根_白
aiŋ 根_文 灯硬争星		uaiŋ 反晚	
eiŋ 心深新升		ueiŋ 山半官滚	
œyŋ 春云兄用			
auŋ 寸糖床讲		uauŋ 分	

说明

1. [o] 开口度较标准元音 [o] 略大些。
2. [eiŋ]、[ueiŋ] 两韵中的 [i] 较为微弱，有时并不发音。

（三）声调

政和话有7个单字声调（不包括轻声）：

阴平 53　　东该灯风通开天春地_白

阳平甲 33　　门龙牛油皮糖

阳平乙 21　　铜红洞

阴上 213　　懂古鬼九统苦讨草买老_文 有

阴去 42　　五动罪冻怪半四痛快寸去树_文 麦月毒白_文

阳去 55　　卖路硬乱地_文饭树_白老_白近后六叶白_白罚

阴入 24　　谷百搭节急哭拍塔切刻盒

说明：

1. 阴上调［213］是个低降升调，有时接近［212］，调尾上升的部分是调值的主体。

2. 阴去调［42］起调略低，有时接近于［31］。

3. 阳平分阳平甲、阳平乙两类。阳平甲［33］主要来自古次浊平及部分古全浊平，阳平乙［21］主要来自古全浊平，还有部分古浊去声字，如：洞［toŋ²¹］、汗［kueiŋ²¹］，以及个别古清平声字，如：糙［tsʰau²¹］。

4. 阴入调是个低升调，有时时长较长，接近［223］，与阴上字有时很相近，如"古"与"谷"、"举"与"菊"等，发音人能区别，但外乡人听不出二者的区别。阴入自成调类，入声音节不短促，没有塞音韵尾。

（四）连读变调说明

1. 政和话的词语连读时，一般不发生变调。但有例外，如阴上与阴上相连时下字变调为 24，调值与阴入同，即前字不变，后字变为 24。如：水果 sui²¹³ ko²⁴、笎把_扫帚 tʰiŋ²¹³ pa²⁴、水管_瓢 sui²¹³ kauŋ²⁴。

2. 尾字为"仔"的词语，"仔"尾一般读轻声，例如：麦仔（大麦）ma⁴² tsiɛ⁰，鸭仔（鸭）o²⁴tsiɛ⁰。这是政和方言后字轻声化的一个重要表现。

（五）老男和青男在音系上的主要区别

老男与青男的主要区别在于老男在发［x］音时，拼开口呼、合口呼时部位略后移，青男则不会。

松 溪 话

一 调查点概况

松溪县属南平市辖县,位于南平市境东部。东邻浙江省、南平建阳区,南接政和县,北部与浦城县交界。东经118°33′—118°55′,北纬27°24′—27°51′。本调查点为县政府驻地松源街道。

本县人口约16.8万人,以汉族为主,约占99%,畲族、蒙古族、回族、藏族、维吾尔族、苗族、彝族等少数民族约占1%。松溪话以城关松源话为主,通行于全县,属于闽语闽北方言。但城关话与乡间的上里话、下里话和北路话存在一些差异。毗邻浙江庆元的少数村落,说庆元话。此外,渭田、花桥、祖墩、旧县、溪东等乡镇的部分山村使用客家话。

松溪话是2018年国家语保点。由武夷学院教师谢建娘全程记录整理。

二 方言发音人概况

方言老男李世运,汉族,1955年9月出生于松源街道,并长期生活于此。大专文化程度。就职于中国人寿保险公司松溪分公司。

方言青男戴长辉,汉族,1983年11月出生于松源街道。中专文化程度。就职于松溪县元简电子商务有限公司。

方言老女叶丽娥,汉族,1959年11月出生于松源街道。大专文化程度。就职于河东小学。

方言青女叶晓霞,汉族,1988年10月出生于松源街道。大学本科文化程度。就职于光大银行。

口头文化发音人有李世运、叶丽娥(女),都是松源街道人。

地普发音人有李世运、叶丽娥(女)、何方才,都是松源街道人。

三 松溪话音系

（一）声母

松溪话有 15 个声母（包括零声母）：

表 1 松溪话声母表

p 八兵爬病风白肥白饭	pʰ 派片蜂	m 麦明问		
t 多东甜毒有~张竹茶事白	tʰ 讨天毒~人抽拆柱白	n 脑南年泥软		l 老文蓝连路
ts 资早租酒字坐全祠谢白柱文争装纸主十	tsʰ 刺草寸清贼抄初床车春		s 老白丝三酸想谢文事文山双顺手书	
k 高文九共权县	kʰ 开轻	ŋ 熬月	x 飞风文副肥文船城热高白好灰响活云药	
∅ 味安温王用				

说明：

1. 舌尖前音声母 [ts、tsʰ、s] 与齐齿呼、撮口呼韵母相拼时腭化明显，由于不构成音位上的区别，本音系都记成 [ts、tsʰ、s]。

2. [x] 的具体发音部位与所拼合的韵母洪细有关，拼开口呼、合口呼时部位略后移。

3. 有些字的口语读音与古声母的对应特殊，部分古来母字，松溪话文读 l 声母，白读 s 声母，如：聋 [soŋ⁴⁴]、雷 [suɛi⁴⁴]、卵 [suein⁴⁵] 等。

（二）韵母

松溪话有 28 个韵母：

表2 松溪话韵母表

	i 试戏十急_文一橘	u 苦五师壳谷	y 猪鬼出局
a 排鞋豆走贴八节_白	ia 写	ua 坐瓦快_文法辣活刮	
ɒ 茶牙塔学白			
	iɛ 接急_白热节_文锡		
œ 开快_白飞_白月北直色			
o 歌过宝盒鸭_白托郭	io 靴笑桥药尺		
	ɯ 油		
ɛi 米丝二七		uɛi 赔对飞_文短骨国	
œy 雨六_文绿			
au 饱鸭_文六_白	iau 翘		
	iŋ 盐年		yŋ 权根_白
aŋ 南糖床讲灯硬争病星	iaŋ 兄_白	uaŋ 横	
oŋ 下双东	ioŋ 响		
eiŋ 心深根_文新升	ieiŋ 仁然城	ueiŋ 山半官寸滚	
œyŋ 春云兄_文用			

说明：

1. [ɒ] 开口度较标准元音 [ɒ] 略小些，舌位靠前，近似 [ɔ]。
2. [œ] 韵略带撮口色彩，有时近似 [yœ]。
3. [o] 在发音时常有较为明显的 [u] 介音，可记为 [uo]。
4. [ɛi] 韵中 [ɛ] 舌位偏低，开口度偏大，有时近似 [ai]。
5. [io] 有时略有撮口色彩，近似 [yo]。
6. [ueiŋ] 韵中的 [e] 较为微弱，有时并不发音。
7. [iŋ] [yŋ] 两韵中 [ŋ] 尾弱化，两韵实际音值近于 [ĩ] [ỹ]。

（二）声调

松溪话有 7 个单字声调（不包括轻声）：

阴平 53　　东该灯风通开天春哭
阳平甲 44　门龙牛油皮糖
阳平乙 21　铜红
阴上 223　　懂古鬼九统苦讨草买老₂有洞谷百搭节急拍塔切刻
阳上 42　　五动罪六₂麦月毒很~盒半~~乱₂
阴去 22　　冻怪半~夜四痛快₁寸去
阳去 45　　卖路硬乱₁地饭树老₁快₂近后六₁叶毒~人白罚

说明：

1. 阴平［53］与阳上［42］调值有时非常接近。

2. 阴去［22］有时起调略高，有时接近于［33］。

3. 阳平调分阳平甲、阳平乙两类。今读阳平甲［44］主要来自古次浊平及部分古全浊平，阳平乙［21］主要来自古全浊平，此外还有少数古上声字，如：跪［ky²¹］；个别古清平声字，如：糙［tsʰo²¹］。

4. 阴上调［223］来自古入声清音声母字。有时在音节的末尾调值比 3 略高，长度有时稍短，接近［24］。

5. 本次调查的发音人已无入声调，入声舒化，在调查的过程中遵循实际调查结果。

（四）连读变调说明

松溪话无连读变调。

尾字为"仔"的词语，连读时读为轻声，这是松溪方言后字轻声化的一个重要表现。尾字为"仔"的词语中"仔"的声调一律写成 0。如：李仔（李子）sœ⁴⁵iɛ⁰，兔仔（兔子）tʰau²²iɛ⁰。

（五）老男和青男在音系上的主要区别

1. 松溪话没有［f］声母，但青男在语流中，可拼读［uauŋ］韵，如"方、纺、粉"等字有时会读成［f-］。

2. 老男的［ieiŋ］韵，青男今读为［iŋ］。如："城"老男读为 xieiŋ²¹，青男则读为 xiŋ²¹。

武夷山话

一 调查点概况

武夷山市属南平市代管市,位于南平市境北部。东邻浦城县,西接光泽县,南接南平建阳区,北部与江西省交界。东经117°37′22″—118°19′44″,北纬27°27′31″—28°04′49″。本调查点为市区武夷街道。

武夷山全市人口24万多人,其中绝大多数为汉族。畲族人口有500多人,主要居住在星村镇黎前村,使用武夷山话或者普通话。武夷山话属于闽语闽北方言,分布于武夷山各乡镇。分成南路武夷山话和北路武夷山话,二者有细微的差异,但可以无障碍通话。

武夷山话是2018年福建省语保点。由武夷学院教师李岚全程记录整理。

二 方言发音人概况

老男发音人衷焕林,汉族,1956年9月出生于武夷街道。在当地读中小学,高中文化程度。已退休。

方言青男章亦晖,汉族,1993年6月出生于武夷山市政府驻地崇安街道,大学本科文化程度。就职于武夷山市教育局。

方言老女徐敏,汉族,1957年2月出生于武夷街道。初中文化程度。已退休。

方言青女江利婷,汉族,1992年10月出生于武夷街道。大学本科文化程度。就职于武夷山进修学校附属小学。

口头文化发音人有吴美英(女)、衷焕林、徐敏(女),都是武夷街道人。

地普发音人有衷焕林、徐敏(女)、吴美英(女),都是武夷街道人。

三 武夷山话音系

(一) 声母

武夷山话有 17 个声母（包括零声母）：

表1 武夷山话声母表

p 八兵爬病风白肥白饭	pʰ 片文	m 麦明问		β 飞文 肥文味
t 多东张竹茶装白事白	tʰ 草寸清抄初床春全谢共权云	n 脑南泥		l 甜毒动老文蓝连路早字
ts 资租酒坐争装文纸主	tsʰ 刺贼车		s 老白丝三酸想祠事文山双顺手书十城白	
k 高文九	kʰ 开轻	ŋ 年热白软熬月	x 副好响活文	h 派片白风文蜂讨天抽拆柱灰用
ø 飞白毒名船城文热文高白活白县安温王药				

说明：

1. [ts tsʰ s] 拼齐齿呼和撮口呼时为 [tɕ tɕʰ ɕ]。调查中没有发现 [tsʰ] 与开口呼和合口呼相拼的字。

2. [β] 一般与开口呼和齐齿呼相拼，不与合口呼和撮口呼相拼。与 [iəu] 相拼时，读如 [v]；有时浊音色彩不明显，与 [ɛi]、[ɛiŋ] 相拼时，读如 [f]。由于不构成音位对立，本声母表不单列 [f]。

3. 声母 [h] 与 [x] 形成对立，例如：岁 [xy²²] ≠ 被 [hy²²]；橘 [xi³⁵] ≠ 铁 [hi³⁵]；府 [xu³¹] ≠ 土 [hu³¹]。

4. 零声母 [ø]，在开口呼前一般读为喉塞音 [ʔ]，在极少数情况下读成 [ɦ]，例如"含" [aŋ²²] 也读成 [ɦaŋ²²]；[ø] 在合口呼前有时读为 [w]，在齐齿呼和撮口呼前有时读为[j]，例如："晚"[aiŋ³¹]也读成[waiŋ³¹]；"椅"[i²²]也读成[ji²²]；"件"[iŋ²²]也读成[jiŋ²²]。由于不构成音位对比，声母表不单列出[ɦ w j]。

（二）韵母

武夷山话有46个韵母：

表2　武夷山话韵母表

	i 试戏接急热文节文一橘	u 苦五师壳谷	y 猪开飞白出
a 茶牙塔鸭贴	ia 写	ua 瓦法	
	ie 北色节文锡		
o 歌过托郭			yo 靴尺
	iu 笑桥油		
ai 排白鞋八节白		uai 排文快文刮	yai 快白
ɛi 米丝二飞文七		uei 赔对短骨国	
au 快白宝饱			
əu 雨鬼	iəu 豆走		
	iŋ 盐深年升		yiŋ 权根白
aŋ 南病	iaŋ 兄白	uaŋ 犯	
oŋ 糖床讲横			yoŋ 响王
aiŋ 根文灯硬争星		uaiŋ 半官	yaiŋ 山
ɛiŋ 心新春云双兄文东川		ueiŋ 寸滚根白	
	iʔ 十	uʔ 学文六白	yʔ 月
aʔ 学白白白	iaʔ 额	uaʔ 划	
	ieʔ 直白密白		
oʔ 摸		uoʔ 盒	yoʔ 药
aiʔ 截文		uaiʔ 坐辣活	yaiʔ 热白
ɛiʔ 密文		ueiʔ 佛	
əuʔ 六文绿局			

说明：

1. [au]有时带有鼻音色彩，近似[aũ]，例如：老[laũ³¹]、早[laũ³¹]、

草 [lau³¹] 等。

2. [ɛi] 和 [ɛiŋ] 中的 [ɛ] 实际发音接近央元音 [ɜ]。

3. [ɛi] 有时韵尾不太明显，尤其是与阳入相配合时读如 [ɛ]；[ɛiŋ] 有时读如 [ɛŋ]，[i] 不明显。

4. [əu] 主要元音有时偏前，近于 [eu]，与 [x] 相拼时舌位又偏高，近于 [ɯu]；[iəu] 主要元音偏前偏低，近于 [iɛu]。

5. [iŋ] 有时有不明显的过渡音 [ə]，例如：浅 [tsʰiŋ³¹] 读如 [tsʰiəŋ³¹]，证 [tsiŋ²²] 读如 [tsiəŋ²²]。

（三）声调

武夷山话有 7 个单字声调（不包括轻声）：

阴平 51　　东该灯风通开天春
阳平 33　　门龙牛油皮糖红文
阴上 31　　懂古鬼九统苦讨草买老文有
阴去 22　　冻怪半四痛快寸去铜红白五动罪近文
阳去 55　　卖路硬乱洞地饭树老白近白后
阴入 35　　谷百搭节急哭拍塔切刻
阳入 54　　六麦叶月毒白盒罚

说明：

1. 阴上 [31]，带有不很强的紧喉色彩，有时起调较低，近于 [21]。

2. 阴去 [22]，读单字调时调值偏高，近于 [33]，听感上很容易与阳平调相混。

（四）连读变调说明

武夷山话连读变调不显著。两字组连调只有两点可以注意：

1. 阴去 22 调处于后字位置时，感觉声调略高，跟单字阳平调 33 一样。

表3　武夷山话两字组连读变调举例之一

阴去+阴平 [22-33 51]	暗边 ʔoŋ piŋ	一千 tsi tʰaiŋ	下边 ha piŋ
阴去+阳平 [22-33 33]	沸茶 həu ta	昼前 tu tsʰiŋ	下来 ha lie
阴去+阴上 [22-33 31]	刮豨 hɜi kʰəu	唔管 ɛiŋ kuaiŋ	到转 tau luei
阴去+阴去 [22-33 22]	昼了 tu lau	故意 ku i	瞙胘 iaŋ tsʰyo

续表

阴去+阳去 [22-33 55]	旱地 uaiŋ tia	一万 tsi uaiŋ	唔让 ɛiŋ ŋyoŋ
阴去+阴入 [22-33 35]	泻腹 sia pu	一百 tsi pa	第一 lɛi i
阴去+阳入 [22-33 54]	化镴 xuai iʔ	四月 sɛi ŋyʔ	菜箬 tsʰie ŋyoʔ

2. 阴入 [35] 在非末尾的位置时也可以变读为阳去 [55]，不过这种变读很不稳定，慢读时仍然读原调。

表4　武夷山话两字组连读变调举例之二

阴入+阴平 [35-55 51]	焰刀 aŋ tau	发烧 xuai tsʰiu	结婚 ki xueiŋ
阴入+阳平 [35-55 33]	腹脐 pu tsʰie	核桃 xie hau	虱嫲 sie ma
阴入+阴上 [35-55 31]	橘子 xi tsie	竹子 təu tsie	沃水 u sy
阴入+阴去 [35-55 22]	咳嗽 kʰic siəu	折扣 tɛi kʰiəu	拆厝 hia tsʰyo
阴入+阳去 [35-55 55]	觑病 tʰu paŋ	若底 nəu tɛi	柏树 pie tsʰiu
阴入+阴入 [35-55 35]	出窟 tsʰy kʰuei	吸铁 xi hi	鸭脚 a kyo
阴入+阳入 [35-55 54]	腹疾 pu tsɛiʔ	七月 tsi ŋyʔ	扎实 tsa siʔ

（五）青男和老男在音系上的主要差别

1. 老男有7个调类，青男6个调类。老男阳平调值 [33]，阴去 [22]，两个调类对立；青男不区分阳平和阴去，两个调类合并为阳平，调值 [33]。但是老男调值不稳定，读阴去的字有时起调偏低，尾音稍降，有时又读为 [221]。

表5　武夷山话老男与青年之调类差别

冻	老男 [tɛiŋ²²]	青男 [tɛiŋ³³]	怪	老男 [kyai²²]	青男 [kyai³³]
痛	老男 [hɛiŋ²²]	青男 [hɛiŋ³³]	寸	老男 [tʰueiŋ²²]	青男 [tʰueiŋ³³]
铜	老男 [lɛiŋ²²]	青男 [lɛiŋ³³]	五	老男 [ŋu²²]	青男 [ŋu³³]
动	老男 [lɛiŋ²²]	青男 [lɛiŋ³³]	罪	老男 [luei²²]	青男 [luei³³]

2. 老男鼻韵母有 [aŋ] [uaŋ] [yaŋ] 与 [aiŋ] [uaiŋ] [yaiŋ] 两组，青男

两组合并为一组［aŋ］［uaŋ］［yaŋ］。

表6 武夷山话老男与青男之韵类差别

根	老男［kaiŋ⁵¹］	青男［kaŋ⁵¹］	灯	老男［taiŋ⁵¹］	青男［taŋ⁵¹］
硬	老男［ŋaiŋ⁵⁵］	青男［ŋaŋ⁵⁵］	争	老男［tsaiŋ⁵¹］	青男［tsaŋ⁵¹］
星	老男［saiŋ⁵¹］	青男［saŋ⁵¹］	半	老男［puaiŋ³³］	青男［puaŋ³³］
官	老男［kuaiŋ⁵¹］	青男［kuaŋ⁵¹］	山	老男［syaiŋ⁵¹］	青男［syaŋ⁵¹］

浦城石陂话

一 调查点概况

浦城县属南平市辖县，位于福建省最北端，南平市境东北部。东邻浙江省、松溪县，西接江西省、武夷山市，南接南平建阳区，北部与江西省、浙江省交界。东经118°11′—118°49′，北纬27°32′—28°22′。浦城县政府驻地在县境中部的南浦街道。本调查点为石陂镇，在县境西南部，与武夷山市相邻。

浦城全县人口约41万，其中汉族人口占99%，约40.5万人，畲族人口占1%，4000多人。本调查点石陂镇人口4.03万。本县无少数民族语言。浦城县中部北部地区主要通行吴语，南部地区主要通行闽语。石陂镇共有23个村，多数讲石陂话，内部一致性较强，基本上属于闽语闽北方言，但受到吴语的影响。其中渡头村的苦竹子自然村以及小串村、梨岭村的源尾自然村的石陂话，带客家口音，使用人口共1000多人。

本镇没有用方言说唱的曲艺或地方戏。

浦城石陂话是2017年国家语保点，由武夷学院教师魏维全程记录整理。

二 方言发音人概况

方言老男杨光辉，汉族，1961年7月出生于石陂镇墩尾村，高中文化程度。1979年底到厦门参军一年多，后回乡务农。

方言青男陈强，汉族，1987年1月出生于石陂镇石陂村，高中文化程度。自由职业。

方言老女黄秀英，汉族，1960年6月出生于石陂镇墩尾村，高中文化程度。在家务农。

方言青女李育妹，汉族，1985年7月出生于石陂镇墩尾村，初中文化程度。家庭妇女。

口头文化发音人有黄秀英（女）、刘朝水，都是石陂镇人。

地普发音人有杨光辉、陈强、李育妹（女），都是石陂镇人。

三　浦城石陂话音系

（一）声母

浦城石陂话有 24 个声母（包括零声母）：

表 1　浦城石陂话声母表

p 八兵爬病肥饭	pʰ 派片蜂	b 步反	m 麦明味问		
t 多东张竹茶装白事白	tʰ 讨天毒白抽拆柱	d 甜毒文	n 脑南年泥软		l 老文蓝连路
ts 资租坐白争装文	tsʰ 刺文草寸清贼抄初床白春	dz 早坐文祠床文		s 老白三酸事文山双顺	
tɕ 酒纸主	tɕʰ 刺白车	dʑ 全字谢白		ɕ 丝想谢文手书十	
k 九高文共	kʰ 开轻	g 权县	ŋ 熬月	x 飞文风副好灰响活白	ɦ 飞白船城热高白活文云用药
∅ 安温王					

说明：

1. [ts] 组声母和 [tɕ] 组声母构成互补，[ts] 组声母只拼开口呼和合口呼韵母，[tɕ] 组声母只拼齐齿呼和撮口呼韵母。例如：壮 [tsɔŋ³³]、墙 [tɕiɔŋ³³]。

2. 全浊声母 [b、d、dz、dʑ、g、ɦ] 主要出现于阳平、上声、阴去、阳去乙，清声母出现于除阳平和阳去乙以外的单字调上。因此，在上声、阴去中，清音声母和浊音声母构成对立。例如：版 [paiŋ²¹] ≠ 反 [baiŋ²¹]，动 [dəŋ³³] ≠ 栋 [təŋ³³]。

3. [∅] 只用于开口呼韵母的零声母中，它与开口呼韵母之前的 [ɦ] 形成对立。例如：饮（米汤）[eiŋ²¹] ≠ 引 [ɦeiŋ²¹]。[∅] 中带一些轻微的喉塞色彩。[ɦ] 中带有明显的摩擦音。

(二) 韵母

浦城石陂话有 29 个韵母：

表 2　浦城石陂话韵母表

	i 米试戏二十急_文七一橘	u 苦五师谷出六绿	y 猪雨飞_文鬼
a 茶牙塔鸭辣白_白	ia 写	ua 瓦法	
ɔ 歌坐_文宝盒托郭壳学			
e 北直色白_文锡	ie 接贴_文急_白热节_文		
ɵ 过赔对短骨国	iɵ 靴开快_白飞_白月药尺		
aɛ 排鞋贴_白八节_白		uaɛ 坐_白快_文活刮	
aɯ 快_文饱	iaɯ 笑桥		
əɯ 豆走	iɯ 油		
	iŋ 盐年		yŋ 权根_白
aŋ 南新_文病	iaŋ 灯兄	uaŋ 横	
ɔŋ 糖床讲	iɔŋ 响		
əŋ 王双东			
aiŋ 灯硬争星		uaiŋ 山半官	
eiŋ 心深根_文新_白升		ueiŋ 寸滚春云用	

说明：

1. [ɔ] 开口度较标准元音略小。
2. 入声韵母不带塞音韵尾，与舒声韵母相同。

(三) 声调

浦城石陂话有 7 个单字声调（不包括轻声）：

阴平 53　东该灯风通开天春老_白近后毒_白白罚
阳平 42　铜红动_文六麦叶月毒_文盒
上声 21　懂古鬼九统苦讨草买老_文有

阴去 33　　冻怪半四痛快寸去门龙牛油皮糖五动_白_罪

阳去甲 35　　近_文_卖路硬乱洞

阳去乙 45　　地饭树毒_白_

入声 24　　谷百搭节急哭拍塔切刻

说明：

1. 石陂方言有阴平、阳平、上声、阴去、阳去甲、阳去乙、入声 7 种声调。平声和去声字，根据声母的清浊，分成阴声调和阳声调。上声只有一类，包括古清上和部分次浊上声字，古全浊上声字归入阴去 33（如：动_白_［dəŋ³³］、罪［dzɵ³³］），另一部分次浊上声字归入阳平 42（例：动_文_［dəŋ⁴²］）。阳去调有两类：来自古次浊声母和古全浊声母的阳去字读作中升调 35，标记为阳去甲（如：洞［dəŋ³⁵］、硬［ŋaiŋ³⁵］），来自古清声母的阳去字读高升调 45，标记为阳去乙（如：地［tia⁴⁵］、饭［pəŋ⁴⁵］）。

2. 阳平调［42］来源于古浊平和浊入，起调略低，总体为下降，实际调值为 342。基本只与浊声母［b、d、dz、dʑ、g、n、m、l、ŋ、ɦ］等相拼。如：浮［bəɯ⁴²］、池［di⁴²］、祠［dzu⁴²］、集［dʑi⁴²］、骑［gi⁴²］、黏［niŋ⁴²］、灭［mie⁴²］、拉［la⁴²］、业［ŋie⁴²］、鞋［ɦaɛ⁴²］。

3. 入声已舒化，古清入字独立成调［24］；古浊入字今部分混入阳平，如：六［ly⁴²］、麦［ma⁴²］；部分混入阴平，如：罚［xuaɛ⁵³］。

4. 连读中有轻声，标记为 0，如：妹仔［mɵ³⁵ te⁰］、钉仔［taiŋ⁵³ te⁰］、来了［le³³ lɔ⁰］。

（四）连读变调说明

石陂话连读变调的性质是位置音变，在两字组词语中，通常前字发生变调，这种变调是固定的，不受后字影响。这种变调也属于可变可不变，在语速较慢的情况下，也可不变。

表 3　浦城石陂话两字组连读变调规律表

后字＼前字	阴平 53	阳平 42	上声 21	阴去 33	阳去甲 35	阳去乙 45	入声 24
阴平 53	45	—	—	45	—	—	—
阳平 42	33	33	33	33	33	33	33
入声 24	45	45	45	45	45	45	45

表4　浦城石陂话两字组连读变调举例

阴平+阴平 [53-45 53]	后边 xu piŋ	通书 tʰəŋ çy	后朝 xu tiɯ
阴平+阴去 [53-45 33]	舅爷 kiɯ ia	包萝 pɔ lɔ	后里 xu ti
阳平+阴平 [42-33 53]	目珠_{眼睛} mu tçiɯ	木梳 mu su	围巾 ɦy keiŋ
阳平+阳平 [42-33 42]	目汁_{眼泪} mu dze	路弄 lu ləŋ	下巴 ɦia ba
阳平+上声 [42-33 21]	朋友 baiŋ iɯ	苹果 beiŋ kɵ	红酒 ɦiəŋ tçiɯ
阳平+阴去 [42-33 33]	木耳 məŋ ni	藤萝 daiŋ lɔ	
阳平+阳去甲 [42-33 35]	蹭实 naiŋ maɛ		
阳平+阳去乙 [42-33 45]	麦豆 ma təɯ	绿豆 ly təɯ	
阳平+入声 [42-33 24]	值得 di te	蜡烛 la tçy	第一 di ɦi
入声+阴平 [24-45 53]	博士 pɔ tʰi	发烧 xuaɛ tçʰiaɯ	我爹 ɦuaɛ da
入声+阳平 [24-45 42]	作业 tsɔ ŋie	腹饥 pu gie	发落 xuaɛ lɔ
入声+上声 [24-45 21]	结果 kie kɵ	腹里 pu ti	腹屎 pu çi
入声+阴去 [24-45 33]	橘圆 xy yŋ	核桃 xe tʰɔ	腹脐 pu tsʰe
入声+阳去甲 [24-45 35]	百二 pa ni	随便 çy biŋ	
入声+阳去乙 [24-45 45]	柏树 pa tçʰiɯ		
入声+入声 [24-45 24]	及格 gi ke	兀隻 ɦu tçia	

南平夏道话

一 调查点概况

南平市位于福建省北部。东邻浙江省、宁德市，西接江西省，南接三明市、福州市、宁德市，北部与江西省、浙江省交界。辖延平、建阳 2 区，邵武、武夷山、建瓯 3 市，顺昌、浦城、光泽、松溪、政和 5 县。东经 117°50′—118°40′，北纬 26°51′— 26°52′。本调查点为南平市辖延平区夏道镇。

夏道镇全镇人口约 3.3 万人，其中汉族 33186 人，畲族人口 147 人。畲族主要分布在水井窠村、茶林窠自然村。镇内通行的夏道话具有明显的混合性质，但以闽语闽北方言为主。内部有明显差异。镇政区跨闽江两岸，闽江南岸的十几个行政村说的话较相近，都有 4 个声调；而闽江北岸的安济、山后、汀源等 4 个行政村所说的安济话却有 6 个声调。闽江中的冲积洲大洲村则说闽南话，是闽南话方言岛。畲族对内使用的是畲话（是少数民族语言还是有着畲语底层混合汉语方言的畲话目前没有定论），对外使用当地的闽北方言。本书记录的夏道话有 4 个声调。

南平夏道话是 2018 年国家语保点。由福建师范大学教师陈瑶全程记录整理。

二 方言发音人概况

方言老男丁仁，汉族，1957 年 11 月出生于夏道镇夏道村，并长期生活于此。高中文化程度。已退休。

方言青男丁学欣，汉族，1990 年 5 月出生于夏道镇夏道村。大专文化程度。自由职业。

方言老女陈小洁，汉族，1963 年 7 月出生于南平市夏道镇。大专文化程度。就职于延平区夏道中心小学。

方言青女魏翡玭，汉族，1990 年 11 月出生于夏道镇夏道村。硕士文化程度。

（二）韵母

南平夏道话有 34 个韵母：

表2　南平夏道话韵母表

	i 米丝试戏二	u 过~来苦五师谷	y 猪雨鬼局
a 茶牙塔鸭贴白	ia 写	ua 瓦法辣活白刮	
ɛ 排鞋快~活	iɛ 接热节文	uɛ 坐开赔对飞短国骨	ye 月药尺
o 歌过经~宝盒托郭学北东~	io 笑桥	uo 活文	
	iu 油出~去		
ai 八节白直色锡		uai 快爽快	
ei 十急七一橘北闽~		ui 杯	
au 饱豆走六绿	iau 要		
ou 壳			
øy 出~门			
	iŋ 盐年	uŋ 王横	
aŋ 南糖床讲灯硬争病星天~	iaŋ 镜	uaŋ 弯	
	ieŋ 件		yeŋ 原
oŋ 双东	ioŋ 响兄		
eiŋ 心深新升星~~		uiŋ 山半官权春寸	
øyŋ 根滚云用			

说明：

1. o 的实际音值介于 o 和 ɔ 之间。
2. uɛ 韵母中"u"与"ɛ"之间有轻微的过渡音"ə"。
3. ye 主元音唇形略圆，舌位较低。
4. øy 韵母中的主元音比标准元音 ø 开口度略大。

5. 鼻尾韵中的鼻韵尾 ŋ 实际发音不稳定，且有弱化趋向，但尚未混于非阳声韵来源的字。例如：中 tøyŋ¹¹ ≠ 竹 tøy¹¹；终 tsøyŋ¹¹ ≠ 粥 tsøy¹¹。遇主元音 i 时元音略带鼻化色彩。例如：iŋ 实际音值为 ĩᵘ；uiŋ 实际音值为 uĩᵘ。

6. uiŋ 韵母中"u"与"i"之间有轻微的"e"，遇去声调尤为明显。

（三）声调

南平夏道话有 4 个单字声调（不包括轻声）：

阴平 11　　东该灯风通开天春谷百搭节急拍塔切刻叶

阳平 55　　门龙牛油铜皮糖红五动 罪近后六麦月毒白盒罚

阴上 33　　懂占鬼九统苦讨阜买老有

去声 24　　冻怪半四痛快寸去卖路硬乱洞地饭树动

说明：

1. 阴平调 11 有时有微降趋势，近似低降调 21。

2. 阳平调 55 有时有微升趋势，近似高升调 45。

3. 阴上调 33 绝对调值较高，在非对比的情况下，有时容易与阳平调相混，近于 44，为了增加与阳平调的区别度，记为 33。

4. 去声调 24 发音人慢读或强调时前半段略为下降，实际调值近于 214。

5. 由于处在闽方言的三个次方言"闽北、闽东、闽南"的交接地带，再加上新中国成立前，南平官话一度是闽北各县推广国语的教学语言，夏道话具有明显的混合方言性质。这种混合性质表现在声调系统中就是，部分口语中小说的词其文读部分直接对应于南平官话方言，例如，一些不常用的浊平字如"华、如、怀、移、随"等读成最接近南平官话阳平的 11 调，即读同本系统的阴平字。再加上文教系统不发达，部分非口语词或者无法用夏道话说出来，或者转读普通话声调，形成新的文读层，例如，部分普通话上声字，如"挺、隐、纺、挺、捅"等读成 11 调，即读同本系统的阴平字。

（四）连读变调说明

夏道话的词语连读时一般会发生变调。大多数情况下，变调规律表现为连读上字以下字的调类为条件发生调值的变化，但偶尔也出现后字变调的情况。

读轻声的后附性的句法成分不与其他词语组合成连调组，即，当后字为轻声音节时，前一音节一般不变调，例如：厝里 tɕʰye²⁴ liᵒ，包子 pau¹¹ tsuᵒ，病了 paŋ²⁴ loᵒ。

连读变调的调值共有 3 种，其五度值分别为：11、55、33。这三种调值分别同于单字音的阴平、阳平、阴上调。我们以二字组连读变调为例归纳变调规律：

1. 连读字组前字的变调规律。

除了慢读不变调外，快读时也不是所有的连读字组前字都会变调，例如，除了清入来源的阴平字外，在阴平、阳平、去声字前的阴平字一般不发生变调；阴上字在阳平、阴上前一般也不发生变调。

表3是南平夏道话两字连读变调规律表。表左是前字声调调值，表头是后字声调调值，表中是前字或后字变调调值。

表3　南平夏道话两字组连读变调规律表

前字＼后字	阴平 11	阳平 55	阴上 33	去声 24
阴平 11	—	—	—	— 33
阳平 55	11 —	11 33	11	11
阴上 33	55	—	—	— 11
去声 24	55	33	33	33

表4　南平夏道话两字组连读变调举例之一

阴平 + 去声 [11 - 33 24]	出去 tsʰøy kʰo	出嫁 tsʰøy ka	摸脉 mu mai
阳平 + 阴平 [55 - 11 11]	雷公雷 luɛ koŋ	洋灰水泥 ioŋ xuɛ	年初 niŋ tsʰu
阳平 + 阳平 [55 - 11 55]	鱼塘 ŋy taŋ	石头 tɕye tʰau	塍塍 tsʰaŋ tsʰeiŋ
[55 55 - 33]	娘人 nioŋ neiŋ	前年 tɕʰiŋ niŋ	墘头 kiŋ tʰau
阳平 + 去声 [55 - 11 24]	时候 ɕi xau²⁴	黄豆 oŋ tau	皮蛋 pʰi taŋ
阴上 + 阴平 [33 - 55 11]	水沟 ɕy kau	鬼节 ky tsai	每工每天 mua koŋ
阴上 + 去声 [33 - 11 24]	闪电 saŋ tiŋ	里去进去 li kʰo	总共 tsoŋ koŋ
去声 + 阴平 [24 - 55 11]	大溪江 tua kʰɛ	菜瓜 tsʰɛ kua	地方 ti xuaŋ

去声＋阳平 [24-33 55]	半暝_{半夜}puiŋ maŋ	面前 miŋ tɕʰiŋ	大门 tua muiŋ
去声＋阴上 [24-33 33]	大水 tua ɕy	病囝_{害喜}paŋ kuiŋ	潲水_{凉水}tsʰeiŋ ɕy
去声＋去声 [24-33 24]	对昼_{中午}tuɛ tau	面相 miŋ ɕioŋ	尿布 nio pu

2. 连读字组后字的变调规律。

二字组连读后字发生变调现象除两个阳平字相连外，其他调类的字发生后字变调偶有用例，但尚看不出规律。

表5 南平夏道话两字组变调举例之二

阴平＋阳平 [11 55-33]	惊人 kiaŋ neiŋ	今年 kiŋ niŋ
阴平＋阴上 [11-33 33-55]	跌鼓 tiɛ ku	
阴平＋去声 [11-33 24-55]	猜对 tsʰai tuɛ	
阳平＋去声 [55-11 24-55]	旱地 uiŋ ti	
阴上＋阴平 [33-11 11-55]	老鸦 lo ua	
去声＋阳平 [24 55-33]	去年 kʰo liŋ	

（五）老男和青男在音系上的主要区别

老男和青男在音系上的主要区别在于古非、敷、奉母与古晓匣组是否相混上。老男基本相混，但 x 组声母与 u 韵母相拼，双唇会形成一个较松的收紧点，音色介于 [x] 和 [f] 之间，近于 [ɸ]，例如"付""户""虎""父"等，但因为不起区别意义的作用，我们统一记为 x。而青男大多数时候能将古非、敷、奉母字与古晓匣组字区别读为 f 与 x，少数字如"风、丰、凤、服"发音人混同于古晓匣母字读为 x，这是一种音变的过渡状态，代表着年轻人与老年人的新老差异，为了反映这种新老差异，对青男的音系按实际读音分别用 f 与 x 来记录。

顺 昌 话

一　调查点概况

顺昌县属南平市辖县，位于南平市境西南部。东邻建瓯市，西接邵武市、将乐县，南接沙县、南平延平区，北部与南平建阳区交界。东经117°30′—118°14′，北纬26°39′—27°12′。本调查点为县政府驻地双溪街道。

截至2019年全县人口24万多人，其中绝大多数为汉族，另有畲族人口约0.6万多人。顺昌话是本县通用方言，分布在境内各乡镇，属于闽语闽北方言。畲族居民也使用当地的汉语方言。

本地有用顺昌话演唱的畲歌、南词、山歌。

顺昌话是2017年国家语保点。由武夷学院教师李岚全程记录整理。

二　方言发音人概况

老男发音人余春声，汉族，1952年10月出生于双溪街道，在当地读中小学，初中文化程度。中学毕业后回家务农。

方言青男郑文辉，1981年7月出生于双溪街道，大专文化程度。就职于顺昌金桥学校。

方言老女吴智萍，1953年12月出生于双溪街道。初中文化程度。已退休。

方言青女田小琴，1981年10月出生于双溪街道。大学本科文化程度。就职于顺昌一中。

口头文化发音人有吴智萍（女）、杨益麟（郑坊乡）、余春声、田小琴（女），除加注外，都是双溪街道人。

地普发音人有郑文辉、吴智萍（女）、余春声，都是双溪街道人。

三 顺昌话音系

（一）声母

顺昌话有17个声母（包括零声母）：

表1 顺昌话声母表

p 八兵风_白	pʰ 派片爬病飞_白蜂肥饭	m 麦明问_白		
t 多东张竹装_白	tʰ 讨天甜毒抽拆_白			l 脑南泥老蓝连路
ts 资租装_文	tsʰ 早刺_文草寸坐全祠初床		s 丝三酸想谢_白	
tʃ 酒查柱争纸主	tʃʰ 刺_文清字贼谢_文拆_文抄车春		ʃ 事山双船顺手书十城	
k 高_文九	kʰ 开轻共权	ŋ 年热软熬月干		h 飞_文风_文副高_白好灰响活县
ø 味问_文安温云用药				

说明：

1. [ts]组声母和[tʃ]组声母构成音位对立。例如：醋[tsʰu³⁵]≠臭[tʃʰu³⁵]、心[siŋ⁴⁴]≠身[ʃiŋ⁴⁴]、死[si³¹]≠屎[ʃi³¹]。[tʃ]组声母与齐齿呼和撮口呼相拼时，音值近于[tɕ]、[tɕʰ]。

2. [h]有时发音偏前，近于[x]，例如："换" huaŋ³⁵/xuaŋ³⁵、"欢" huaŋ⁴⁴/xuaŋ⁴⁴。

3. [l][n]不对立，两种读法很随意，但是多数读[l]，逢鼻音韵母常读[n]，例如："林" liŋ¹¹/niŋ¹¹、"领" liaŋ²²/niaŋ²²。

（二）韵母

顺昌话有 45 个韵母（包括声化韵 ŋ）：

表 2　顺昌话韵母表

ɿ 师	i 米丝试戏二急七一橘	u 苦雨_白壳谷	y 猪雨_文飞_文鬼出
a 排鞋八节_白	ia 写	ua 快刮	
ɛ 北色锡		uɛ 坐_白开赔对飞_白短骨国	
œ 刷儿			
ɔ 茶牙塔鸭贴			
e 接节_文			
ø 决缺			
o 歌坐_文过瓦宝法托郭尺	io 靴		
	iu 油		
ai 豆走			
au 饱笑	iau 桥		
ŋ̍ 五			
ɛ̃ 根_文灯硬争_文星_白			
ɔ̃ 南糖床王讲争_白病_白横	iɔ̃ 响		
ẽ 盐年		uẽ 寸滚	
ø̃ 权根_白			
	iŋ 心新升病_文星_文	uŋ 东	
aŋ 山半	iaŋ 兄_白	uaŋ 官	
	iuŋ 深春云双兄_文用		
	iʔ 十	uʔ 木屋	yʔ 六绿局

续表

aʔ 辣	iaʔ 额	uaʔ 活	
ɛʔ 直		uɛʔ 擦滑	
ɔʔ 学白			
eʔ 热			
øʔ 月			
oʔ 盒	ioʔ 药		

说明：

1. [tʃ tʃʰ ʃ] 与 [e] [ɛ] 组韵母相拼时，常带上 [i] 介音，有些字音较为明显，例如"善、扇、莲"等。

2. 单韵母 [ɛ] 开口度较大，舌位偏低，近于 [æ]。

3. [uŋ] 开口度略大，近于 [oŋ]。

4. [aŋ] [iaŋ] [uaŋ] 三个韵母的鼻尾 [ŋ] 较弱，近于 [aã] [iaã] [uaã]。

5. [e] 开口度较小；[ue] 中 e 开口度较大，发音部位靠后。

（三）声调

顺昌话有 7 个单字声调（不包括轻声）：

阴平 44　　东该灯风通开天春

阳平 11　　门龙牛油铜皮红谷百搭节急哭拍塔切刻

阴上 31　　懂古鬼九统苦讨草买五

阳上 22　　老有动白近白

阴去 35　　冻怪半四痛快刂去糖

阳去 51　　卖路硬乱洞地饭树动文罪近文后

入声 5　　六麦叶月毒白盒罚

说明：

1. 阳平 [11] 起调略高，实际调值近于 [211]。

2. 阴上 [31] 有时调值略高，近于 [41]。

3. 阳上 [22] 实际发音短促，伴随着喉塞韵尾，有时带有降势，读如 [32]。

4. 阳去 [51] 有时未降到底，读如 [52]。

5. 入声 [5] 有时有明显的降势，近于 [54]。

（四）两字组连读变调规律

顺昌话连读变调的性质是位置音变。在两字组词语中，通常前字发生变调。这种变调是固定的，不受后字影响。不过这种变读很不稳定，在语速较慢的情况下，也可不变。

表3　顺昌话两字组连读变调规律表

前字＼后字	阴平 44	阳平 11	阴上 31	阳上 22	阴去 35	阳去 51	入声 5
阳平 11	33	33	33	33	33	33	33
阴上 31	—	—	55	—	55	—	—
阴去 35	55	55	55	—	55	55	55
阳去 51	—	55	—	—	—	55	—

表4　顺昌话两字组连读变调举例

阳平＋阴平 [11-33 44]	洋烟 iɔ̃ ŋẽ	梅花 muɛ ho	台风 tʰa piɔ̃
阳平＋阳平 [11-33 11]	麻油 ma iu	鱼塘 ŋi tʰɔ̃	洋油 iɔ̃ iu
阳平＋阴上 [11-33 31]	腹屎 pu ʃi	回想 huɛ siɔ̃	苹果 pʰiŋ ko
阳平＋阳上 [11-33 22]	楼下 lai hɔ	姨丈 i tiɔ̃	一两 i liɔ̃
阳平＋阴去 [11-33 35]	鸽仔 ko ti	出嫁 tʃʰy kɔ̃	出去 tʃʰy kʰɔ
阳平＋阳去 [11-33 51]	和尚 uɛ ʃiɔ̃	时候 ʃi hai	雪豆 sø tʰai
阳平＋入声 [11-33 5]	萝卜 lo pʰɛʔ	龙雹 liuŋ pʰoʔ	阳历 iɔ̃ liʔ
阴上＋阴上 [31-55 31]	齿齿 tʃie tʃie	唔好 ŋ ho	
阴上＋阴去 [31-55 35]	耳仔 iŋ ti	米笋 mi ʃia	斧头 pʰẽ tʰai
阴去＋阴平 [35-55 44]	唱歌 tʃɔ ko	菜刀 tsʰɛ to	裤骸 kʰu kʰau
阴去＋阳平 [35-55 11]	暗暝 ɔ̃ mɔ̃	吊瓶 tau pʰɛ	半暝 paŋ mɔ̃
阴去＋阴上 [35-55 31]	扫帚 sai tʃiu	饭桶 pʰuɛ tʰuŋ	潲水 kɛ̃ ʃy
阴去＋阴去 [35-55 35]	碓仔 tuɛ ti	昼前 tu tsʰẽ	个世 ka ʃe
阴去＋阳去 [35-55 51]	做事 tso ʃɛ	做寿 tso ʃiu	算命 suɛ̃ miaŋ

续表

阴去 + 入声 [35-55 5]	七月 tʃʰi ŋøʔ5	做月 tʰo ŋøʔ	快活 kʰo uaʔ
阳去 + 阳平 [51-55 11]	豨血 kʰy xua	大门 tʰa muẽ	箸隻 tʃʰy tʃa
阳去 + 阳去 [51-55 51]	豆腐 tʰai xu	反面 pʰuẽ mẽ	外号 ua ho

（五）青男和老男在音系上的主要差别

老男和青男在音系上没有明显的差别，他们主要的差别在于一些发音的细微不同上。总的来说，青男受普通话的影响更大一些，某些发音明显比老男更接近普通话的发音，例如：[ic] 和 [ĩc] 有时也读成 [c] [c̃]，二者不形成对立，青男倾向于读 [ie] 和 [ĩẽ]，老男倾向于读 [e] [ẽ]；[iu] 青男的实际读音为 [iou]；[ŋ] 自成音节，但是青男前有起始音 o，近于 [oŋ]，但是重心在 [ŋ] 上。

将 乐 话

一 调查点概况

将乐县属三明市辖县，位于三明市境北部。东邻顺昌县、沙县，西接泰宁县，南接明溪县，北部与邵武市为界。东经117°05′—117°40′，北纬26°26′—27°04′。本调查点为县政府驻地古镛镇。

全县户籍人口约18.63万，其中汉族占99.82%，约18.6万；少数民族基本系因工作、婚嫁等原因由外地迁入，县内有畲、回、苗、满、土家、侗、布依、壮、蒙古、彝、仡佬、高山、仫佬、纳西、东乡等15个民族，合近300人。县内少数民族通行普通话。将乐话属于闽语闽北方言，以城关古镛镇话为代表，基本通行于古镛、水南、南口、高唐以及白莲、黄潭、光明、漠源、安仁、万安、大源大部分乡镇，使用人口约13万。将乐境内其他方言有：①余坊话（接近相邻的泰宁话），分布在毗邻泰宁县的余坊、万全等乡镇，使用人口2万多人。②莆仙话，在县城等地的移民和经商务工者中使用，1.1万多人。③汀州客话，分布在西南部龙栖山保护区和古镛等乡镇的部分村落，使用人口大约两三千人。④福州话，部分抗战时期迁来的福州、闽侯、闽清、福清等地的移民使用，也曾是全县主要方言之一，目前使用人口不详。⑤另有因移民或经商而来的外地人在县内使用闽南话、赣方言、浙江话、北方话等，有的方言通行于某个移民村或某种行业。县城普通话使用广泛。

将乐南词与食闹音乐为福建省非物质文化遗产。将乐南词又称"八韵南词"。南词的道白采用"土官话"（将乐方言腔普通话）。目前既有传统曲目，又有新创南词剧目陆续问世，一批南词艺人成为今天南词演唱的传人。

将乐话是2017年国家语保点。由龙岩学院教师林丽芳、王咏梅、翁春全程记录整理。

二 方言发音人概况

方言老男冯木松，汉族，1953 年 9 月出生于古镛镇，并长期生活于此。初中文化程度。已退休。

方言青男吴星，汉族，1982 年 6 月出生于古镛镇。大学本科文化程度。就职于将乐县文化馆。

方言老女温火英，汉族，1959 年 7 月出生于古镛镇。大专（函授）文化程度。已退休。

方言青女赖春蕾，汉族，1991 年 11 月出生于古镛镇。大学本科文化程度。就职于将乐第二实验小学。

口头文化发音人有刘怀忠、林眉（女）、陈圣洁（白莲镇）、黄雪芳（女，南口乡）、冯木松，除加注外，都是古镛镇人。

地普发音人有高文琴（女，水南镇）、廖传凤（女，水南镇）、陈其荣（黄潭镇）。

三 将乐话音系

（一）声母

将乐话有 19 个声母（包括零声母）：

表 1 将乐话声母表

p 八兵风_白	pʰ 派片爬病 飞_白蜂_白肥_白饭	m 麦明问_白	f 飞_文风_文副 蜂_文肥_文灰活	v 味温王
t 多东张竹	tʰ 讨天甜毒抽			l 老蓝连路 脑南泥
ts 资租酒争	tsʰ 早刺草寸清 贼坐全谢抄床		s 字丝三酸想 祠事	
tʃ 装纸主	tʃʰ 拆杀柱初 车春手		ʃ 山双船顺书 十城响县	
k 高九	kʰ 开轻共权	ŋ 年热软熬月	x 好	
ø 问_文安云用药				

说明：

1. tʃ、tʃʰ、ʃ在i、y前，有时发音近于tɕ、tɕʰ、ɕ，如"州手寿主述输"等，但不具辨义功能，故记为tʃ、tʃʰ、ʃ。但tʃ组与ts组对立，如：汁tʃi⁵¹≠子tsi⁵¹。

2. ts、tsʰ、s与ɿ相拼时，偶有发音部位靠后，接近舌叶，但不对立且较自由，故统一记为tsɿ、tsʰɿ、sɿ。

3. 部分零声母字有时起音带有紧喉摩擦成分。

4. m、l、ŋ与b、n、g是自由变体，统一记为m、l、ŋ。如：袜mo³²⁴、莲liɛ̃²²、鹅ŋo⁵⁵。

（二）韵母

将乐话有50个韵母（包括声化韵ŋ）：

表2　将乐话韵母表

ɿ 师丝走白	i 米试戏 二白 飞文 七一	u 苦骨国谷六白	y 猪雨对白出
a 茶牙塔鸭贴法八 节白 北色锡白	ia 写	ua 瓦刮	
æ 鞋排		uæ 坐开赔对文快	
e 飞白急	ie 接节文	ue 鱼	
ø 二文			yø 锯
o 歌过托郭壳尺			yo 靴
	iu 油局	ui 鬼	
au 宝饱笑白	iau 笑文桥		
eu 豆走文			
ŋ̍ 五文			
ɛ̃ 根灯升白 硬争星文	iɛ̃ 盐年	uɛ̃ 山半短官	
ɔ̃ 糖响床双讲	iɔ̃ 娘	uɔ̃ 王	yɔ̃ 权
	ĩŋ 深文新文升文病文 星白	uĩŋ 新白寸滚	ỹŋ 春云
ãŋ 南病白横兄白	iãŋ 病白	uãŋ 梗	

续表

ỹŋ 深东五文	iỹŋ 兄文用		
ɿʔ 族	iʔ 十直文锡文	uʔ 佛	yʔ 律
aʔ 辣白直白	iaʔ 历白		
eʔ 舌	ieʔ 热	ueʔ 月	
oʔ 盒活学		uoʔ 握	yoʔ 药
	iuʔ 六文绿		

说明：

1. o 有时发成 uo，但介音较弱，不对立，在此统一记为 o。

2. eu 中的 e 受声母及声调影响音值略有变化，eu 有时近于 ɔu，有时发成 ɛu 或 ɒu，但不区别意义，故统一记为 eu。

3. ø 单念时发音偏低偏后，音值近于 ɵ，语流中有时不圆唇，不区别意义，在此统一记为 ø，如：耳 ø⁵¹。yø、yø̃ 中的 ø 有时唇不圆、口略开，音值趋近 ɛ，不区别意义，记为 yø、yø̃，如：雪 syø⁵¹、选 syø̃⁵¹。

4. yo 中的介音 y 有时不圆唇，读为 io，但不区别意义，统一记为 yo，如：布 pyo³²⁴。

5. 鼻化韵 õ、iõ、uõ、ɛ̃、uɛ̃、iɛ̃、yø̃ 等有时带有微弱的 -ŋ 尾音，有时发成鼻尾韵。

6. 鼻尾韵各韵元音均有明显鼻化色彩，-ŋ 有时较弱甚全消失，如 aŋ 读为 ã、iaŋ 读为 iã、iŋ 读为 ĩ，这里统一记为 ãŋ、iãŋ、ĩŋ。如：三 sãŋ⁵⁵，鼎 tiãŋ⁵¹，人 ŋĩŋ²²。

7. 塞尾音 -ʔ，偶有变体 -t、-k，但无明显对立且音值不稳，语流中易发成 -ʔ 或常脱落，在此统一记为 -ʔ，如：月 ŋueʔ⁵，罚 faʔ⁵，食 ʃiʔ⁵。阴入字音节收尾有时可见喉头紧张成分，但表现微弱，无对立，不稳定，故统一记为廾尾韵，如：竹 tiu²¹。

8. 声化韵 ŋ，有变体 m，这里记为 ŋ。如：姆 ŋ⁵⁵。

（三）声调

将乐话有 6 个单字声调（不包括轻声）：

阴平 55　东该灯风通开天春哭拍文

阳平 22　门龙牛油铜皮文红

上声 51　懂古鬼九统苦讨草买老五有近白后白谷百节拍白塔切刻

去声 324　动罪近文后文冻怪半四痛快寸去卖路硬乱洞地饭树六白

阴入 21 搭急皮_白糖

阳入 5 六_文麦月毒白盒罚

说明：

1. 阴平 55。起音略低于最高点，实际音值介于高与半高之间，有变体 44。在此统一记为 55。

2. 阳平 22。少部分古浊平声字（多为日常用词）口语今读为低降调 21，调短，跟阴入同调。如：糖 tʰɔ̃²¹，皮 pʰe²¹_白/pʰi:²²_文，螺 ʃuæ²¹_白/no²²_文。

3. 上声 51。起点略低，实际调值有时趋近 41。多数来自古清上、次浊上声，少数古全浊上声今白读音也读 51 调，如：近 kʰuɛ̃⁵¹_白/kʰĩŋ³²⁴_文、后 fy⁵¹_白/xeu³²⁴_文。不少清入字今读也是高降 51 调，如"骨、国、谷"读如"古 ku⁵¹"。

4. 去声 324，为降升调。前段略降，后段升势突出，降短升长。另有少部分字收音时微降，但不明显且不稳定，整体调型表现为降升，如：县、饭。原县志（1998 年版）去声分阴阳（阴去 324、阳去 231），今单字仅见"任、认、传（~记）"三个字调型呈升降调，为原县志所述"阳去调"旧音之残留，这种调型调值老派中仅见个例且不稳定，新派已消失，故一并记为 324。

5. 阴入 21。塞尾音不明显，调较短，别于舒声。来源较杂：大部分来自古清入字，如"竹 tiu²¹、格 ka²¹"，个别浊入字如"褥 ŋiu²¹"；一部分由舒声混入（或多由小称变调而来），其中来自浊平字较多，如"糖 tʰɔ̃²¹、皮 pʰe²¹_白、蚊 mĩŋ²¹、年 ŋiɛ̃²¹_白"；亦有少数上声、个别去声、个别清平字混入，如"把 pa²¹、坐 tsʰuæ²¹、梦 mỹŋ²¹、虾 xa²¹"。

6. 阳入 5。总体为高促调，调较短，带喉塞尾音 -ʔ。

（四）连读变调说明

将乐方言两字组连读，读得慢时，无论前字后字都可能不变调。常出现的变调情况大致如下：

1. 前字变调。除在阴入前，阴平绝大多数情况可变读为 44（可以忽略不计）。阳平基本不变，偶见变读为 21 的情况。上声在前字时，常变读为 22 或 21。去声在其他调前常变读为 55。阴入基本不变，偶见变读 22 的情况。阳入在除阳入外的其他声调前，常读为舒声 55。

2. 后字变调。后字多不变，偶有或受轻重格式而致后字音高变低的现象，如：阴平在后时，调值经常变 44（可以忽略不计）；阳平、上声在后时，偶有读为 21 的现象。

3. 前后字都变调。上声在上声、去声后，偶见前后字都变调的现象。

4. 其他连读变调现象说明。将乐方言连读变调情况复杂，语流中，发音人的有些变调现象暂未发现规律，尚待进一步调查研究。如：

（1）语流中，阴平调值常低于单字调；语速快时，去声324有时变读成24，调查时统一记为324。

（2）受发音人语势、语调或语法结构等因素影响，调值变化丰富且不稳定。如，在发音人语势等因素的作用下，无论原调值是什么，皆有可能变读为低平调22。例：细细地就冒爹冒妈 sæ^{55} sæ^{324} ti?^{5} tsiu$^{324-22}$ mau$^{324-22}$ tia$^{55-22}$ mau$^{324-22}$ ma$^{55-22}$，者桁老牛牯 tʃa$^{51-22}$ xã^{22} nau$^{51-22}$ ŋy^{22} ku$^{21-22}$。

（3）语助词和语缀的调值变化多而杂且不稳定。如，"俚 ni"，在具体词例中有 ni^{21}、ni^{324}、ni?^{5}、ni^{55} 等读法。又如，"头"，有 tʰeu^{22}、tʰeu^{21}、tʰeu^{55} 等读法。

（4）有些后字调值变读为324，似与本调或前字调无关。该类现象未见明显规律，原因待考。其中，不少是亲属称谓词，如：伯伯 pa^{21} pa$^{21-324}$、细叔$_{小叔}$ ʃæ$^{324-55}$ ʃu$^{21-324}$、婶婶 ʃĩŋ$^{51-21}$ ʃĩŋ$^{51-324}$、姑姐 ku^{55} tsia$^{51-324}$、姨媪$_{妈妈}$ i^{22} iau$^{51-324}$，等等；还有少数名词，如：汁汁$_{乳房}$ tse$^{51-55}$ tse$^{51-324}$、阳精$_{精液}$ iɔ̃^{22} kĩŋ$^{55-324}$、作脓$_{化脓}$ tso^{21} m̃ŋ$^{22-324}$、今午 kĩŋ^{55} niɛ̃$^{21-324}$、者底$_{这里}$ tʃa$^{51-21}$ ti$^{51-324}$ 等。

（5）常见入声舒化和舒声促化现象，调值也发生相应变化，但变与不变较随意，尚看不出规律。单字音入声，连读时或促声或舒声，如：月 ŋue?^{5}——月头$_{太阳}$ ŋue?^{5} tʰeu^{21}、月光$_{月亮}$ ŋue^{55} kɔ̃^{55}；单字音读舒声，语流中可舒声可促化，如：个 ka^{324}——个百$_{一百}$ ka?^{5} pa^{51}、个千$_{一千}$ ka?^{5} tsʰɛ̃^{55}、日 ŋi^{324}——日日$_{每天}$ ŋi?^{5} ŋi^{324}、日昼$_{白天}$ ŋi^{55} tu^{324}。

表3是将乐话可能出现的或偶见的两字组连读变调表，包括实际上可以忽略的阴平55变44的变调。

表3 将乐话两字组连读变调表

前字＼后字	阴平 55	阳平 22	上声 51	去声 324	阴入 21	阳入 5
阴平 55	44	44	44	44	—	44
		21	21			
阳平 22	—	—	—	—	—	—
			21	21		

续表

前字＼后字	阴平55	阳平22	上声51	去声324	阴入21	阳入5
上声51	21	22 / 21	21 / 22 / 21　21 / 21	21 / 22	22	21
去声324	55　44	55	55 / 55　21	55	55	55
阴入21	—	—	—	—	22	55
阳入5	—	—	—	—	—	—
	55	55	55	55	55	

表4　将乐话两字组连读变调举例之一

阴平＋阴平 [55－44 55]	番瓜 南瓜 fɛ kua	天光 天亮 tʰɛ̃ kɔ̃	冰姜 pīŋ kiɔ̃
阴平＋阳平 [55－44 22]　[55 22－21]	菠薐 菠菜 po nɛ̃　高楼 kau neu	归来 kui ni　安闲 安逸 uɛ̃ ʃɛ̃	昌元 元宵节 tʃʰɔ̃ ŋuɛ̃　边墘 边儿 piɛ̃ xɛ̃
阴平＋上声 [55－44 51]　[55 51－21]	天狗 tʰɛ̃ keu　痴子 疯子 tʃʰi tsɿ	开水 kʰuæ ʃy　经理 kīŋ ni	骹爪 脚丫 kʰau tʃau
阴平＋阳入 [55－44 5]	正月 tʃãŋ ŋueʔ	官历 kuɛ̃ niaʔ	三十 sãŋ ʃiʔ
阳平＋去声 [22－21 324]	划算 fa ʃuɛ̃	勤力 kʰīŋ ʃa	流汗 niu fuɛ̃
上声＋阴平 [51－21 55]	滚汤 热水 kuĩŋ tʰɔ̃	喜欢 ʃi fuɛ̃	小心 siau sīŋ
上声＋阳平 [51－22 22]　[51－21 22]	起来 kʰi ni　可能 kʰo nɛ̃	狗嬷 母狗 keu ma　马荠 荸荠 ma tsʰi	豨栏 猪圈 kʰui nɛ̃　老爷 nau ia
上声＋上声 [51－21 51]　[51－22 51]	小酒 醋 siau tsiu　豨种 种猪 kʰui tʃʏŋ	讲嘴 吵架 kɔ̃ tsui　老鼠 nau tʃʰy	水果 ʃy ko　有使 有用 iu ʃe

续表

上声+去声 [51-21 324] [51-22 324]	姊妹 tsi me 以后 i xeu	小气 siau kʰi 拍地_上坟_ pʰa tʰe	水匠_泥水匠_ ʃy tʃʰiɔ̃ 水圳_水渠_ ʃy tʃuĩ
上声+阴入 [51-22 21]	水窟_水坑儿_ ʃy kʰu	耳窟_耳朵_ ŋĩ kʰu	屎窟_屁股_ ʃi kʰu
上声+阳入 [51-21 5]	老实 nau ʃiʔ	洗浴_洗澡_ sæ yoʔ	小学 siau xoʔ
去声+阳平 [324-55 22]	面盆_脸盆_ miẽ pʰỹ	豆娘_豆浆_ tʰeu ŋiɔ̃	动棋_下棋_ tʰỹŋ kʰi
去声+上声 [324-55 51]	共总_共_ kʰỹŋ tsỹ	烂崽_流氓_ nẽ tsæ	大雨 tʰæ fy
去声+去声 [324-55 324]	味道 vi tʰau	大量_大方_ tʰæ niã	再见 tsæ kiẽ
去声+阴入 [324-55 21]	舅伯 kʰiu pa	乱梦_做梦_ nuɛ mẽ	暗头_晚上_ ɔ̃ tʰeu
去声+阳入 [324-55 5]	放学 pỹŋ xoʔ	闹热_热闹_ nau yieʔ	做月 tso ŋueʔ
阴入+阴入 [21-22 21]	窟窟_窟窿_ kʰu kʰu	白窟 kʰiu kʰu	几百 kuæ pa
阳入+阴平 [5-55 55]	月光_月亮_ ŋue kɔ̃	实心 ʃi sĩŋ	读书 tʰu ʃy
阳入+阳平 [5-55 22]	毒蛇 tʰu ʃe	别侪_别人_ pʰic ʃa	食堂 ʃi tʰɔ̃
阳入+上声 [5-55 51]	落雨_下雨_ no fy	白马 pʰa ma	罚款 fa kʰuɛ
阳入+去声 [5-55 324]	白素_白菜_ pʰa sŋ	绿豆 niu tʰeu	学戏 xo ʃi
阳入+阴入 [5-55 21]	及格 kʰi ka	绿竹 niu tiu	拓折_折扣_ ma tʃie
阳平+上声 ⎢22 51-21⎥	镰铁_镰刀_ nie tʰa	聋子 ʃỹŋ tsŋ	门板 muĩŋ pɛ̃
上声+上声 [51 51-21]	水笔_毛笔_ ʃy pi	可以 kʰo i	底板 tæ pɛ̃
阴入+阳入 [21 5-55]	乞食_乞丐_ kʰuæ ʃi	角落 ko no	竹箬_竹叶_ tiu ŋyo

连读字组前后字都变调用例如下:

表5 将乐话两字组连读变调举例之二

上声+上声 51-21 51-21	拐子_瘸子_ kuæ tsŋ	哑子_哑巴_ a tsŋ	者只_这个_ tʃa tʃa
去声+阴平 324-55 324-44	面巾_毛巾_ miẽ kuẽ	后生_年轻_ xeu ʃãŋ	赴墟_赶集_ fu xø
去声+上声 324-55 51-21	鼻水_鼻涕_ pʰi ʃy	票子_钞票_ pʰiau tsi	厝里_屋里_ tʃʰo ʃe

(五) 老男与青男音系上的主要区别

老男和青男在声韵调方面有一些差异。

1. 声母部分，青男和老男声母系统基本相同，只是分化上略有差异。如，古邪母的部分字，老男归 s，青男归入 ts^h。

2. 韵母部分，青男和老男有较明显的差异，或是语音演变的表现。

古蟹摄字中，老男读为开尾韵 æ/uæ 的，青男收 -i 尾，读为 æi/uæi。

古阳声韵今读，青男均有明显的鼻尾音，统一记为鼻尾韵；而老男有不少读为鼻化韵，如山宕江等摄的字，以及咸臻曾梗等摄的部分字；老男的鼻化韵有时带有微弱的 -ŋ 尾音，但不稳定。

古流摄一等韵，老男和青男韵尾音感差异明显，如老男读 eu，青男读 eɯ，青男的 eɯ 实际音值近于 əɯ。

3. 声调方面，原县志（1998 年版）去声分阴阳（阴去 324、阳去 231），今老男读音中，仅见个例（调查中仅见"任、认、传_记"3 个字）调型呈升降调，起音略降，前段升势明显，末端急降，升长降短，调值近于 231，为原县志所述"阳去调"旧音之残留。青男已完全消失。

光 泽 话

一 调查点概况

光泽县属南平市辖县,位于南平市境西北部。东邻武夷山市、南平建阳区,南接邵武市,西部、北部与江西省为界。东经117°00′—117°40′,北纬27°18′—27°59′。本调查点为县政府驻地杭川镇。

截至2018年全县人口16.43万人,其中绝大多数为汉族,少数民族主要为畲族。畲族人口有3000多人,使用闽北方言武夷山话或者普通话。由于光泽县外来人口比例较大,说普通话的人口比较多。光泽话也属于闽北方言,分布在光泽各乡镇。

光泽话是2016年福建省语保点。由武夷学院教师李文斌全程记录整理。

二 方言发音人概况

老男发音人周锦文,汉族,1952年3月出生于杭川镇。初中文化程度。从事医生行业至今。

方言青男周学斌,1980年11月出生于杭川镇。初中文化程度。就职于光泽县韵达快递公司。

方言老女张庄玉,1953年9月出生于杭川镇。高中文化程度。已退休。

方言青女叶芬,1989年2月出生于杭川镇。大学本科文化程度。自由职业。

口头文化发音人有傅庆高、傅庆辉、周锦文,都是杭川镇人。

地普发音人有裘有成、周学斌、周锦文,都是杭川镇人。

三 光泽话音系

(一)声母

光泽话有20个声母(包括零声母):

表 1　光泽话声母表

p 八兵风ᵇ	pʰ 派片爬病肥ᵇ饭ᵇ	m 麦明问ᵇ	f 飞风ᵂ副蜂肥ᵂ饭ᵂ灰活	v 味月县云
t 多东装ᵇ	tʰ 讨毒ᵃ早草寸清字贼坐全拆茶争ᵇ抄初	n 脑南年泥热软		l 老蓝连路
ts 资租酒争ᵂ装ᵂ床ᵇ	tsʰ 刺		s 丝三算酸祠谢事山双	
tɕ 张竹纸主	tɕʰ 抽ᵇ柱床ᵂ车春		ɕ 想船顺手书十城	
k 高九	kʰ 开轻共权	ŋ 熬	h 天甜毒ᵃ抽ᵂ好响	
ø 问ᵂ安温王用药				

说明：

1. ［f］和［v］声母与开口呼和齐齿呼韵母相拼时，嘴唇有拢圆的习惯，带有［u］或者［y］介音。

2. ［tsʰ］声母的字只有两个："刺"［tsʰɿ³⁵］和"垂"［tsʰuei²²］。［ts］声母只拼开口呼和合口呼，［tɕ］和［tɕʰ］声母只拼齐齿呼和撮口呼。但是［s］和［ɕ］对立，如"息"［si⁴¹］≠"式"［ɕi⁴¹］；"线"［siən³⁵］≠"扇"［ɕiən³⁵］。

（二）韵母

光泽话有 66 个韵母（包括声化韵 m、ŋ）：

表 2　光泽话韵母表

ɿ 丝ᵂ	i 米试戏二飞七一锡ᵂ	u 苦五谷六ᵇ	y 猪雨出橘
a 茶牙	ia 靴写锡ᵇ	ua 瓦	
ɛ 师丝ᵇ北色	iɛ 排鞋节	uɛ 国	yɛ 缺决
ɜu			

续表

ɔ 歌过托壳		uɔ 郭	yɔ 尺
	iu 油		
ai 八		uai 快刮	
ɛi 赔			
ɔi 坐开			
ei 对		uei 鬼骨	
au 宝饱			
ɛu 豆走	iɛu 笑桥		
əu 流酒	iəu 受		
m 唔			
ŋ 铜动虫			
am 南塔鸭法			
ɛm 横	iɛm 盐接贴		
ɔm 盒			
əm 心急	iəm 深十		
an 反单		uan 晚万	
ɛn 根灯硬争文星白			
ɔn 山半短		uɔn 官	
ən 新白寸白	iən 年文	uən 滚	yən 权
	in 年白新文春云升星文		yn 军俊
aŋ 争白病	iaŋ 兄白	uaŋ 梗	
ɔŋ 糖床白双讲	iɔŋ 响床文	uɔŋ 王	
oŋ 东用	ioŋ 兄文		
	iʔ 直文	uʔ 鹿	yʔ 直白六文绿局
aʔ 白	iaʔ 席		

续表

ɛʔ 墨	iɛʔ 热月		
ɔʔ 学		ɔu 薄	yɔy 药
aiʔ 辣			
eiʔ 活		ueiʔ 滑物	

说明：

1. [iɛ] 和 [yɤ] 中的 [ɛ] 比 [ɛi、ɛu] 中的 [ɛ] 舌位更高一些，更为偏后。

2. 单韵母 [ɛ] 开口度较大，舌位偏低，近于 [æ]。

3. [uɔn] 韵拼 p 组声母时介音 [u] 较弱。

4. [ɔn] 韵实际读 [oin]。

5. [uɔ、iɔ] 中的 [ɔ] 开口度略小，近于 [o]。

6. 在本次的调查条目中，[uɤ] 韵只有一个"国"字，[ieu] 只有"受"字。

（三）声调

光泽话有 7 个单字声调（不包括轻声）：

阴平 21　　东该灯风通开天春

阳平 22　　门龙牛油铜皮红

阴上 44　　懂古鬼九统苦讨草五

阴去 35　　冻怪半四痛快寸去

阳去 55　　卖路硬乱洞地饭树动文罪近文后

阴入 41　　买老有动白近白谷百搭节急哭拍塔切刻六白糖

阳入 5　　六文麦叶月毒白盒罚

说明：

1. 阴入字有两个来源，一个来自古清音声母入声字，一个来自古全浊声母和次浊声母上声字，来源于古浊声母的上声字在听感上比来源于清声母的入声字时长较短。

2. 阳入 [5] 有时调值偏低，读为 [4]，有时有明显的降势。

（四）连读变调说明

光泽方言变调比较简单，主要有两点：

1. 两字组阴平［21］+阴平［21］，阴平［21］+阴入［41］，前字阴平可以变为［212］。例如：

阴平+阴平［21-212 21］　　通书 hŋ çy　　天光 hiɛn kuoŋ　　东边 toŋ piɛn
阴平+阴入［21-212 41］　　肩头 kiɛn hɛu　　莴苣 uɔ kʰy　　阿鹊 a sia

2. 阳入［5］在两字组前字时可变读为［41］。这种变调属于可变可不变，在语速较慢的情况下，也可不变。例如：

阳入+阴平［5-41 21］　　月光 viɛʔ kuoŋ　　垃圾 lɔm sɔm　　日头 niɛ hɛu
阳入+阳平［5-41 22］　　学堂 hɔʔ hɔŋ　　别人 pʰiɛʔ nin　　食茶 çiɛʔ tʰa
阳入+阴上［5-41 44］　　着火 tçʰyɔ fei　　落雨 lɔʔ hy　　食酒 çiɛʔ tsɛu
阳入+阴去［5-41 35］　　食昼 çiɛʔ tu　　月半 viɛʔ pɔn　　食昼 çiɛʔ tu
阳入+阳去［5-41 55］　　十二 siəm ni　　入殓 niəm liɛn　　绿豆 ly hɛu
阳入+阴入［5-41 41］　　舌头 çiɛ hɛu　　石头 çyɔ hɛu　　蜜糖 mi hɔŋ
阳入+阳入［5-41 5］　　食药 çiɛʔ yɔ　　月月 viɛʔ viɛʔ　　十月 siəm viɛʔ

3. 在正常速度的语流中，两字组词汇，重音多在前字上，后字较为模糊，调值不到位。多数偏正结构后字读得又轻又短，往往读作轻声，轻声调值为［1］或者［4］，在记音时统一记为轻声［0］。

（五）青男和老男在音系上的主要差别

1. ［ɛi］和［ei］，［ɛu］和［əu］，［ɛm］和［əm］，［iɛm］和［iəm］，［ɛn］和［ən］，这5组韵母老男区别明显，青男已混读，只读前一种韵母。如：

	老男	青男		老男	青男
对：	[tei³⁵]	[tɛi³⁵]；	赔：	[pʰɛi²²]	[pʰɛi²²]
豆：	[hɛu⁵⁵]	[hɛu⁵⁵]；	流白：	[ləu²²]	[lɛu²²]
咸：	[hɐm²²]	[hɐm²²]；	心：	[səm²¹]	[sɛm²¹]
盐：	[iɛm²²]	[iɛm²²]；	深：	[tçʰiəm²¹]	[tçʰiɛm²¹]
根：	[kən²¹]	[kɛn²¹]；	寸：	[tʰən³⁵]	[tʰɛn³⁵]

2. 老男和青男都有短促的阳入调［5］，相对来说，老男阳入字更多，青男这些字更多的归入阴入调［41］，也有个别归入其他调。

	老男	青男		老男	青男
席：	[tʰiaʔ⁵]	[tʰia⁴¹］；	撒：	[tɕʰiɛʔ⁵]	[tʰɛ³⁵］；
特：	[hɛʔ⁵]	[hɛ⁴¹］；	拨：	[peiʔ⁵]	[pɛi⁴¹]
辣：	[laiʔ⁵]	[lai⁴¹］；	末：	[meiʔ⁵]	[mɛi⁴¹]
缚：	[pʰyɔʔ⁵]	[pʰyɔ⁴¹］；	镯：	[tʰɔʔ⁵]	[tʰɔ⁴¹]

邵 武 话

一 调查点概况

邵武市属南平市代管市，位于南平市境西北部。东邻南平建阳区，西接江西省，南接建宁县、泰宁县、将乐县、顺昌县，北部与光泽县交界。东经117°2′—117°52′，北纬26°55′—27°35′。本调查点以市政府驻地昭阳街道为主，兼及附近的通泰街道、水北街道、晒口街道。

全市人口约30万人，其中汉族为主，约占98.1%，回、畲、苗、彝、布衣、满、壮、水、朝鲜、藏、高山、土家等少数民族约占1.9%，约4000人。境内通行邵武话，属于闽语邵将方言。内部可以分为城关、洪墩、和平、金坑等4种口音：①城关口音通行于水北、城郊、沿山、吴家塘、拿口等乡镇的广大地区，称之为"邵武话"。②洪墩口音通行于洪墩镇和张厝乡一部分地区，拿口镇一部分地区。③和平口音通行于和平、大埠岗、肖家坊、桂林等乡镇和张厝乡部分地区。④金坑口音只在西部一小块地区使用。

本市主要有三角戏及傩舞。三角戏为邵武传统戏剧。剧本都是取材于汉族劳动人民的日常生活，语言生动风趣，颇受群众欢迎。

邵武话是2016年福建省语保点。由武夷学院教师谢建娘全程记录整理。

二 方言发音人概况

方言老男李昭渝，汉族，1964年6月出生于昭阳街道。小学文化程度。已退休。

方言青男沈俊，汉族，1982年1月出生于邵武市通泰街道。初中文化程度。就职于邵武市天华竹制品厂。

方言老女官寿玉，汉族，1953年10月出生于邵武市晒口街道。小学文化程度。已退休。

方言青女谢丽，汉族，1981年1月出生于邵武市水北街道。大学本科文化程度。就职于邵武市实验小学新天地分校。

口头文化发音人有李昭淦、杨家茂，都是邵阳街道人。

地普发音人有沈俊（通泰街道）、杨家茂、李昭淦，除加注外，都是邵阳街道人。

三 邵武话音系

（一）声母

邵武话有20个声母（包括零声母）：

表1 邵武话声母表

p 八兵风白	pʰ 派片爬病飞白蜂白肥白饭白	m 麦明问文	f 飞文风文副蜂文肥文饭文灰活	v 软月县云
t 多东张竹装白	tʰ 讨天文甜文毒早白草寸清字贼坐全谢抽拆茶抄初床	n 脑南年泥热		l 老蓝连路
ts 资早文租酒争装文	tsʰ 刺文		s 刺白丝三酸想祠事山双	
tɕ 柱文纸主	tɕʰ 车春		ɕ 船顺手书十城	
k 高九	kʰ 开轻共权	ŋ 熬	h 天文甜文柱白好响	
ø 味问白安温王用药				

说明：

1. [v]是唇齿浊擦音。唇齿接触较轻，摩擦和浊音有时很不明显。本次调查的老男有时读音和零声母中[u]起头的近似，有时甚至相同，如"味"[uei³⁵]、"问"[uən³⁵]。本次调查以老男实际读音为准。

2. ［tɕ、tɕʰ、ɕ］舌位偏前，有时近似［tʃ、tʃʰ、ʃ］。［tɕ、tɕʰ、ɕ］来自古章、知母，与来自古精、庄组的［ts、tsʰ、s］有明显对立，如："想"［sioŋ⁵⁵］≠ "上"［ɕioŋ⁵⁵］，"息"［si⁵³］≠ "式"［ɕi⁵³］，"四"［si²¹³］≠ "试"［ɕi²¹³］。

3. ［h］为清喉擦音，在与［e、y］或［e］起头的韵母相拼时舌位偏前，如："恨"［hen³⁵］、"住"［hy³⁵］。

4. ［h］与［tʰ］可自由变读，如"头"，可读［həu⁵³］，也可读［tʰəu⁵³］，"豆"可读［həu³⁵］，也可读［tʰəu³⁵］，在日常生活中更常用［h］母。

（二）韵母

邵武话有 48 个韵母（包括声化韵 ŋ）：

表 2　邵武话韵母表

ɿ 丝	i 米试戏二七一锡文	u 苦谷六白	y 猪雨橘六文绿局
a 茶牙白白	ia 靴写	ua 瓦	
ə 师节文北直色白文		uə 国	
e 矮	ie 排白鞋八热节白月		ye 刮文
o 歌坐文托壳学	io 药尺	uo 过郭	
ɯ 姆			
ai 排文辣		uai 快刮白	
əi 开赔活			
		uɛi 阔	
ei 对飞出		uei 鬼骨	
oi 坐白			
au 宝饱	iau 笑桥		
ɔu 豆走文			
ou 流救	iou 油		
ŋ 五			

续表

	in 深年白春云升病文星文十		yn 均军
an 南塔鸭法锡白		uan 关惯弯	
ən 心新寸急		uən 滚	
en 根灯硬文争星白横文	ien 盐年文接贴		yen 权
on 山半短盒		uon 官	
		uŋ 东	
aŋ 横白病白	iaŋ 兄白	uaŋ 梗	
oŋ 糖床双讲	ioŋ 响硬白	uoŋ 王用	
	iuŋ 兄文		

说明：

1. ［əi］与［ei］分得十分清楚，音值稳定，不相混，如"匹"［pʰei⁵³］≠"发"［pʰəi⁵³］，"会"［fei³⁵］≠"活"［fəi³⁵］。

2. ［ioŋ］与［iuŋ］音值稳定，分得十分清楚，如"娘"［nioŋ³³］≠"浓"［niuŋ³³］，"荣"［ioŋ³³］≠"羊"［iuŋ³³］。

3. ［uoŋ］与［uŋ］音值稳定，分得十分清楚，如"光"［kuoŋ²¹］≠"公"［kuŋ²¹］。

4. 在本次的调查条目中，［e］韵只有一个"矮"字，［uɛi］韵只有一个"阔"字，［ɯ］韵只有一个"姆"字，［uaŋ］韵只有一个"梗"字。

（三）声调

邵武话有6个单字声调（不包括轻声）：

阴平 21　　东该灯风通开天春
阳平 33　　门龙牛油铜皮白红
上声 55　　懂古鬼九统苦讨草买老五有动白近白
阴去 213　　冻怪半四痛快寸去
阳去 35　　卖路硬乱洞地饭树动文罪近文后六文麦叶月毒白盒罚
入声 53　　谷百搭节急哭拍塔切刻皮文六白糖

说明：

1. 阴平［21］有时降得不十分明显，近似低平调。

2. 阴去［213］在连读时，有时只降不升，调值近似阴平调［21］，如"畏丑（害羞）"［vi²¹tɕʰiou⁵⁵］、"气色（气味）"［kʰi²¹sə⁵³］。

3. 古平声清声母字今邵武一般读阴平，个别读入声，如"猫"［mau⁵³］、"巾"［kin⁵³］；古平声次浊、全浊声母字今邵武大多读阳平，少数读入声，如"皮"［pʰei⁵³］、"床"［tʰoŋ⁵³］、"年"［nin⁵³］、"蚕"［tʰon⁵³］。古上声清声母和次浊声母字今邵武一般读上声，个别读入声，如"饼"［piaŋ⁵³］、"李"［sə⁵³］；古上声全浊声母字今邵武读阳去。古去声清声母字今邵武一般读阴去，个别读入声，如"刺"［sə⁵³］，古去声次浊、全浊声母字今邵武一般读阳去，个别读入声，如"曝"［pʰu⁵³］。古入声清声母字今邵武读入声；古入声次浊、全浊声母字今邵武一般读阳去，个别读入声，如"肉"［ny⁵³］、"闸"［tsa⁵³］、"贼"［tʰə⁵³］。

4. 入声读音比较短，同舒声调有明显的区别。入声没有塞音韵尾，一般读开尾韵或元音尾韵，有的入声字收鼻音韵尾，如"盒"［hon³⁵］、"接"［tsien⁵³］、"立"［lən³⁵］、"床"［tʰoŋ⁵³］等。

（四）连读变调说明

邵武方言的变调受语音环境的制约，是由前后音节的声调互相影响而发生的。邵武方言两字组的变调有前字变和后字变。简要说明如下：

1. 阴平在阳去之后变为入声调53，这种变调不很稳定，有的词有时不变，没有规律，主要看讲话人的习惯及语言环境而定，如：柿花（柿子）［sə³⁵fa²¹］、蜜蜂［mi³⁵pʰiuŋ²¹］。

2. 上声在阴平、阳平、上声之后，属偏正、并列、动补结构的，后字变为中平调33。这种变调不很稳定，有的词有时不变，没有规律，主要看讲话人的习惯及语言环境而定，如：烧酒（白酒）［ɕiau²¹tsou⁵⁵］、白果（银杏）［pʰa³³kuo⁵⁵］。上声在阴平、阳平之后，属主谓、动宾结构的，后字不变调，如：针灸［tɕin²¹kou⁵⁵］、拉屎（拉屎）［lai³³ɕi⁵⁵］。

3. 阴去在各声调前不论什么结构，前字一般变为低降调21，跟单字阴平同调。

4. 阴去位于前字口语都读成21调，跟单字阴平同调。这是邵武方言后字轻声化的一个重要表现。本书后字阴去一律写成21调。

表3　邵武话两字组连读变调规律表

前字＼后字	阴平 21	阳平 33	上声 55	阴去 213	阳去 35	入声 53
阴平 21	—	—	33	—	—	—
阳平 33	—	—	33	—	—	—
上声 55	—	—	33	—	—	—
阴去 213	21	21	21	21　21	21	21
阳去 35	53	—	—	—	—	—
入声 53	—	—	—	—	—	—

表4　邵武话两字组连读变调举例

阴平＋上声 [21 55→33]	开水 kʰai sei	烧酒_{白酒} ɕiau tsou	
阳平＋上声 [33 55→33]	锣鼓 lo ku	苹果 pʰin kuo	黄酒_{红酒} fuŋ tsou
上声＋上声 [55 55→33]	滚水_{热水} kuən sei	水果 sei kuo	老酒_醋 lau sou
阴去＋阴平 [213→21 21]	供猪_{养猪} kiuŋ ty	菜刀 tʰə tau	
阴去＋阳平 [213→21 33]	面盆_{脸盆} min pʰən	酱油 tsioŋ iou	
阴去＋上声 [213→21 55]	畏丑_{害羞} vi tɕʰiou	做洗_{洗澡} tso sie	
阴去＋阴去 [213→21 213→21]	做戏_{演戏} tso hi		
阴去＋阳去 [213→21 35]	做饭 tso pʰən	正月 tɕiaŋ vie	
阴去＋入声 [213→21 53]	个百_{一百} kəi pa	气色_{气味} kʰi sə	外甥 uai saŋ
阳去＋阴平 [35 21→53]	月光_{月亮} vie kuaŋ	豆心_{豆腐} həu sən	

（五）老男和青男在音系上的主要区别

1. 老男阴去 [213] 在连读时，有时只降不升，调值近似阴平调 [21]，如：畏丑（害羞）[vi²¹ tɕʰiou⁵⁵]、气色（气味）[kʰi²¹ sə⁵³]。

2. 青男在发 [uŋ] 时音值不太稳定，有时听起来像 [oŋ]，老男则更为稳定。

三 明 话

一 调查点概况

三明市位于福建省中西部，东邻福州市，西接江西省，南接龙岩市、泉州市，北部与南平市交界。辖梅列、三元 2 区及明溪、清流、宁化、大田、尤溪、沙县、将乐、泰宁、建宁 9 县，永安 1 市。东经 117°30′—117°47′，北纬 26°16′—26°25′。本调查点为三明市政府驻地梅列区。

据 2017 年资料，梅列全区户籍人口 14.4 万。主要是汉族，洋山畲族村是区境内唯一的少数民族村，畲族 117 人。梅列话属于闽语闽中方言。梅列话口音与永安话较接近而与沙县话较远，与另一辖区三元话相比，个别韵母也存在差别。梅列话以列东、列西和徐碧三个街道办为核心区，洋溪和陈大两个镇的方言则与沙县话更接近些。

当地流行龙船调，边划龙舟边用梅列话或三元话演唱，铿锵有力，节奏感强，演唱能很好地配合划桨动作，推进前行的速度。除了端午节龙舟赛，一些民俗文化活动中也常常展示。

三明话是 2018 年国家语保点。由三明学院教师邓享璋全程记录整理。

二 发音人概况

方言老男邓凡烈，汉族，1950 年 11 月出生于梅列区。小学文化程度。长期在三明市轧钢厂工作至退休。

方言青男李扬毅，汉族，1987 年 10 月出生于梅列区。大学本科文化程度。就职于三明市三元区人民政府。

方言老女邓雪玉，汉族，1956 年 9 月出生于梅列区。高中文化程度。在徐碧村卫生所工作。

方言青女胡璇，汉族，1987 年 3 月出生于梅列区。大学本科文化程度。从事会计工作。

口头文化发音人有黄铨模、邓雪梅（女）、庄赛娇（女）、罗锦祯、邓凡烈，都是梅列区人。

地普发音人有魏铭燕、黄国炳、高青年，都是梅列区人。

三 三明话音系

(一) 声母

三明话有19个声母（包括零声母）：

表1 三明话声母表

p 八兵爬病飞白肥饭	pʰ 派片蜂	m 麦明问白		v 味云用
t 多东甜毒白张竹	tʰ 讨天毒白抽拆	n 脑南泥		l 老蓝连路
ts 资早租酒字坐全谢白茶争白装	tsʰ 刺草寸清贼抄初床文		s 丝三酸祠谢文事文床白双十	
tʃ 柱文争文纸主	tʃʰ 拆文车春手		ʃ 飞文想事白山船顺书城响县	
k 高九共权	kʰ 开轻	ŋ 熬年热软月	h 风副好灰活文	
ø 问文活白安温王药				

说明：

1. m、n、ŋ 在非鼻化韵前往往带同部位的浊塞音 b、d、g。例如：米 mᵇi³¹、脑 nᵈaɯ³¹、鱼 ŋᵍy⁵¹。这里统一记为前者。

2. tʃ、tʃʰ、ʃ 声母不与 i 韵外的齐齿呼韵母相拼。

3. ia 韵母前的 k、kʰ 声母实际音值是硬腭的 c、cʰ。

4. 零声母音节开头多有喉塞音ʔ。

5. 有 v 声母，能拼读 i、ɛ、ɛ̃i 和 ã 等韵母。拼读其他辅音声母时，这些韵母有 y 介音，分别为 yi、yɛ、yɛ̃i 和 yã。前者可能是老男的个人发音特征，后者同于其他发音人。

（二）韵母

三明话有 39 个韵母（包括声化韵 m、ŋ）。

表2　三明话韵母表

ɿ 师十试白试文	i 米戏二丝文直文锡文急文	u 苦五雨白壳谷	y 猪雨文六绿局
a 节白北直白七一橘白锡白色	ia 开文		
ɒ 茶牙饱辣文塔鸭学文白白	iɒ 写		
œ 豆走			
e 排鞋丝白急白接贴八节文	iɛ 业	ue 赔对白快坐白开白飞白短	yɛ 月
o 活文法刮辣白	io 热	uo 瓦活白	
			yi 飞文鬼出
ɯ 歌过盒郭学白靴笑尺	iɯ 桥药		
		uei 对文骨国	
aɯ 坐文宝托			
ɑu 都所鹿	iɑu 油		
m̩ 王			
ŋ̍ 半官横			
ã 心新双东云用深升	iã 金	uã 寸滚	yã 春
ɛ̃ 根文灯星争文	iɛ̃ 硬		yɛ̃ 山
ɔ̃ 南病争白兄	iɔ̃ 厅		

续表

ɛi 扁片	iɛi 盐年		yẽi 根₀权
ɐm 糖讲床响	iɐm 亮		

说明：

1. ɯ 与 aɯ 互补，ɯ 出现于 k、kʰ、h、ŋ、Ø 声母后，aɯ 出现于其他声母后。

2. 单元音韵母 ɯ 舌位偏前，接近 ɘ。

3. 韵母 ɛi 有 æi 变体。

（三）声调

三明话有 6 个单字声调：

阴平 44　东该灯风通开天春洞_{老鼠}~

阳平 51　门龙牛油铜皮糖红

阴上 31　懂古鬼九统苦讨草买老五有

阳上 254　动罪近后六麦叶月毒₀白盒罚

去声 33　冻怪半四痛快寸去卖路硬乱洞_地~地饭树毒_文

入声 213　谷百搭节急哭拍塔切刻

说明：

1. 阳平调 51 和阴上调 31 除了高降和中降的区别，前者降的坡度更大。阴上调 31 有 41 变体。

2. 阳上调 254 是个凸调，升的时长长于降的部分，有 24 变体。

3. 古全浊声母上声字和古浊声母入声字今读合流，该调类命名为阳上或阳入均可，这里与永安、沙县等其他闽中方言一样，将该调类称为阳上调。

（四）连读变调

三明梅列话的连读变调后字一般不变调（少数变读轻声）。前字一般变调：不论后字何调，前字阴平、阳平、阳上变读 31，阴上变读 12，去声变读 43，入声变读 25。

表3　三明话两字组连读变调规律表

前字＼后字	阴平44	阳平51	阴上31	阳上254	去声33	入声213
阴平44	31	31	31	31	31	31
阳平51	31	31	31	31	31	31
阴上31	12	12	12	12	12	12
阳上254	31	31	31	31	31	31
去声33	43	43	43	43	43	43
入声213	25	25	25	25	25	25

表4　三明话两字组连读变调举例

阴平＋阴平［44-31 44］	单身 tŋ ʃã	工工每天 kã kã	观音 kŋ iã
阴平＋阳平［44-31 51］	经常 kiã ʃɐm	车轮 tʃʰɒ luã	番鲍南瓜 hŋ pu
阴平＋阴上［44-31 31］	番酒早烟 hŋ tsiɐu	供豨养猪 kyã kʰyi	骹爪爪子 kʰo tso
阴平＋阳上［44-31 254］	姑丈姑父 ku tiɐm	官历历书 kŋ liŋ	鸡卵鸡蛋 ke ʃyɛ̃
阴平＋去声［44-31 33］	青菜 tsʰɔ̃ tsʰa	天气 tʰiɜ̃ kʰi	冬至 tã tsɿ
阴平＋入声［44-31 213］	山北 ʃyɛ̃ pa	亲戚 tsʰã tsʰi	中国 tã kuei
阳平＋阴平［51-31 44］	成痧中暑 ʃɔ̃ sɒ	厨官厨师 ty kŋ	床单 tsʰɐm tŋ
阳平＋阳平［51-31 51］	锄头 tʰy tʰœ	茶壶暖水瓶 tsɒ hu	祠堂 sɿ tɐm
阳平＋阴上［51-31 31］	熬酒江米酒 ŋɯ tsiɐu	蚕子蛋 tsʰɐm tsa	肥桶马桶 puei tʰã
阳平＋阳上［51-31 254］	棉被 mɛi pʰuɛ	茶箬茶叶 tsɒ ŋiŋ	皮卵松花蛋 pʰuɛ ʃyɛ̃
阳平＋去声［51-31 33］	黄豆 m tœ	入去进去 i kʰɯ	名字 miɔ̃ tsi
阳平＋入声［51-31 213］	何隻哪个;谁 hɒ tʃɒ	人客客人 nã kʰɒ	镰铁镰刀 lɛi tʰe
阴上＋阴平［31-12 44］	扁担 pɛ̃ tã	鼎间厨房 tiɔ̃ kɛ̃	发寒患疟疾 po kŋ
阴上＋阳平［31-12 51］	本钱 puã tsɜi	倒眠睡 tau mã	斧头 pu tʰœ
阴上＋阴上［31-12 31］	长老和尚 tiɐm lɐɯ	耳子耳朵 na tsa	狗牯公狗 œ ku
阴上＋阳上［31-12 254］	扁食馄饨 pɛi sɿ	懒惮 lɛ̃ tɛi	老弟弟弟 lɐɯ te
阴上＋去声［31-12 33］	祖厝祠堂 tsau tʃʰɯ	打泻拉肚子 tŋ siŋ	短裤 tuɛ kʰu

续表

阴上+入声 [31-12 213]	狗虱跳蚤 œ ʃa	两隻 liɛm tʃɒ	屎窟屁股 sʅ kʰuei
阳上+阴平 [254-31 44]	落包忘记 laɯ po	目珠眼睛 mu tʃy	药汤汤药 iɯ tʰɛm
阳上+阳平 [254-31 51]	动棋下棋 tã ki	奉承 hã ʃã	落来下来 laɯ la
阳上+阴上 [254-31 31]	白酒 pɒ tsiau	背手左手 puɛ tʃʰau	栗子 li tsa
阳上+阳上 [254-31 254]	白日 pã ŋi	落雨下雨 laɯ hu	搦脉诊脉 nɒ ma
阳上+去声 [254-31 33]	白面妓女 pɒ mẽi	旱地 hŋ ta	合算 hɯ sŋ
阳上+入声 [254-31 213]	第一 ti i	臼窟臼 kʰu kʰuei	目汁眼泪 mu tsʅ
去声+阴平 [33-43 44]	暗边傍晚 m pɛi	菜刀 tsʰa tau	唱歌 tʃʰɛm kɯ
去声+阳平 [33-43 51]	拜堂 pa tɛm	半暝半夜 pŋ cm̃	大门 to muã
去声+阴上 [33-43 31]	菜馆 tsʰa kŋ	二两 ŋi liɛm	面粉 mẽi huã
去声+阳上 [33-43 254]	二十 ŋi sʅ	四户 si hu	闹热热闹 no ŋio
去声+去声 [33-43 33]	病妹害喜 põ muɛ	豆腐 tœ hu	放屁 pã pʰuei
去声+入声 [33-43 213]	跳索跳绳 tʰiɯ sauɯ	自杀 tsʅ sɒ	做客 tsauɯ kʰɒ
入声+阴平 [213-25 44]	七分 tsʰi huã	福州 hu tʃau	北方 pa hm
入声+阳平 [213-25 51]	出来 tʃʰyi la	腹脐肚脐 pu tsʰa	铁锤 tie tʰui
入声+阴上 [213-25 31]	跌鼓丢脸 te ku	腹里里面 pu ti	铁锁 tie sauɯ
入声+阳上 [213-25 254]	吸石磁铁 ʃi ʃɯ	八十 pe sʅ	七户 tsʰi hu
入声+去声 [213-25 33]	出去 tʃʰyi kʰɯ	柏树 pɒ tʃʰy	客店 kʰɒ tẽ
入声+入声 [213-25 213]	腹急生气 pu ke	隔壁邻居 kiɒ piɒ	七百 tsʰi pɒ

（五）青男和老男在音系上的主要区别

老男有 v 声母，青男没有 v 声母。老男 v 声母能拼读 i、ɛ、ɛ̃i 和 ã 等韵母，这些韵母青男有 y 介音，分别为 yi、yɛ、yɛ̃i 和 yã。v 声母应该是老男的个人发音特征。

阳上调 254 是个凸调，老男有 24 变体，青男还有 241 变体。

永 安 话

一 调查点概况

永安市属三明市代管市，位于三明市境南部。东邻大田县，西接清流县、连城县，南接漳平市，北部与明溪县、三明三元区交界。东经116°56′—117°47′，北纬25°33′—26°12′。本调查点主要是燕西街道，以及相邻的燕南街道和曹远镇。

全市人口约33万，其中畲族约4400人，回族近500人。永安话属于闽语闽中方言，在永安市辖区内大致分为四种口音：①永安市区口音，包括市区四个街道办、贡川镇、曹远镇、洪田镇、上坪乡、小陶镇、大湖镇、西洋镇的大部分，青水畲族乡的大部分，槐南乡的一部分；②大湖镇的岭后口音；③安砂镇的安砂口音；④罗坊乡的罗坊口音。另有槐南话与大田县的广平话、沙县湖源话、尤溪县新桥话连片，这些方言属于闽中方言与闽南方言的过渡型方言。

本市的方言曲艺主要有永安山歌，地方戏有大腔戏、木偶戏、打黑狮、安贞旌鼓等。

永安话是2017年国家语保点。由三明学院教师邓享璋全程记录整理。

二 发音人概况

方言老男李绵纲，汉族，1945年9月出生于永安市贡川镇，1948年搬迁至现燕南街道黄历村，并长期生活于此。高中文化程度。1980年1月至1999年8月在永安城郊公社、茅坪乡、燕南街道工作，1999年9月退休。

方言青男刘兴灿，汉族，1981年1月出生于燕西街道。大学本科文化程度。就职于永安第十中学。

方言老女廖丽园，汉族，1953年6月出生于燕西街道。初中文化程度。已退休。

方言青女邓小琳，汉族，1978年6月出生于曹远镇。大学本科文化程度。就职于永安第十二中学。

口头文化发音人有俞彩光（曹远镇）、黄银英（女，曹远镇）、赖光赵（燕西街道）、邓上通（曹远镇）、余振浪（燕西街道）。

地普发音人有余振浪（燕西街道）、邓上通（曹远镇）、邓上杰（曹远镇）。

三 永安话音系

（一）声母

永安话有 17 个声母（包括零声母）：

表1 永安话声母表

p 八兵爬病飞白肥白饭	pʰ 派片蜂白	m 麦明问白	
t 多东甜毒文张竹	tʰ 讨天毒白抽拆白柱白		l 老蓝连路脑南泥
ts 资早租字坐全茶争白装纸文	tsʰ 刺草寸清贼拆文抄初床文春		s 丝三酸祠床白事文山双顺十
tʃ 争文纸白主酒谢白柱文	tʃʰ 车手		ʃ 飞文肥文想谢文事白船书城响县
k 高九共权	kʰ 开轻	ŋ 年热软熬月	h 风副蜂文好灰活文
∅ 味问文活白安温王云用药			

说明：

1. 与韵母 um 相拼的 p、pʰ 实际上是"鼻腔塞音"。pum、pʰum 发音时双唇自始至终紧闭不开，在 p、pʰ 成阻后紧跟着发 um，口腔鼻腔一起发生共鸣，呼出的气流经口腔在唇部受阻后从鼻腔流出。

2. m 和 ŋ 在非鼻化韵前往往带同部位的浊塞音 b 和 g。例如：米 mᵇi²¹、鱼 ŋᵍy³³。

3. 舌叶音 tʃ、tʃʰ、ʃ 逢细音分别接近舌面音 tɕ、tɕʰ、ɕ。

（二）韵母

永安话有 40 个韵母（包括声化韵 m）：

表 2　永安话韵母表

ɿ 师试十	i 米戏二丝_文_急_文_七一直_文_锡_文_橘	u 苦五雨_白_壳谷	y 猪雨_文_六绿局
a 贴八节_白_北色直_白_锡_白_白_文_	ia 开_文_		ya 热
ɒ 茶牙塔鸭白_白_	iɒ 写	uɒ 瓦法辣刮活	
e 排鞋丝_白_接急_白_节_文_	ie 业	ue 坐_白_开_白_赔对快飞_白_短骨国	ye 月
ø 豆走			
o 饱			
			yi 飞_文_鬼出
ɯ 歌过郭	iɯ 靴桥笑药尺		
aɯ 坐_文_宝盒托学			
ɒu 赌奴	iau 油		
m 暗		um 山半官王横	ym 含_白_咸_~菜_
	ĩ 根_文_灯硬星争_文_		
ã 心新病_文_	iã 深升	uã 寸滚春云根_白_	
ɑ̃ 双东			
õ 南争_白_病	iõ 兄		
ɛ̃i 年	iɛ̃i 盐	uɛ̃i 问_白_	yɛ̃i 权
ɑm 糖讲床	iɑm 响		
ɐm 中龙	iɐm 用		

说明：

1. uɒ 的实际音值为 cu，这里记为前者，以与 ɒ、iɒ 对齐。

2. ɛi、iɛi、uɛi、yɛi 韵都有微弱的 -ŋ 韵尾。

3. ã、iã、uã 的韵腹舌位略高，分别近于æ̃、iæ̃和uæ̃。

4. ia 韵出现于 k、kʰ、ŋ 和 tʃ、tʃʰ、ʃ 声母后，与 a 韵的出现场合互补。iã 韵出现于 k、kʰ，tʃ、tʃʰ、ʃ 和零声母后，ã 韵也出现于零声母后，二者构成对立，例如：音 iã⁵²≠烟 ã⁵²。为寻求系统的整齐，a、ia 与 ã、iã 一样也各自立韵。

5. ɯ 与 aɯ 韵互补，前者出现于 k、kʰ、ŋ 声母后，后者出现于其他声母后，但音值差别较大，ɯ 韵又有与之相应的齐齿呼韵母 iɯ，所以把它们立为不同的韵。

6. um 韵逢 p、pʰ、h 声母可记为 m，发音时，舌根压低，口腔共鸣器较大；逢 t、tʰ、l、ts、tsʰ、s、k、kʰ 声母时读前者，二者互补，这里记为前者。

7. m 韵的实际音值为 ʔm，与 m（这里记为 um）构成对立。例如：行_银 ~ ʔm³³ ≠ 王横 m³³。也可单独设立 ʔm 声母，以凸显与声母的不同，但 ʔm 声母只用于 m 韵，声母后的 m 韵这里标记为 um，已起到区别的作用，不设立 ʔm 声母可以减少声母的数量。

（三）声调

永安话有 6 个单字声调：

阴平 52　东该灯风通开天春

阳平 33　门龙牛油铜皮糖红

阴上 21　懂古鬼九统苦讨草买老五有

阳上 54　动罪近后六麦叶月毒白盒罚

去声 24　冻怪半四痛快寸去卖路硬乱洞地饭树

阴入 13　谷百搭节急哭拍塔切刻

说明：

阳上调的调值较短促。

（四）连读变调

永安话的连读变调比较简单，后字一般不变调。

前字的变调规律是：阴平、阴上变同阳平调，阳上变同阴上调，入声变出新调 44，去声或变同阴上调、或变为 44，阳平不变调。

表3　永安话两字组连读变调规律表

前字＼后字	阴平 52	阳平 33	阴上 21	阳上 54	去声 24	阴入 13
阴平 52	33	33	33	33	33	33
阳平 33	—	—	—	—	—	—
阴上 21	33	33	33	33	33	33
阳上 54	21	21	21	21	21	21
去声 24	44	44	44	44	44	44
阴入 13	44	44	44	44	44	44

表4　永安话两字组连读变调举例

阴平+阴平　[52－33 52]	中秋 tɐm tʃʰiau	工工天天 kã kã	观音 kum iɛ̃i
阴平+阳平　[52－33 33]	中南 tɐm lõ	车轮 tʃʰiɒ luã	工钱 kã tsɛ̃i
阴平+阴上　[52－33 21]	中古 tɐm ku	包子 po tsã	窗子 tʰɐm tsã
阴平+阳上　[52－33 54]	中道 tɐm tau	官历历书 kum liɒ	供豨养猪 kiɐm kʰyi
阴平+去声　[52－33 24]	中共 tɐm kɐm	冬至 tã tsɿ	车碓 tʃʰiɒ tue
阴平+阴入　[52－33 13]	中国 tɐm kui	包黍玉米 po ʃy	鸡角公鸡 ke ku
阴上+阴平　[21－33 52]	好心 hauɯ sã	扁担 pĩ tõ	点心 tĩ sã
阴上+阳平　[21－33 33]	好人 hauɯ lã	本钱 puã tsɛ̃i	斧头 pu tʰø
阴上+阴上　[21－33 21]	好纸 hauɯ tʃya	倒尾末尾 tauɯ mue	耳子耳朵 lã tsã
阴上+阳上　[21－33 54]	好药 hauɯ iɯ	旅社 ly ʃiɒ	懒惮懒 lõ tɛ̃i
阴上+去声　[21－33 24]	好处 hauɯ tʃʰy	祖厝祠堂 tsɒu tʃʰiɯ	打算 tɒ sum
阴上+阴入　[21－33 13]	好笔 hauɯ pi	狗虱跳蚤 ø ʃia	火索闪电 hue sauɯ
阳上+阴平　[54－21 52]	后朝后天 hø tiɯ	目珠眼睛 mu tʃy	后生年轻 hø sõ
阳上+阳平　[54－21 33]	后门 hø muã	奉承 hã ʃiã	旱塍旱地 m tsʰĩ
阳上+阴上　[54－21 21]	后脑 hø lauɯ	白果银杏 pɒ kɯ	李子 ʃia tsã
阳上+阳上　[54－21 54]	后社 hø ʃiɒ	白日白天 pɒ ɲi	户隊门槛儿 hu tɛ̃i
阳上+去声　[54－21 24]	后代 hø tue	合算 hauɯ sum	旱地 m ti

续表

阳上+阴入 [54-21 13]	后福 hø hu	目汁 _眼泪_ mu tsɿ	第一 ti i
去声+阴平 [24-44 52]	电灯 tɛi tī	唱歌 tʃʰiam kɯ	菜干 _干菜_ tsʰa kum
去声+阳平 [24-44 33]	电鱼 tɛi ŋy	拜堂 pa tã	挂瓶 kuɒ pī
去声+阴上 [24-44 21]	电表 tɛi piɯ	面嘴 _脸_ mẽi tse	麺粉 mẽi huã
去声+阳上 [24-44 54]	电力 tɛi li	厝柱 tʃʰiɯ tʰiau	裤截 _短裤_ kʰu tsa
去声+去声 [24-44 24]	电器 tɛi kʰi	放屁 pã pʰue	对面 tue mẽi
去声+阴入 [24-44 13]	电压 tɛi ɒ	汗褙 _背心_ hum tɒ	教室 ko sɿ
阴入+阴平 [13-44 52]	腹饥 _肚子饿_ pu kye	搭墟 _赶集_ tɒ ʃy	得知 _知道_ ta ti
阴入+阳平 [13-44 33]	腹脐 _肚脐_ pu tsa	镢头 _锄头_ kiɯ tʰø	出来 tʃʰyi la
阴入+阴上 [13-44 21]	腹屎 _肚子_ pu sɿ	橘子 ki tsã	隻把 _个把_ tʃiɒ pɒ
阴入+阳上 [13-44 54]	腹疾 _肚子疼_ pu tsi	七月 tsʰi ŋye	乞食 _乞丐_ kʰye ie
阴入+去声 [13-44 24]	腹裏 _肚子里面_ pu lui	客店 kʰɒ tɛi	出去 tʃʰyi kʰɯ
阴入+阴入 [13-44 13]	腹急 _生气_ pu ke	隔壁 kɒ piɒ	一切 i tsʰe

（五）青男和老男在音系上的主要区别

1. 青男比老男多了一个韵母 ui，该韵母来自古蟹摄、止摄、臻摄入声、曾摄入声的合口韵字，老男则没有 ui 韵母，与来自果摄、蟹摄、止摄、山摄入声字的白读层同读 ue 韵母。于是，以下各字青男不同音，老男同音并读 ue 韵母：块 kʰui²⁴ ≠ 快 kʰue²⁴，危 ui⁵² ≠ 歪 ue⁵²，屁 pʰui²⁴ ≠ 配 pʰue²⁴，杯 pui⁵² ≠ 飞 pue⁵²，随 sui³³ ≠ 螺 sue³³。

2. 青男将老男的一些 ɐm 韵母字读为 ɑm 韵母，例如：中 tɑm⁵²（老男 tɐm⁵²），雄 hɑm³³（老男 hɐm³³），龙 lɑm³³（老男 lɐm³³）。

3. 青男将老男的 pum 音节读为无声母，例如：饭半 um²⁴（老男 pum²⁴），搬分 um⁵²（老男 pum⁵²），盘 um³³（老男 pum³³）。

4. 青男将老男的 ã 韵母读为 ãŋ 韵母。例如：红 hãŋ³³（老男 hã²⁴）。

沙 县 话

一　调查点概况

沙县属三明市辖县，位于三明市境东部偏北。东邻南平延平区、尤溪县，西接明溪县、三明梅列区，南接大田县，北部与将乐县、顺昌县交界。东经117°32′—118°06′，北纬26°06′—26°41′。本调查点为凤岗街道、虬江街道。

截至2019年底，全县户籍人口26.65万，其中汉族约26万。常住人口22.8万。沙县话以城关凤岗街道的口音为代表，多数乡镇的话和城关话大同小异，通行无阻。近年受普通话影响明显。县境之内与城关话有明显差别的有：①湖源话：通行于湖源乡，与尤溪县新桥话、大田县后路话、永安市槐南话大同小异，是一个闽南话和闽中话过渡地带的混合型方言。②青州话：通行于青州镇，是闽北话和闽中话的过渡方言。③夏茂话：通行于夏茂镇，受到顺昌话、将乐话的一些影响。方言岛主要有闽南话、客家话和尤溪话方言岛。全县范围有如下方言岛：①比较集中的闽南方言岛有数十个，如青州镇的洽湖村、富口镇的岩地村和凤岗街道西霞村的南丰自然村。使用人口一万多人。②客家话方言岛分布在夏茂镇东街村的砂坑自然村、富口镇的郭墩村等地，多为早年从闽西长汀、连城等县移民而来，俗称"汀州人"，多住在半山腰的村落。使用人口近二千人。③在县东部和尤溪县交界的一些村落如郑湖乡箭的坑村、大炉村，南阳乡的华村，以及富口镇的土桥自然村等，通行的是尤溪话。使用人口一千多人。

当地有用沙县话演唱的肩膀戏和乡下口音演唱的小腔戏。前者为沙县特有的地方戏，后者也在闽中方言区的永安等地通行。

沙县话是2018年福建省语保点。由三明学院教师邓享璋全程记录整理。

二　发音人概况

方言老男徐肇敏，汉族，1948年12月出生于沙县凤岗镇。大学文化程度。

已退休。

方言青男陈静，汉族，1982 年 4 月出生于沙县虬江街道。中专文化程度。2015 年 9 月至今在沙县担任婚庆主持。

方言老女魏明娥，汉族，1959 年 11 月出生于沙县凤岗街道。高中文化程度。已退休。

方言青女吴娟娟，汉族，1989 年 8 月出生于沙县凤岗街道。大专文化程度。就职于沙县广播电视台。

口头文化发音人有杨伟健、罗彩屏（女）、邓阿美（女，虬江街道）、张阿土、范朝汉、张德川（高砂镇），除加注外，都是凤岗街道人。

地普发音人有杨伟健、罗彩屏、邓阿美（女，虬江街道），除加注外，都是凤岗街道人。

三　沙县话音系

（一）声母

沙县话有 21 个声母（包括零声母）：

表 1　沙县话声母表

p 八兵爬病飞_白肥饭	p^h 派片蜂	b 麦明	m 问_白	
t 多东甜毒_文张竹	t^h 讨天毒_白抽拆_白柱_白	l 脑泥老路	n 南蓝连	
ts 资早租字坐全争装纸	ts^h 刺草寸清贼拆_文抄初床_文			s 丝三酸祠事_文山双顺十城县
tʃ 酒谢_白茶柱_文主	$tʃ^h$ 车春手			ʃ 飞_文想谢_文事_白船床_白书响
k 高九共权	k^h 开轻	g 熬热活_白云王	ŋ 安温问_文	x 风副好灰活_文
∅ 味用药月			ȵ 年软	

说明：

1. ɓ、ɠ 的实际音值分别为 ᵐb、ᵑg。ɓ、ɠ 声母成阻部位有时闭合很松，有时读成纯鼻音。

2. ɓ、l、ɠ 和 m、n、ŋ 的出现环境互补，前者拼非鼻化韵，后者拼鼻化韵。ŋ 与 ȵ 的出现环境也形成互补，ŋ 拼读开口呼和合口呼的鼻化韵，ȵ 拼读齐齿呼和撮口呼的鼻化韵。

3. tʃ、tʃʰ、ʃ 拼读齐齿呼和撮口呼韵母。

4. 齐齿呼韵母前的 k、kʰ 声母实际音值是硬腭的 c、cʰ。

（二）韵母

沙县话有35个韵母：

表2 沙县话韵母表

ɿ（ɤ）师 试白 试文 十（汁执）	i（e）米 丝文 戏 直文（急七一橘 锡文）	u（o）苦 五 雨白（壳谷）	y（ø）猪 飞文 刘白~门齿 八 绿局（雨文 鬼出）
a 牙 塔 鸭 学文 白白	ia 茶 写	ua 瓦 法 辣 活白 活文 刮	ya 热
ɛ（ɜ）排 鞋 丝白（贴八节白）	ie（iɛ）业（拨 节文）	ue（uɛ）坐井白 赔 对白 快白 飞白（短）	yɛ（yɛ）月（血 决）
o（ɔ）歌 过 笑白 盒 学白（宝托郭尺）	io（iɔ）靴 笑文 桥 药（脚约）		
	iu（io）油（丑）	ui（ue）对文（骨 国）	
ai 开文 节白 北 直白 色 锡白 白文	uai 快文		
au 饱 豆 走	iau 了 晓 翘 饺		
ɑ̃ 根文 灯 硬 争文 星	iẽ 二 盐 年 险	uẽ 山 半 官 寸 滚 横	yẽ 权 卷 根白
ɔ̃ 南 争白 病白	iɔ̃ 兄		
ŋ̍ 光 黄			

续表

	iŋ 响	
aŋ 糖床_白床_文讲		uaŋ 王
ɛiŋ 心深_白深_文新云升病_文	iɛiŋ 英仁引印	yɛiŋ 用
œyŋ 春		
ɔuŋ 双东		

说明：

1. 括号中的韵母出现于阴上调或入声调，括号外的韵母出现于其他声调，二者互补。前者的韵腹元音开口大一度，通常称作"变韵"。如：猪 tʃy³³、雨_文 ø²¹、出 tʃʰø²¹²。

2. 有的韵母有韵腹或韵头元音开口度增大的变体，如：iu→iou，iŋ→iəŋ，iẽ→iɛ̃，iē→iɛ̄，uē→oē，oẽ→ɔɛ̃，ɔ̃→ɒ̃，iɔ̃→iɒ̃。"鬼"的韵母 ø 有 ɤø 的变体，"权根"的韵母 yē 近于 ɤø。

3. 有的韵母有鼻音韵尾弱化的变体，如：ɛiŋ→ɛ̃i、iɛiŋ→iɛ̃i、uɛiŋ→uɛ̃i、yɛiŋ→yɛ̃i、ɔuŋ→ɔ̃u。

4. oē 韵的发音，ē 的时长比 o 长。

（三）声调

沙县话有 6 个单字声调：

阴平 33　　东该灯风通开天春洞_{老鼠~}

阳平 31　　门龙牛油铜皮糖红

阴上 21　　懂古鬼九统苦讨草买老五有

阳上 53　　动罪近后六麦叶月毒白盒罚

去声 24　　冻怪半四痛快寸去卖路硬乱洞_{地~}地饭树

阴入 212　 谷百搭节急哭拍塔切刻

说明：

1. 阴上 21 和阳上 53 的绝对时长短于其他调类。

2. 阴上 21 和阳上 53 为降调，后者的斜度大于前者。

3. 阳平 31 的起点有时比阴平 33 高些，可记为 41。

4. 古全浊声母上声字和古全浊声母入声字合流，该调类命名为阳上或阳入均可，而且这些字发音时有喉塞尾 ʔ，似乎称呼为阳入更有道理。为了减少韵母的数量，这里我们把ʔ看成声调短促的因素，将该调类称为阳上调。当然，也有专家认为阳上调只是音节开头略有些紧喉色彩。

（四）连读变调

沙县话的连读变调比较简单，后字一般不变调。前字的变调规律是：

1. 阴平字、阳平字在前，不论后字何调均变为44。
2. 阴上字、入声字在前，后字为阴平、阳平、阴上、入声时变为55；后字为阳上、去声时变为44。
3. 阳上字在前，不论后字何调均变为21。
4. 去声字在前，后字为阴平、阳平、阴上、入声时变为21；后字为阳上、去声时变为44。

表3　沙县话两字组连读变调规律表

前字＼后字	阴平33	阳平31	阴上21	阳上53	去声24	阴入212
阴平33	44	44	44	44	44	44
阳平31	44	44	44	44	44	44
阴上21	55	55	55	44	44	55
阳上53	21	21	21	21	21	21
去声24	21	21	21	44	44	21
阴入212	55	55	55	44	44	55

表4　沙县话两字组连读变调举例

阴平+阴平 [33-44 33]	山东 suī tɔuŋ	天星_星星_ tʰiē soɛ̃	天光_天亮_ tʰiē kŋ
阴平+阳平 [33-44 31]	山城 suī sɛiŋ	清明 tsʰiŋ bɛiŋ	鸡嬷_母鸡_ kie ba
阴平+阴上 [33-44 21]	山口 suī kʰau	烧水_热水_ tsʰo ʃy	骹爪_爪子_ kʰau tsau
阴平+阳上 [33-44 53]	山下 suī a	官历_历书_ kuē lia	新历_阳历_ sɛiŋ lia
阴平+去声 [33-44 24]	山寨 suī tsie	天气 tʰiē kʰi	冬至 tɔuŋ tsʅ
阴平+阴入 [33-44 212]	山北 suī pai	鸡角_公鸡_ kie ko	骹节_猪蹄_ kʰau tsai

续表

阳平+阴平 [31-44 33]	南山 nõ suĩ	台风 tai xɔuŋ	洋灰 水泥 iŋ xue
阳平+阳平 [31-44 31]	南平 nõ pɛiŋ	洋油 煤油 iŋ iu	年头 年初 ȵiẽ tʰau
阳平+阴上 [31-44 21]	南海 nõ xai	苹果 pɛiŋ kɔ	年尾 年底 ȵiẽ buɛ
阳平+阳上 [31-44 53]	南极 nõ ki	萝卜 lo pai	蝴蝶 xu tie
阳平+去声 [31-44 24]	南面 nõ mĩ	时份 sʅ xuẽ	松树 tsœŋ tʃʰiu
阳平+阴入 [31-44 212]	南国 nõ kue	黄粟 ŋ ʃø	条桌 案子 tau tsɔ
阴上+阴平 [21-55 33]	水东 ʃy touŋ	滚汤 开水 kuẽ tʰaŋ	牡丹 bo tuẽ
阴上+阳平 [21-55 31]	水南 ʃy nõ	以前 i tsʰiẽ	起来 kʰi lai
阴上+阴上 [21-55 21]	水井 ʃy tsɔ̃	冷水 nœ̃ ʃy	早起 早上 tso kʰi
阴上+阳上 [21-44 53]	水稻 ʃy to	以后 i xau	老历 阴历 lo lia
阴上+去声 [21-44 24]	水路 ʃy lu	水圳 水沟 ʃy tsœŋ	柳树 liu tʃʰiu
阴上+阴入 [21-55 212]	水塔 ʃy tʰa	火索 闪电 xue sɔ	狗虱 跳蚤 au sai
阳上+阴平 [53-21 33]	十分 sʅ xuĩ	被单 pʰuɛ tuẽ	目珠 眼睛 bu tʃiu
阳上+阳平 [53-21 31]	十人 sʅ lɛiŋ	日头 太阳 ȵiẽ tʰau	石头 ʃiɔ tʰau
阳上+阴上 [53-21 21]	十两 sʅ liŋ	着火 tiɔ xuɛ	木耳 bu i
阳上+阳上 [53-21 53]	十户 sʅ xu	落雨 下雨 lo xu	白日 白天 pa ȵiẽ
阳上+去声 [53-21 24]	十四 sʅ si	日昼 中午 ȵiẽ tau	上去 ʃiŋ kʰo
阳上+阴入 [53-21 212]	十八 sʅ pɛ	白鸽 pa kɔ	目汁 眼泪 bu tsɤ
去声+阴平 [24-21 52]	四方 si xŋ	暗边 傍晚 aŋ piẽ	地方 ti xŋ
去声+阳平 [24-21 33]	四围 si y	昼时 上午 tau sʅ	烂泥 nuẽ le
去声+阴上 [24-21 21]	四两 si liŋ	露水 su ʃy	大水 洪水 tua ʃy
去声+阳上 [24-44 53]	四户 si xu	麺食 馄饨 miẽ sʅ	快活 高兴 kʰue gua
去声+去声 [24-44 24]	四季 si ky	扫厝 扫地 sau tsʰo	豆腐 tau xu
去声+阴入 [24-21 212]	四角 si ko	自杀 tsʅ sa	豆荚 豇豆 tau kiɛ
阴入+阴平 [212-55 33]	七分 tsʰi xui	腹饥 饿 pu kye	结婚 kie xuẽ
阴入+阳平 [212-55 31]	七人 tsʰi lɛiŋ	屋前 外面 u tsʰiẽ	出来 tʃʰy lai
阴入+阴上 [212-55 21]	七两 tsʰi liŋ	煞尾 末尾 sua buɛ	屋底 里面 u ti

阴入+阳上 [212-44 53]	七户 tsʰi xu	吸石磁铁 si ʃio	乞食乞丐 kʰie ʃie
阴入+去声 [212-44 24]	七寸 tsʰi tsʰuĩ	屋上上面 u ʃiŋ	出去 tʃʰy kʰo
阴入+阴入 [212-55 212]	七百 tsʰi pa	桌篦抽屉 tso lo	腹脊背部 pu tʃia

（五）青男和老男的主要区别

语音方面。受普通话影响，年轻一代产生不少新读。如：如果 y⁴⁴kɔ²¹→lu⁴⁴kɔ²¹，靴 ʃio³³→ʃye³³，雪 siɛ²¹²→ʃiɛ²¹²→ʃyɛ²¹²（=血）。一些异读消失。如："柱"丢失 tʃy²⁴支~的文读音，"对"丢失 ty²⁴~门齿;门牙的白读音。

词汇方面。如：呼称"爸爸"，老派说"俺爹ɔ̃⁴⁴ta³³"；中派说"俺爸ɔ̃⁴⁴pa³³"；青派说"爸爸 pa³³pa³³"。中派说法介于老派和青派之间。

语法方面。处置句，青派多用"把""拿"等介词，受了普通话影响。

长 汀 话

一 调查点概况

长汀县属龙岩市辖县，位于龙岩市境西北部。东邻清流县、连城县，西接江西省，南接武平县、上杭县，北部与宁化县交界。东经116°00′—116°39′，北纬25°18′—26°02′。本调查点为县政府驻地汀州镇。

全县人口约53万人，其中汉族占99.79%；另有畲、壮、苗、彝等25个民族，共1000多人，占0.21%。长汀境内通行长汀话，属于客家方言。馆前镇的黄泥湖村是唯一一个畲族聚居地，均为蓝姓。其余少数民族居民散居各乡镇，所有少数民族群众均使用当地汉语方言。

长汀县曲艺有"唱古文""说书"（即南词、北词说唱），均多年未曾活动。2017年正积极申报非物质文化遗产项目。地方戏以"汉剧"为主，曾经演过"说书戏"。

长汀话是2016年福建省语保点。由中山大学博士研究生黄淑芬全程记录整理。

二 方言发音人概况

方言老男周存，汉族，1948年3月出生于汀州镇，并长期生活于此。大专文化程度。已退休。

方言青男黄启翔，汉族，1984年9月出生于汀州镇。大专文化程度。就职于中国人民寿险公司。

方言老女许玉华，汉族，1950年11月出生于汀州镇，初中文化程度。已退休。

方言青女官凌云，汉族，1986年2月出生于汀州镇。大学本科文化程度。在长汀县新闻中心工作。

口头文化发音人有郭如淮、胡师辉、萧炳正，都是汀州镇人。

地普发音人有许玉华（女）、李淑华（女）、吴剑华，都是汀州镇人。

三　长汀话音系

（一）声母

长汀话有20个声母（包括零声母）：

表1　长汀话声母表

p 八兵飞白	pʰ 派片爬病肥白饭	m 麦明问	f 飞文风副蜂肥文	v 味县白温干
t 多东	tʰ 讨天甜毒	n 脑南年泥热		l 老蓝连路
ts 资早租酒争装	tsʰ 刺草寸清字贼坐全祠谢白拆茶抄初		s 丝三酸想谢文事床山双	
tʃ 张竹纸主九	tʃʰ 抽柱车春轻共白权		ʃ 船顺手书十城响	
k 高	kʰ 共文	ŋ 熬安	h 开好灰活	
∅ 软月县文云用药				

说明：

1. 声母 v 逢开口呼韵母时摩擦较轻，逢合口呼韵母时摩擦较重。
2. tʃ 组声母拼洪音韵母时是典型的舌叶音，拼细音韵母时接近于舌面音 tɕ 组。

（二）韵母

长汀话有31个韵母（包括声化韵ŋ̍）：

表2　长汀话韵母表

ɿ 师丝	i 雨米戏二飞文急七一橘局文	u 苦猪谷
ʅ 试十直		
a 茶牙塔鸭法白白尺	ia 写锡	ua 瓦刮

续表

ɒ 宝饱	iɒ 笑桥	
e 飞_白接贴八热节出北色	ie 月	ue 开赔对快国
o 歌坐过靴盒活托郭壳学	io 药	
		ui 鬼骨
ai 排鞋辣白_文		
əɯ 豆走六	iəɯ 油绿局_白	
ŋ̍ 五	iŋ 盐年权	uŋ 短官
aŋ 南山半硬争_白横	iaŋ 病兄_白	uaŋ 宽
əŋ 双_白兄_文东	iəŋ 用	
eŋ 心深根新寸春灯升争_文星	ieŋ 云	ueŋ 滚
oŋ 糖床王双_文讲	ioŋ 响	

说明：

1. 舌面单元音韵母有 [a]、[e]、[ɒ]、[o]、[i]、[u]，共 6 个。前响复合元音韵母有 [ai]、[əɯ]。韵母 [əɯ] 和 [iəɯ] 的韵尾有弱化的倾向。

2. [a] 以及以 [a] 为主要元音的韵母舌位偏央。

(三) 声调

长汀话有 5 个单字声调（不包括轻声）：

阴平 33　　东该灯风通开天春买有动_白罪_白近

阳平 24　　门龙牛油铜皮糖红谷百搭节急哭拍塔切刻六

阴上 42　　懂古鬼九统苦讨草老五

阴去 55　　冻怪半四痛快寸去洞_文

阳去 21　　卖路硬乱洞_白地饭树动_文罪_文后麦叶月毒白盒罚

说明：

1. 阴上 [42] 较短促。

2. 阴去 [55] 有时读为降调 [54]，例如：破、货、裤、菜、制、片、盖、系、灶。《客赣方言调查报告》（1992）一律记成 54。[54] 和 [55] 为自由变体。

（四）连读变调说明

长汀城关方言两字组连读变调的规律主要为：前字变调为主，前字阴平 [33] 在阳平、阳去前都变调为 [21]，前字阴去 [55] 在阴平、阳平、阳去前都变为 [42]，前字阳去 [21] 在阴平、阴上、阴去前都变为 [33]。阳平和阴上的变调以后字声调为条件，较为复杂：前字阳平 [24] 在阴平前变为 [55]，在阳平、阴去前变为 [33]；前字阴上 [42] 在阴平、阳去前变为 [24]，在阳平、阴去前变为 [21]，在阴上前变为 [33]。后字变调集中在阳去 [21]，在阳平和阴上前都变成 [42]，在阴平、阴去、阳去前不变调。

表3　长汀话两字组连读变调规律表

后字 前字	阴平 33	阳平 24	阴上 42	阴去 55	阳去 21
阴平 33	—	21	—	—	21
阳平 24	55	33	—	33	42
阴上 42	24	21	33	21	24
阴去 55	42	42	—	—	42
阳去 21	33	—	33	33	—

表4　长汀话两字组连读变调举例

阴平 + 阳平 [33 - 21 24]	天时 tʰiŋ ʃʿ	星宿 seŋ siə	乌云 vu ieŋ
阴平 + 阳去 [33 - 21 21]	新历 seŋ li	街路 tʃc lu	旱地 hŋ tʰi
阳平 + 阴平 [24 - 55 33]	洋灰 ioŋ hue	雷公 lue kəŋ	河溪 ho hæ
阳平 + 阳平 [24 - 33 24]	煤油 ioŋ iə	出来 te læ	割禾 kue vo
阳平 + 阴去 [24 - 33 55]	田塅 tʰiŋ kʰoŋ	芹菜 teŋ tsue	梨哩 ti le
阳平 + 阳去 [24 21 - 42]	黄豆 voŋ tʰə	名字 miaŋ tsʰʿ	坪地 pʰiaŋ tʰi
阴上 + 阴平 [42 - 24 33]	水窝 ʃu vo	草儿 tsʰɒ tɒ	老家 lɒ ka
阴上 + 阳平 [42 - 21 24]	水田 ʃu tʰiŋ	纸钱 tʃʿ tsʰiŋ	以前 i tsʰiŋ
阴上 + 阴上 [42 - 33 42]	滚水 kueŋ ʃu	讲古 koŋ ku	铲草 tsʰaŋ tsʰɒ

续表

阴上 + 阴去 [42 - 21 55]	屎窖 ʃʅ kɒ	姊妹 tsi mue	早季 tsɒ tʃi
阴上 + 阳去 [42 - 24 21]	小麦 siɒ ma	扁食 piŋ ʃʅ	讲事 koŋ sʅ
阴去 + 阴平 [55 - 42 33]	暗晡 oŋ pu	灶下 tsɒ ha	碓臼 tue tʃʰiə
阴去 + 阳平 [55 - 42 24]	做屋 tso vu	电筒 tiŋ tʰəŋ	胖谷 pʰaŋ ku
阴去 + 阳去 [55 - 42 21]	笑话 siŋ fa	相貌 sioŋ mɒ	放学 pioŋ ho
阳去 + 阴平 [21 - 33 33]	落山 lo saŋ	月光 ie koŋ	背书 pʰue ʃu
阳去 + 阴上 [21 - 33 42]	落种 lo tʃɤŋ	落雨 lo i	汋水 mi ʃu
阳去 + 阴去 [21 - 33 55]	上背 ʃoŋ pue	下昼 ha tʃɤ	饭店 pʰuŋ tiŋ

（五）老男和青男在音系上的主要区别

老男和青男在音系上的主要区别在于单元音韵母和复合元音韵母的交替，流摄和通合三入声字老男读为［əɯ］［iəɯ］韵，青男读为［ə］［iə］韵。调查中发现老派中也有［ə］［iə］的读法，但语保老男有较明显的 -ɯ 尾，故按实际语音记录。

老男清上和次浊上合流读为阴上，调值为 42；浊去和浊入、一部分全浊上读为阳去，调值为 21。新派已将老派阳去与阴上混同，调值为 31。

连 城 话

一 调查点概况

连城县属龙岩市辖县，位于龙岩市境北部。东邻永安市，西接长汀县，南接上杭县、龙岩新罗区，北部与清流县为界。东经116°32′—117°11′，北纬25°13′—25°26′。本调查点为县政府驻地莲峰镇。

全县常住人口24.8万人，户籍人口33.3万人。境内通行连城话，属于客家方言，但内部分歧复杂。根据有无入声，入声是否分阴阳以及声韵母的差异，连城话大体可分为以下六个小片，互相通话有一定困难。

1. 城关小片。以县城话为代表，通行于莲峰镇，以及文川乡、北团乡的部分村，人口约5万人。其语音特点是：古浊塞音、塞擦音今读送气音；古全浊、次浊上声字部分读阴平，如坐、马、懒等字；古来母三等字部分声母读 t，不读 l，如梨、留、两、六等；有乡下话没有的韵母 ɯ；有五个声调，古入声与去声合并。

2. 城周小片。通行于县城周围数十里的农村，人口约12万人。包括三种口音：①北部以罗坊话为代表；②西部以中曹话为代表；③南部以文亨话为代表。其语音特点是：古浊塞音、塞擦音今读送气音；古来母字部分声母读 t，不读 l，与城关话同；əɯ 和 aŋ 韵母的字多；有七个声调，入声分阴阳。南北两种口音有 y 韵母，西部口音有 i 和 ei 韵母，还有其他地方没有的声母。

3. 下南小片。以新泉话为代表，通行于新泉乡、庙前乡，还有朋口乡的部分村，人口约6.4万。其语音特点是：古浊塞音、塞擦音一般读送气音；古全浊上声字部分读阴平；古来母三等字部分声母读 t；韵母 a 的字多，其次是 u；有七个声调，入声分阴阳。

4. 四堡小片。以雾阁话为代表。通行于四堡乡和北团乡等地，人口约1.7万人。其语音特点是：古浊塞音、塞擦音一般读送气音；古次浊上声字部分读阴平；古来母三等字部分声母读 t；有七个声调，入声分阴阳。最大特点是 n 与 l

不分，ɔ 与 o 有别。

5. 姑田小片。以中堡话为代表。通行于姑田乡和曲溪乡等地，人口约 2.1 万人。其语音特点是：古浊塞音、塞擦音今读不送气音；古全浊、次浊上声字今读上声；古来母三等字读 l；韵母系统与文亨话靠近，多 əɯ 和 aŋ 韵母；有六个声调，入声不分阴阳。古清音声母入声字今读阳去。阴平调为低升调。

6. 赖源小片。以下村话为代表。通行于赖源乡、莒溪乡和曲溪乡等地，人口约 8000 人。其语音特点是：古浊塞音、塞擦音今读不送气音；古全浊、次浊上声字今读上声；古来母三等字读 l；多单元音 o 和 ə；有六个声调，入声不分阴阳，古清音声母入声字今读阳去。

连城话是 2017 年国家语保点。由闽江学院教师唐若石全程记录整理。

二　方言发音人概况

方言老男童文晓，汉族，1959 年 9 月出生于莲峰镇，中小学均就读于城关，大专文化程度。1978—1994 年曾短期在县内乡镇工作，1994 年以后一直在莲峰镇。

方言青男李安泰，汉族，1983 年 2 月出生于莲峰镇，函授大专，上杭电力有限公司司机。

方言老女童银兰，汉族，1960 年 1 月出生于莲峰镇，大专文化程度，已退休。

方言青女陈川，汉族，1982 年 2 月出生于莲峰镇，大专文化程度，目前就职于连城县教育局。

口头文化发音人有李治燨、黄香文、童源章、黄筱琦（女）、童蓉（女），都是莲峰镇人。

地普发音人有童月蓉（女）、罗小雄、林炎春，都是莲峰镇人。

三 连城话音系

（一）声母

连城话有 20 个声母（包括零声母）：

表 1　连城话声母表

p 八兵飞白	pʰ 派片爬病肥白饭	m 麦明问	f 飞文风副蜂肥文船顺灰活	v 味县温王云
t 多东	tʰ 讨天甜毒	n 脑南年泥软		l 老连蓝
ts 资早租酒争装	tsʰ 刺草寸清字贼坐全祠谢拆茶抄初		s 丝三酸想事床山双	
tʃ 张竹纸主	tʃʰ 抽柱车城文		ʃ 手书十城白响	
k 高久	kʰ 春轻共权	ŋ 热软熬月	h 开好	
∅ 路安用药				

说明：

v 不与合口呼相拼，如：云 vaiŋ²², 卫 vi³⁵、滑 va⁵³。

（二）韵母

连城话有 31 个韵母（包括声化韵 ŋ）：

表 2　连城话韵母表

	i 米戏二飞文接急热节月一橘	
a 山半辣	ia 夹	ua 快刮
	iɛ 猪雨	uɛ 苦谷
e 排鞋年贴八	ie 盐	ue 权
o 茶牙瓦塔鸭法活白尺	io 写	uo 飞白短官骨北色国锡

续表

ɯ 歌坐过盒托郭壳学		
		uei 开赔对
ɯə 师丝七试十		
ɯi 鬼		
əɯ 豆走出六绿	iəɯ 油药局	
au 宝饱	iau 笑桥	
ŋ 五		
aŋ 南硬横	iaŋ 病	
əŋ 双兄东	iəŋ 用	
oŋ 糖响床王讲	ioŋ 想	
aiŋ 心深根新寸云灯升争星		uaiŋ 滚春
eiŋ 金人经	ieiŋ 音印引	

说明：

1. uɛ 只与舌根音相拼，且舌位靠前，带有撮口色彩，音近于 yɛ；不同发音人情况有别，因无对比，这里暂把 yɛ 处理成 uɛ 的音位变体。如：古 kuɛ^{212}、苦 kuɛ^{212}、谷 kuɛ^{212} 等。

2. o、io 的后面有个轻微的 u，今省略。

3. au、iau 主要元音 a 开口度略小。

4. ɯə 只与舌尖前音 ts、ts^h、s 和舌叶音 tʃ、tʃ^h、ʃ 拼合。

5. ie 韵末尾有个轻微的 i，今省略。

6. aiŋ、eiŋ 中的 i 是过渡音，较短、较弱。且 aiŋ 中 a 的开口度较小，接近于 ɛ。

7. ŋ 可独立成音节（即声化韵），仅出现于白读音中，如：五 ŋ^{213}、唔 ŋ^{35} 等。

（三）声调

连城话有 5 个单字声调（不包括轻声）：

阴平 433　东该灯风通开天春买_白有_白动_白

阳平 22　　门龙牛油铜皮糖红

阴上 212　懂古鬼九统苦讨草买_文老五有_文
阴去 53　冻怪半四痛快寸去麦叶月毒白盒罚
阳去 35　动_文罪近后卖路硬乱洞地饭树谷百搭节急拍塔切刻六

说明：

1. 阴平 433 开头，带有一点降调，而后有明显的平音延长，连读时只留下了平音。

2. 上声 212 是个降升调，但由于它在语流中因省力而变调为 21，所以发单字音时有时会套用变调而读为 21。有个体差异。

3. 阴去 53 是急促的全降调。

4. 语流中有轻声调 0，如结构助词"个"、语气词等。

（四）两字组连读变调规律

除阳平外，其余声调为前字的二字组连读时会产生变调，原则上前字依本调作划一的变调，并产生三种新调值：33、21、55。阴平 433 变读为平调 33；阴上 212、阴去 53 变读为低降调 21；阳去 35 变读为高平调 55，后字一般不变调。

表 3　连城话两字组连读变调规律表

后字＼前字	阴平 433	阳平 22	阴上 212	阴去 53	阳去 35
阴平 433	33	33	33	33	33
阳平 22	—	—	—	—	—
阴上 212	21	21	21	21	21
阴去 53	21	21	21	21	21
阳去 35	55	55	55	55	55

二字组连读变调示例：

表 4　连读话二字组连读变调举例

阴平 + 阴平〔433 - 33 433〕	单车 ta tʃʰo
阴平 + 阳平〔433 - 33 22〕	肩头 ke tʰɯ

续表

阴平 + 阴上 [433 - 33 212]	烧水 ʃau ʃiɛ
阴平 + 阴去 [433 - 33 53]	蚊帐 maiŋ tʃoŋ
阴平 + 阳去 [433 - 33 35]	鸡卵 ki luo
阴上 + 阴平 [212 - 21 433]	耳聋 ŋi ləŋ
阴上 + 阳平 [212 - 21 22]	转来 kue li
阴上 + 阴上 [212 - 21 212]	讲古 koŋ kuɛ
阴上 + 阴去 [212 - 21 53]	小气 siau kʰi
阴上 + 阳去 [212 - 21 35]	小说 siau ʃe
阴去 + 阴平 [53 - 21 433]	月光 ŋi koŋ
阴去 + 阳平 [53 - 21 22]	石头 ʃo tʰəɯ
阴去 + 阴上 [53 - 21 212]	蚀本 ʃi paiŋ
阴去 + 阴去 [53 - 21 53]	食药 meɯ iəɯ
阴去 + 阳去 [53 - 21 35]	喙角 huɯ kɯ
阳去 + 阴平 [35 - 55 433]	豆浆 tʰəɯ tsioŋ
阳去 + 阳平 [35 - 55 22]	后年 həɯ ne
阳去 + 阴上 [35 - 55 212]	大水 tʰa ʃiɛ
阳去 + 阴去 [35 - 55 53]	饭店 pʰa te
阳去 + 阳去 [35 - 55 35]	目汁 miɛ tʃɯ

（五）老男和青男在音系上的主要区别

韵母 əɯ 中的 ə 青男的开口较大，接近于 a。

上 杭 话

一　调查点概况

上杭县属龙岩市辖县，位于龙岩市境西南部。东邻龙岩新罗区、永定区，西接武平县，南接广东省，北部与长汀县、连城县交界。东经116°16′—116°57′，北纬24°46′—25°28′。本调查点为县政府驻地临江镇。

据2019年资料，全县人口约50万人。历史上，在客家先民移居闽西地区之前，该区域原本是畲族居住地，现在畲族人数仍占全县总人口的7.48%，此外还有回、壮、土家等其他少数民族。上杭县是闽西地区的纯客县之一，通行客家话。少数民族也使用客家话。

上杭话是2017年国家语保点。由厦门大学教师刘镇发全程记录整理。

二　发音人概况

方言老男张寿坤，汉族，1951年10月出生于临江镇，在当地读中小学，初中文化程度。已退休。

方言青男张勤福，汉族，1987年3月出生于临江镇，大专文化程度。就职于上杭县平安保险公司。

方言老女郭红玉，汉族，1959年3月出生于临江镇，高中文化程度。已退休。

方言青女方璐，汉族，1988年11月出生于临江镇，本科文化程度。就职于上杭县旧县中心小学。

口头文化发音人有张寿坤，临江镇人。

地普发音人有王勤福、张寿坤、郭红玉（女），都是临江镇人。

三　上杭话音系

（一）声母

上杭话有 25 个声母（包括零声母）：

表1　上杭话声母表

p 八兵飞	pʰ 派 片 爬 病 肥 饭	m 麦明味问	f 风副蜂灰活	v 县温王云
t 多东	tʰ 讨天甜毒	n 脑南泥		l 老蓝连路
ts 资早租竹争装纸主	tsʰ 刺草寸清祠拆茶柱抄初车春字贼坐		s 丝三酸事床山双船顺城书	
tʂ 占州	tʂʰ 唇		ʂ 鼠寿	
tɕ 九酒张	tɕʰ 全抽轻共权谢	ȵ 年热软月	ɕ 手十想响	ʑ 容染闰
k 高	kʰ 开	ŋ 熬	h 好	
∅ 安用药				

说明：

1. v 是唇齿音兼浊擦音，发音部位与 f 一样。v 主要是来源于古影、喻母合口字和少量匣母合口字变成零声母后 u 介音的唇齿化。

2. ȵ 是舌面鼻音，发音部位跟 tɕ、tɕʰ、ɕ 一样。来自古的泥、疑三四等和日母。

3. ŋ 是舌根鼻音，上杭话中这个声母主要来自中古的疑母。

（二）韵母

上杭话有 42 个韵母（包括声化韵 ŋ）：

表2　上杭话韵母表

ɿ 师丝试	i 雨米戏二	u 苦猪
a 排鞋		ua 快
ɒ 茶牙	iɒ 写	uɒ 瓦

续表

ɿ 哩	iɛ 笑桥豆	
	iɔ 走	uɔ 开赔对
	iu 油	ui 鬼
ei 飞		
au 饱		
ɔu 歌坐过宝	uɔi 靴	
ŋ̍ 五		
ã 南山		uã 关
ɔ̃ 硬争横	iɔ̃ 盐病	
ɛ̃ 根寸灯星	iɛ̃ 年权	
		uɔ̃ 短官滚
	iɔŋ 响	
əŋ 心深新春云双白升兄白东	iəŋ 用兄文	
oŋ 糖床王双文讲		
	iʔ 接急贴八白热节月七一橘直	
aʔ 盒塔鸭泼辣八文活	iaʔ 锡	uaʔ 刮
ɒʔ 白尺		
ɛʔ 北色		
	iɔʔ 药	
əʔ 谷六绿		
eʔ 十出		
oʔ 托郭壳学	ioʔ 局	uoʔ 骨国

说明：

1. 上杭话有元音共 15 个，数量非常庞大。元音分成两套：一套是没有鼻化的口腔元音，如 [a i u ɛ ɔ ɿ ə e o]，值得注意的是上杭话中虽然有 [u]，但是 [u] 并不单独使用，只能充当介音或韵尾，不能单独充当韵母或主要元音；[i] 既可以单独充当韵母，还可以作为介音使用。另外一套是鼻化元音 [ã ɔ̃ ɛ̃]。除此之外，还有一个舌尖元音 [ɿ]，在上杭城关话中只能拼舌尖前音 [ts tsʰ s] 这三个声母。

2. [ɒ] 是个后、低、圆唇元音，发音有时接近 [ɔ]，但因为两者并没有形成对立关系，所以仍然记为 [ɒ]。据调查，[ɒ] 主要来自中古的假摄。[ʉ] 是央、高、圆唇元音，只能单独作韵母，调查时发现 [ʉ] 在齿音声母后有时会裂化为 [əʉ]，但这种情况不是非常固定，类似于自由变体，由于两者并不构成对立关系，所以仍记作 [ʉ]。

3. [o] 是后、半高、圆唇元音，它不能独立存在，后面必须带后鼻音或者喉塞韵尾，如 [oŋ]、[oʔ]。[ə] 是央元音，它也是不可以单独使用的，后面必须有后鼻音 [-ŋ] 或者喉塞韵尾 [-ʔ]。

（三）声调

上杭话有 6 个单字声调（不包括轻声）：

阴平	44	东该灯风通开天春买有近白
阳平	21	门龙牛油铜皮糖红
上声	51	懂古鬼九统苦讨草老五动罪近文后卖路硬乱洞地饭树
去声	353	冻怪半四痛快寸去
阴入	32	谷百搭急节哭拍塔切刻六
阳入	35	麦叶月毒白盒罚

武 平 话

一 调查点概况

武平县属龙岩市辖县,位于龙岩市境西南部。东邻上杭县,西接江西省,南接广东省,北部与长汀县交界。东经115°51′—116°23′,北纬24°47′—25°29′。本调查点为县政府驻地平川镇。

截至2019年,全县人口约38万人,其中以汉族为主,少数民族人口很少。武平话属于客家方言,内部略有差异,可以大致分为平川、武南、武北、武东、武西5种口音。平川口音分布在平川、万安等乡镇以及城厢乡和中山镇的部分村落,使用人口9万多;武南口音分布在岩前、民主、下坝、中赤、象洞等乡镇,使用人口7.9万;武北口音分布在桃溪、永平、湘店、大禾等乡镇,使用人口7.4万;武东口音分布在十方、中堡、武东等乡镇,使用人口9.8万;武西口音分布在尔留乡,使用人口2.1万。

武平无方言曲艺或地方戏种类。

武平话是2015年福建省语保点,由龙岩学院教师李惠英记录整理。

二 发音人概况

方言老男修启康,汉族,1954年4月出生于平川镇,初中文化程度。已退休。

方言青男修海滨,汉族,1986年6月出生于平川镇,初中文化程度。2006年至今在村委会工作。

方言老女李德莲,汉族,1957年8月出生于平川镇,初中文化程度。已退休。

方言青女钟秀琴,汉族,1980年4月出生于平川镇,大专文化程度。1999年至今,前十年在武平县武装部工作,后在福建省广电网络公司武平分公司工作。

口头文化发音人有赵天连（女）、钟秋珍（女），都是平川镇人。

地普发音人有李福华、钟进基、李德连，都是平川镇人。

三 武平话音系

（一）声母

武平话有 21 个声母（包括零声母）：

表 1 武平话声母表

p 八兵飞_白	pʰ 派片爬病蜂_白肥_白饭_白	m 麦明味问	f 飞_文 副 肥_文 饭_文 书活	v 县温王云
t 多东	tʰ 讨天甜毒柱	n 脑南泥		l 老蓝连路
ts 资早租张竹争装纸主	tsʰ 刺草寸字贼坐祠拆茶抄初车春城		s 丝三酸事床山双船顺手十	
tɕ 酒九	tɕʰ 清全谢_{姓~}抽轻共_白权	ȵ 年热软月	ɕ 想谢_{多~}响	
k 高	kʰ 开_文共_文	ŋ 熬	h 风 蜂_文 开_白好灰	
ø 安用药				

说明：

1. 有明显的 v 母。

2. 有大量的 f 母字，包括古非组字和大部分晓母字，还有一些书母字和见组字。

3. 古见母、溪母部分字读如 h，如溪母字"渴"。部分古见组、溪母字读如 f，如溪母字"苦裤"。

（二）韵母

武平话有 43 个韵母（包括声化韵 ŋ）：

表 2　武平话韵母表

ɿ 师丝试	i 雨米对戏二飞	u 苦猪
a 茶牙瓦	ia 写	
ɑ 排鞋		uɑ 快
ɛ 豆走		uɜ 开赔
ɔ 宝饱	iɔ 笑桥	
e 睡鸡		
o 歌坐过		
	iu 靴油	ui 鬼
ŋ 五		
	iŋ 心新云星	uŋ 双文东
aŋ 南山半	iaŋ 盐权	
ɑŋ 硬争	iɑŋ 病兄	uɑŋ 横
ɛŋ 深根寸春灯升	iɛŋ 年	uɛŋ 短官滚
ɔŋ 糖床王双白讲	iɔŋ 响	
	iuŋ 用	
ɿʔ 食	iʔ 急七一	
aʔ 活法	iaʔ 接贴	uaʔ 刮
ɑʔ 盒塔鸭白尺	iɑʔ 锡	
ɛʔ 十直北色出	iɛʔ 八热节月	uɛʔ 骨国
ɔʔ 托郭壳学	iɔʔ 药	
uʔ 谷六绿	iuʔ 局	

说明：

1. 分前 a 和后 ɑ，两者不互补，在开齐合前都可拼。

2. 没有前鼻音 n，只有后鼻音 ŋ。前后鼻音不分这一点在青男中正在消失，古山摄一部分字青男可念为前鼻音 n，还有一些字则是前后鼻音皆可。

3. 有大量的 ɛ 及以 ɛ 为主要元音的韵，e 韵只管为数不多的几个字，其音值近于 [ɨ]。

4. u 的实际音值是 ʉ，用宽式国际音标统一记为 u，以 u 为主要元音的鼻音尾韵，u 的实际音值与 o 相近。

（三）声调

武平话有 6 个单字声调（不包括轻声）：

阴平 24　东该灯风通开天春买有动近

阳平 22　门龙牛油铜皮糖红

阴上 42　懂古鬼九统苦讨草老五后

去声 451　冻怪半四痛快寸去卖路硬乱洞地饭树罪

阴入 3　谷百搭节急拍塔切刻

阳入 4　六麦叶月毒白盒罚

说明：

1. 有阴平、阳平、阴上、去声、阴入、阳入六个声调，其中阴上和去声相类似，区别在于去声是曲折调。

2. 古上声字分化较大，古清上字归入今阴上，非常规整。部分古次浊和全浊上字读为今阴平，部分全浊上字则今读如去声。

3. 入声各分阴阳，都是促声，阴入起点稍低，阳入起点稍高。

（四）连读变调说明

武平话的两字组连读变调基本都是前字变调，后字不变调。

阴平在阴平前变读为 22，阴平在阳平前变读为 44，阳平在阳平前变读为 21，阴上在阳平、阴上前变读为 44，去声在阳平、去声前也变读成 44。

表 3　武平话两字组连读变调规律表

前字＼后字	阴平 24	阳平 22	阴上 42	去声 451	阴入 3	阳入 4
阴平 24	22	44	—	—	—	—
阳平 22	—	21	—	—	—	—
阴上 42	—	44	44	—	—	—
去声 451	—	44	—	44	—	—
阴入 3	—	—	—	—	—	—
阳入 4	—	—	—	—	—	—

连读变调词例如下：

阴平 + 阴平 ［24 - 22 24］　　　　山东 saŋ tuŋ

阴平 + 阳平 ［24 - 44 22］　　　　番茄 faŋ tɕʰiu

阳平 + 阳平 ［22 - 21 22］　　　　南平 naŋ pʰiŋ

阴上 + 阳平 ［42 - 44 22］　　　　往年 vɔŋ ȵiɛn

阴上 + 阴上 ［42 - 44 42］　　　　滚水 kuɛŋ fi

去声 + 阳平 ［451 - 44 22］　　　 四姨 sʅ i

去声 + 去声 ［451 - 44 451］　　　四面 sʅ miɛŋ

（五）老男和青男在音系上的主要区别

老男与青男的部分发音差异明显。如，古邪母、晓母的部分字（"徐、戏、袖"等），老男声母读为舌面送气清塞擦音［tɕʰ］，而青男读如舌面清擦音［ɕ］；又如"二、儿"等字，青男发音韵母为［ə］，音感与普通话接近。此类语音变化，反映出青派发音受共同语影响，部分趋近普通话。但表现为零散和随意性，目前尚未发现整齐的规律。

永 定 话

一 调查点概况

永定区属龙岩市辖区，位于龙岩市境南部。东邻龙岩新罗区、南靖县、平和县，西接上杭县、广东省。东经116°25′—117°05′，北纬24°23′—25°05′。本调查点为区政府驻地凤城街道。

截至2019年底，全区人口约49万，以汉族为主，还有畲、土家、苗、壮等其他少数民族，均为外地迁入，人口600余人，使用汉语。全区通行客家话，内部略有差别，大致可分为三种口音：①以区政府驻地凤城镇口音为代表的城关口音，包括凤城及城郊、金砂、西溪、仙师、峰市、洪山、湖雷、堂堡、合溪等乡镇，使用人口18.6万。②以北部坎市镇为代表的口音，包括坎市、高陂、虎岗、抚市、龙潭、培丰等，使用人口17.4万。③以南部下洋镇为代表的口音，包括下洋、湖坑、岐岭、陈东、湖山、古竹、大溪等乡镇，使用人口14.2万。各乡镇方言大同小异，通话一般不成问题。另有培丰镇孔夫、长流、岭东等村的方言比较特别，俗称"金字学"，或叫"鸡屎学"，今亦称"孔夫话"，接近闽南话。

永定客家山歌，是福建省第一批非物质文化遗产，曾流传于乡间，少见于城关地区。今已式微，传唱者甚少。

永定话是2016年国家语保点。由龙岩学院教师林丽芳、王咏梅、翁春全程记录整理。

二 方言发音人概况

方言老男吴宏裘，汉族，1954年9月出生于凤城街道，长期生活于此。初中文化程度。已退休。

方言青男江洪源，汉族，1986年9月出生于凤城街道。高中文化程度。就职于永定区凤城街道南郊社区。

方言老女吴美芹，汉族，1954年9月出生于凤城街道。高中文化程度。已退休。

方言青女熊金媛，汉族，1987年6月出生于凤城街道。大专文化程度。就职于永定区凤城街道办事处。

口头文化发音人有吴宏裘、吴庆强、郑焕营、吴红兰（女）、刘茂英（城郊镇），除加注外，都是凤城街道人。

地普发音人有熊汉兴、吴庆强、郑焕营，都是凤城街道人。

三　永定话音系

（一）声母

永定话有21个声母（包括零声母）：

表1　永定话声母表

p 八兵飞白	p^h 派片爬病蜂白肥饭白	m 麦明昧问白	f 飞文风副蜂文饭文活	v 问文县温王云
t 多东	t^h 讨天甜毒	n 脑南泥		l 老蓝连路
ts 资早租张竹柱争装纸土	ts^h 刺草寸清字贼坐祠拆茶抄初车春		s 丝三酸事床山双船顺书十城	
tɕ 酒九	$tɕ^h$ 全谢抽轻共权	ȵ 年热软月	ɕ 想响手	
k 高	k^h 开	ŋ 熬	x 好灰	
ø 安用药				

说明：

1. f 是个气流较强的唇齿擦音。

2. v 是个重浊唇齿擦音，上齿与下唇外侧咬合，但遇 u 韵时，偶有弱化倾向，有时唇齿接触不明显。

3. k 声母在 uei、ueŋ 等韵前，有时略带唇齿摩擦。

4. 由古喻母、影母、疑母、日母演变来的零声母字，有时起音带有紧喉摩擦成分。

（二）韵母

永定话有 54 个韵母（包括声化韵 m、ŋ）：

表 2　永定话韵母表

ɿ 师₂丝试	i 雨米戏飞	u 苦猪
a 茶牙瓦	ia 写	ua 挂瓜抓
	iɛ 县	
		uo 短
	iu 油	
ai 排师₂	iai 解₂戒	uai 快
ei 鞋对		uei 鬼
		uoi 开赔
au 饱		
ɔu 歌坐过宝	iɔu 靴	
əu 豆走	iəu 笑桥	
m̩ 五		
ŋ̍ 二		
ɛ̃ 新₂灯	ĩ 年权	
ã 南山半根争星	iẽ 盐	uã 官
ɔ̃ 糖床王讲	iɔ̃ 响	uɔ̃ 筐鼾
		uõ 竿按
	iŋ 浸人均兴	
aŋ 硬横	iaŋ 病兄₂	
eŋ 心深新₂寸春云升		ueŋ 滚
oŋ 双东	ioŋ 兄₂用	
	iʔ 立栗极	uʔ 谷
aʔ 白尺	iaʔ 锡	
eʔ 盒辣八活	eʔ 接贴	

ɛʔ 塔鸭法北色	iɛʔ 别铁雪	uɜʔ 刮
ɔʔ 托郭壳学	iɔʔ 药	uɔʔ 夺渴
	ieʔ 急热节月一橘	ueʔ 骨国
	iuʔ 局六绿	
eiʔ 十七出直		

说明：

1. a 在 a、ia、ua 中舌位偏央，实际音值接近 [ᴀ]，在 ai、uai、iai 中的音值为 [a]，在 au、aŋ、iaŋ 中舌位偏后，实际音值接近 [ɑ]。

2. u 舌位略低，唇形略开，音值趋近 [ʉ]。

3. ei、uei 中的 e 舌位略低，与 k、kʰ、x 相拼时尤为明显，音值接近于 [ɛ]。

4. ɜ、iɜʔ 中的 [ɜ] 与 aʔ、iaʔ 中的 [a]，有明显的音感差异，ɜ 舌位偏央略高，a 舌位较前较低。

5. iŋ 的实际音值接近 [ieŋ]。

6. 鼻化韵母 m 与 ŋ 在很多情况下可以自由变读。

（三）声调

永定话有 6 个单字声调（不包括轻声）：

阴平 24　　东该灯风通开天春买有
阳平 22　　门龙牛油铜皮糖红
上声 31　　懂古鬼九苦讨草老五动罪近后卖路硬乱洞地饭树
阴去 52　　冻怪半四痛快寸去统
阴入 32　　谷百搭节急哭拍塔切刻六
阳入 5　　 麦叶月毒白盒罚

说明：

1. 阴平 24，前段低平，尾端上扬，实际音值为 224。阳平 22，尾部微降，实际调值为 221。

2. 阴入 32，为低降促调。阳入 5，为高促调。

(四) 连读变调说明

1. 关于前字变调的说明。

永定话两字组的变调，绝大多数是前字变调后字不变调。变调产生了新调值：44、23、33、55。

阴平在阴平、阴去、阳入前变读为44；阳平在上声、阴去、阴入、阳入前变读为23；上声在上声、阴入前变读为33；阴去在上声、阴去、阴入前变读为55；其他两字组连读，调值没有明显变化。读慢时，也可不变调。

2. 关于后字变调的说明。

永定城关话声调多降调，语调也多显降势，一些字在词尾或句末时，其调值会发生变化。如：阳平22在句末常有明显降势，读成低降调21或低平11，阴去52在句末非重读音节时有时也可能读为31，阳入5有时会读成32。上述多见于语流中，表现不稳定。

较为常见的是上声31在后字或句末常变读为52，也可不变，尚看不出规律。如：

阳平 + 上声 ［22 31 - 52］　　爷哩 ia li　　聋耳 loŋ xm　　黄豆 võ tʰəu

表3　永定话两字组连读变调规律表

前字＼后字	阴平24	阳平22	上声31	阴去52	阴入32	阳入5
阴平24	44	—	—	44	—	44
阳平22	—	—	23	23	23	23
上声31	—	—	33	—	33	—
阴去52	—	—	55	55	55	—
阴入32	—	—	—	—	—	—
阳入5	—	—	—	—	—	—

表4　永定话两字组连读变调举例

阴平 + 阴平 ［24 - 44 24］	鸡公 公鸡 kei koŋ	担竿 扁担 tẽ kuõ	生意 sẽ i
阴平 + 阴去 ［24 - 44 52］	猪窦 猪圈 tsu təu	山背 山后 sẽ puoi	烧炭 səu tʰẽ
阴平 + 阳入 ［24 - 44 5］	开业 kʰuoi ȵiɛʔ	三月 sẽ ȵieʔ	新历 公历 seŋ lieʔ
阳平 + 上声 ［22 - 23 31］	黄酒 võ tɕiu	田坎 田埂 tʰiẽ kʰẽ	塘里 tʰɔ̃ li

续表

阳平+阴去 [22-23 52]	名气 miaŋ tɕʰi	河坝 xɔu pa	城裏 saŋ nei
阳平+阴入 [22-23 32]	牛骨 ŋəu kuʔ	橱桌 tsʰei tsɔʔ	年月 ȵiẽ ȵie
阳平+阳入 [22-23 5]	名额 miaŋ ȵiaʔ	磁石 tsʰɿ saʔ	茶叶 tsʰa ieʔ
上声+上声 [31-33 31]	狗牯公狗 kəu ku	滚水开水 kueŋ fi	地震 tʰi tseŋ
上声+阴入 [31-33 32]	水窟水坑儿 fi kʰuʔ	整日 tseŋ ȵieʔ	狗虱跳蚤 kəu sɛʔ
阴去+上声 [52-55 31]	戒指 tɕiai tsɿ	兔子 tʰu tsɿ	露水 lu fi
阴去+阴去 [52-55 52]	面帕毛巾 miẽ pʰa	尿布 ȵieu pu	下昼下午 xa tɕiu
阴去+阴入 [52-55 32]	裤脚裤腿 kʰu tɕiɔʔ	做屋盖房子 tsɔu vuʔ	背脊背 puoi kɛʔ

（五）老男与青男在音系上的主要区别

老男和青男在声韵调方面都略有差异。

1. 声调方面，声调分化略有不同。如，古去声的分化老男非常整齐：古清去今读去声，古浊去今归入上声；而青男受普通话影响，不少古浊去字读成高降调的阴去字。

2. 声母方面，古日母以及古疑母、泥母今读细音的部分字，老男读 ȵ，青男读成 l、n 或零声母，如"绕""染""验""业"等；有少许疑母今读洪音或声化鼻韵的字，老男读 ŋ 或 x，青男多读零声母或 v。

3. 韵母方面，老男无撮口，青男新增一组撮口呼韵 y、yɛ、yŋ、yeʔ，y 发音时唇略圆，舌位偏后稍低，实际音值为 ʏ；山摄三、四等韵部分字，老男读鼻化韵居多，青男有弱化现象，有不少字音鼻音已完全脱落，读为口音，青派新增的口元音单韵母 ɛ 疑源自此。

青男与老男声韵调方面的上述不同，代表了青年人与老年人的新老差异，反映了当下永定方言语音演变的一些轨迹。

明 溪 话

一 调查点概况

明溪县属三明市辖县，位于三明市境中西部。东邻沙县，西接建宁县，南接宁化县、清流县、永安市、三明三元区，北部与泰宁县、将乐县交界。东经116°47′—117°25′，北纬26°08′—26°39′。本调查点为县政府驻地雪峰镇。

截至2019年底，全县人口约12万人。明溪县有4镇5乡。明溪话通常指建县以来的政治文化经济中心雪峰镇话，属于客家方言，通行于城关乡、瀚仙镇、沙溪乡、胡坊镇、盖洋镇等大部分乡镇，使用人口3万多人。县境内方言较复杂的地区是东西两翼的3个乡。东部的夏阳乡所在地的方言，除了和城关话相同的特点之外，还和邻近的将乐、沙县的方言接近。西部的夏坊乡、枫溪乡由于历史上曾归属宁化，与宁化经济往来较多，方言也较接近宁化话。

明溪县夏阳乡有大腔戏，系从永安引进，一般只在夏阳乡演出。明溪县城较少地方戏演出。

明溪话是2017年国家语保点，由集美大学教师杨志贤记录整理。

二 方言发音人概况

方言老男傅立人，汉族，1949年7月出生于雪峰镇，并长期生活于此。大专文化程度。已退休。

方言青男杨慧敏，汉族，1985年12月出生于雪峰镇。大专文化程度。就职于明溪县雪峰镇城西村委会。

方言老女杨凤轩，汉族，1955年4月出生于雪峰镇。小学文化程度。

方言青女梁艺馨，汉族，1990年1月出生于雪峰镇。大专文化程度。就职于明溪县雪峰镇人民政府。

口头文化发音人有杨琳（女）、赖荷芬（女）、杨建平、廖毅红（女）、赖万宜、黄说，都是雪峰镇人。

地普发音人有廖毅红（女）、曾绍文、赖琼娟（女），都是雪峰镇人。

三　明溪话音系

（一）声母

明溪话有 19 个声母（包括零声母）：

表 1　明溪话声母表

p 八兵	pʰ 派片爬病飞₀蜂₀肥饭₀	m 麦明问₀	f 飞₀风副蜂₀饭₀活	v 味问₀安温王云
t 多东张竹装₀	tʰ 讨天甜毒抽拆₀			l 老蓝连路脑南年泥
ts 早₀租酒柱₀争装₀纸主	tsʰ 刺草寸清早₀贼坐全谢₀拆₀茶柱₀抄初床车春手城₀		s 丝二酸想字祠谢₀事山双船顺书城₀响	
tʃ 资	tʃʰ 池迟治试		ʃ 十	
k 高九	kʰ 开轻共权	ŋ 熬月热	x 好灰县	
∅ 用药软				

说明：

1. f 有时会接近于双唇清擦音 ɸ，尤其在 u 之前，例如"副、虎、壶"等。

2. ts、tsʰ、s 在与齐齿呼、撮口呼韵母相拼时发生腭化，由于不构成音位上的区别，本音系都记成 ts、tsʰ、s。

3. 个别 ts、tsʰ、s 声母发音倾向于 tʃ、tʃʰ、ʃ，例如"草、响、赎"等。

4. tʃ、tʃʰ、ʃ 一般只与 ɿ 相拼。有少数例外，如"善 [ʃaŋ]"字。

（二）韵母

明溪话有 42 个韵母（包括声化韵 m、ŋ）：

表 2　明溪话韵母表

ɿ 师丝试十	i 米戏二飞_文_	u 苦五走_白_谷	y 猪雨
a 开_文_排鞋贴	ia 写	ua 快	
e 接热直_白_		ue 坐开_白_赔对鬼	
ø 飞_白_月出			
ɤ 歌靴学尺	iɤ 药		
o 茶牙瓦辣活白			
	iu 油六绿局		
au 宝饱笑_白_	iau 笑_文_桥		
aø 豆走_文_			
m 姆			
ŋ 唔			
		ũ 山半官	
aŋ 南年硬横	iaŋ 病	uaŋ 关惯筐	
eŋ 心深_文_根新寸春云灯升争星	ieŋ 盐权	ueŋ 滚	
ɤŋ 深_白_双东	iɤŋ 兄用		
oŋ 糖响床王讲	ioŋ 亮浆想		
ɿʔ 直_文_	iʔ 急七一	uʔ 骨国	yʔ 律浴
aʔ 塔八		uaʔ 刮	
eʔ 节北色			
øʔ 决缺			
ɤʔ 盒托郭壳	iɤʔ 削约		
oʔ 鸭法			
	iuʔ 竹菊		

说明：

1. ɿ 和 tʃ、tʃʰ、ʃ 相拼时，音色近于 ʯ，今统一记为 ɿ。

2. ue 韵母里有些字听感上稍微接近 uei。

3. o 韵母里有些字实际发音开口度略大，接近 ɔ。

4. 个别 a 韵母的字，在听感上接近 ai。

5. aø 韵母中的 a 实际发音有时比较靠后。ø 是个后滑音，在发音时只有唇形倾向，未发出完整 ø 音，也可记成 aᵘ 音，但为了不与 au 相混，就记成 aø。

6. eŋ、ieŋ、ueŋ 等韵母在与舌尖音 ts 组和舌根音 k 组相拼时，后鼻音在听感上不如 aŋ、iaŋ 等韵那么到位，比较偏前。有些 ieŋ 韵母实际发音较接近 iɛŋ。

（三）声调

明溪话有 6 个单字声调：

阴平 44　　东该灯风通开天春

阳平 31　　门龙牛油铜皮糖红

阴上 41　　懂古鬼九统苦讨草买老五有谷百拍

阴去 24　　冻怪半四痛快寸去树₍白₎

阳去 554　　卖路硬乱洞地饭动罪近后六麦叶月毒₍白₎

入声 5　　搭节急哭塔切刻盒罚树₍文₎

说明：

1. 阴平定为 44，但个别字的发音接近 55。

2. 阴去定为 24，有些字音听感上有轻微曲折，末尾有轻微降调。

3. 阳去的开头为平调，之后有轻微降成分，定为 554。

4. 今入声只有一个，为高短促调。古清入字一部分舒化，读为阴上 41 调，一部分仍保留入声调。古浊入声一部分舒化，读为阳去 554 调，一部分保留入声调。

5. 有些古舒声字实际上也读成高短促调 5。如"床、桃、头、毛、板、虫"等。

（四）连读变调说明

明溪话两字组连读时一般会发生变调。大多数情况下，变调规律表现为连读上字以下字的调类为条件发生调值的变化。

连读变调的调值共有三种：33、44、55。

1. 阴平一般不变调。

2. 阳平多数情况下不变调，但部分字组在阳平前变为中平调 33。

3. 阴上在阴平、阳平、阴上和入声前部分字组有时变为 44。

4. 阴去在阴平、阳平、阴上、阴去、阳去、入声前多变为高平调，近似55。但有时在阳平、阴上、入声前不变调。

5. 阳去前字多变为高平调，近似55。

6. 入声多数不变调，但在阴上和阳去前有时舒化为55。

表3　明溪话两字组连读变调规律表

前字＼后字	阴平44	阳平31	阴上41	阴去24	阳去554	入声5
阴平44	—	—	—	—	—	—
阳平31	—	—／33	—	—	—	—
阴上41	44	44	44	—	—	44
阴去24	55	—／55	55	55	55	—／55
阳去554	55	55	55	55	55	55
入声5	—	—／55	—	—	—／55	—

表4　明溪话两字组连读变调举例

阳平＋阳平〔31－33 31〕	洋油煤油 ioŋ iu	油条 iu tʰiau	羊毛 ioŋ mau
阴上＋阴平〔41－44 44〕	剪刀 tsaŋ tau	几多多少 ke tɤ	
阴上＋阳平〔41－44 31〕	姊婆伯母 sɤŋ pʰɤ	狗嬷母狗 kaø mo	后门 xaø meŋ
阴上＋阴上〔41－44 41〕	水管 sue kū	手𣎴袖子 tsʰiu fieŋ	纽子扣子 laø tse
阴上＋入声〔41－44 5〕	狗牯公狗 kaø ku	耳窟耳朵 ŋeŋ kʰuʔ	幸福 xeŋ fuʔ
阴去＋阴平〔24－55 44〕	汽车 kʰi tsʰa	暗边傍晚 oŋ pieŋ	菜单 tsʰe taŋ
阴去＋阳平〔24－55 31〕	拜年 pa laŋ	菜园 tsʰe ieŋ	化肥 fo fi
阴去＋阴上〔24－55 41〕	驾驶 ko sɿ	昼了下午 tu lau	

续表

阴去+阴去 [24-55 24]	叹气 tʰaŋ kʰi	做戏 tsɤ xi	教训 kau xeŋ
阴去+阳去 [24-55 554]	进步 tseŋ pʰu	半夜 pū ia	半路 pū lu
阴去+入声 [24-55 5]	鼻窟₍鼻子₎ pʰi kʰuʔ	钢笔 koŋ piʔ	建设 kieŋ seʔ
阳去+阴平 [554-55 44]	外甥 ue saŋ	面巾₍毛巾₎ mieŋ kieŋ	树根 tsʰy keŋ
阳去+阳平 [554-55 31]	麺条 mieŋ tʰiau	石头 sɤ tʰaø	
阳去+阴上 [554-55 41]	落雨₍下雨₎ lɤ fy	大水 tʰa sue	地震 tʰi tseŋ
阳去+阴去 [554-55 24]	路费 lu fi	白菜 pʰo tsʰe	饭菜 faŋ tsʰe
阳去+阳去 [554-55 554]	地洞 tʰi tʰɤŋ	日食 ɲi ʃŋ	大树 tʰa tsʰy
阳去+入声 [554-55 5]	利益 li iʔ	教室 kau ʃŋʔ	小法 pʰaŋ foʔ
入声+阴上 [5-55 41]	竹子 tiu tse		
入声+阳去 [5-55 554]	吸石₍磁铁₎ xi sɤ	末代 moʔ tʰa	乏味 foʔ vi

(五) 老男和青男在音系上的主要区别

老男和青男在音系上的区别主要体现在韵母上。

1. 青男入声舒化更明显，例如老男的 uaʔ 韵，青男发音听感上已无喉塞，如"刮"字。

2. 青男的一些韵母发音听感上与老男有些区别：ue 韵母里有些字听感上比老男更接近 uei，如"对、鬼"等；o 韵母里有些字实际发音开口度比老男更大，接近 ɔ；a、ua 韵母有些字在听感上更接近 ai、uai；韵母 aø 有明显向 ai 发展的倾向；eŋ、ieŋ、ueŋ、uaŋ 等韵母的后鼻音在听感上比老男的发音更靠前。

清 流 话

一 调查点概况

清流县属三明市辖县，位于三明市境西南部。东邻明溪县、永安市，西接宁化县、长汀县，南接连城县，北部与宁化县为界。东经116°38′—117°10′，北纬25°46′—26°22′。本调查点为县政府驻地龙津镇。

全县总人口约15.5万人，均为汉族。清流话整体上属于客家方言，内部略有差别，大致可以分为四种口音：①城关口音，包括龙津镇、嵩口乡、嵩溪乡。②长校口音，包括长校乡、里田乡。③灵地口音，包括灵地乡、李家乡、邓家乡、赖坊乡、沙芜乡和田源乡。④林畲口音，包括林畲乡、温郊乡和余朋乡。

清流话是2015年福建省语保点，由华侨大学教师袁碧霞记录整理。

二 方言发音人概况

方言老男陈建民，汉族，1948年6月生于龙津镇，并长期生活于此。中专文化程度。已退休。

方言青男上官敬海，汉族，1986年8月出生于龙津镇。高中文化程度。自由职业。

方言老女刘云娥，汉族，1950年3月出生于龙津镇。初中文化程度。务农。

方言青女马小荣，汉族，1983年5月出生于龙津镇。大专文化程度。就职于清流县长兴社区。

口头文化发音人有刘云娥（女）、曾新民、陈建民，都是龙津镇人。

地普发音人有马小荣（女）、伍荣和、刘云娥（女），都是龙津镇人。

三 清流话音系

（一）声母

清流话有 21 个声母（包括零声母）：

表1 清流话声母表

p 八兵飞白	pʰ 派片爬病蜂肥白	m 麦明问白	f 飞文风副肥文饭船顺灰活	v 味问文县温王云
t 多东	tʰ 讨天甜毒	n 两		l 脑南老蓝连路
ts 资早租酒争装纸	tsʰ 刺草寸清字贼坐祠谢白拆茶抄初		s 丝三酸想谢文事床山双	z 衣
tʃ 张竹主	tʃʰ 全抽柱车春		ʃ 手书十城响	
k 高九	kʰ 开轻共权	ŋ 年泥热软熬月	h 好	
ø 安用药				

说明：

1. 来源于中古泥、日、娘母的字（除少数读 ŋ 声母外）大部分读 l，与来源于来母的字声母相同。例如，"脑" lɔ²¹ = "老" lɔ²¹。鼻音或鼻化韵母字亦然，如，"农" loŋ²³ = "笼" loŋ²³，"南" laŋ²³ = "篮" laŋ²³。不过少部分读 n。根据实际发音分别记为 n 和 l。

2. z 声母只出现在个别字当中，应当为清流话早期读音。例如"姨" zɿ²³ 白读，i²³ 文读。

3. 清流客家话有 ts、tsʰ、s 和 tʃ、tʃʰ、ʃ 两套塞擦音、擦音声母，构成对立。例如，"浆" tsioŋ⁵⁵ ≠ "章" tʃioŋ³³；"松（~树）" tsʰioŋ²³ ≠ "虫" tʃʰioŋ²³；"松（~紧）" sioŋ³³ ≠ "凶" ʃioŋ³³。前者的发音部位较靠前，为齿背；后者的发音部位相对靠后些。

（二）韵母

清流话有 37 个韵母（包括声化韵 ŋ）：

表 2　清流话韵母表

ɿ 师丝试	i 米 戏 二 飞_文_ 急 七 橘锡	u 过苦谷	y 猪雨局
a 排鞋辣八活_白_	ia 写接贴	ua 瓦开快刮	
ɛ 赔飞_白_		uɛ 对	
ɔ 宝饱	iɔ 笑桥		
ə 豆走北色	iə 油六绿	uə 骨国	
e 节	ie 十一出直	ue 月	
o 歌坐茶牙盒塔鸭法活_文_托郭壳学白	io 靴尺		
		ui 鬼	
au 宝饱	iau 笑桥		
ŋ̍ 五			
ɛ̃ 根灯争_文_	uɛ̃ 寸滚		
	iŋ 险		
aŋ 南山半硬争_白_横	iaŋ 病兄_白_	uaŋ 短官	
ɔŋ 糖床王讲	iɔŋ 响		
əŋ 心深新云星	iəŋ 春升	uəŋ 均	
eŋ 年			
oŋ 双东	ioŋ 兄_文_用		

说明：

1. 关于 e 与 ɛ。

e 韵母主要来自蟹摄、少数止摄字以及舒声化了的咸山摄入声字。ɛ 韵母主要来自蟹摄，与 e 相比，其开口度更大些，实际读音比 ɛ 略大些，接近于 æ，可记为 ɛ。

老男的一些鼻音韵字由于受鼻化影响（鼻化元音的开口度通常比非鼻化元音的开口度略大些。这是由于发鼻音时小舌下垂，鼻腔通道打开，带动舌骨下降，而使元音舌位稍稍降低），元音开口度略大些。例如，来源于咸山摄三四等的字，主元音的实际发音即介于 i 和 e 之间，接近 ɪ。我们记为 eŋ。

不过，中古来源相同的韵摄，当声母为 tʃ、tʃʰ、ʃ 时，韵母主元音为 iŋ，与来源于其他声母读 eŋ 的字基本呈互补状态。我们采用音素记音，而不用音位记音。

2. 关于清流老男的鼻音韵母与鼻化韵母。

（1）清流老男低元音韵母（包括主元音是低元音的）的鼻化色彩明显，但有时元音后面略带有鼻辅音成份。例如，咸山摄的 a 韵母严式标音可记为 ãŋ。我们统一记为 aŋ。

（2）高元音韵母的鼻化色彩不如低元音明显，元音后面的鼻辅音成份比较明显。例如，ẽ 的严式标音可记为 ẽŋ。我们统一记为 eŋ。

同时，由于舌叶声母的影响，后接元音略带撮唇色彩，因此来源于 iŋ 韵母的字，在舌叶音后听感上带有 y 介音。严式音标可记为 tʃyŋ、tʃʰyŋ、ʃyŋ。由于这些字中古音来源都一样，因此可视为因声母不同而造成的协同发音，无需在音位层面上加以区分。

（3）老男韵母系统中有时存在鼻化程度强弱的现象。例如，来源于宕江摄的 ɔ̃、iɔ̃ 韵鼻化程度强，而来源于通摄的 oŋ、ioŋ 韵除了与前者存在主元音开口度大小的区别外，其鼻化色彩相对较弱，而后接的鼻辅音成份较显著，严式记音为 ɔ̃ŋ、iɔ̃ŋ 和 oŋ、ioŋ。我们记为 ɔŋ、iɔŋ 和 oŋ、ioŋ，不存在音位上的混同。

3. 另外一些韵母，我们亦按听感上的鼻化色彩强弱，以及后接鼻辅音（ŋ）的有无或强弱来标音。记为鼻化的分别是：ɛ̃、uɛ̃、ɜ̃，记为鼻音的分别是：əŋ、iəŋ、uaŋ、ueŋ。

（三）声调

清流话有 6 个单字声调（不包括轻声）：

阴平 33　　东该灯风通开天春有白近白洞

阳平 23　　门龙牛油铜皮糖红

上声 21　　懂古鬼九统苦讨草买老五有文谷百搭节急哭拍塔切刻

阴去 35　　冻怪半四痛快寸去

阳去 32　　卖路硬乱地饭树动罪后近文

阳入 55　　六麦叶月毒白盒罚

说明：

1. 阳平为低升调，上升幅度不太明显，记为23。

2. 阴去为升调，上升幅度较明显（比阳平的上升幅度略明显些），起点较高，升至较高位置，记为35。

3. 阳去的时长相对其他舒声调来说较短，不过并不明显，记为32。青男阳去调比较短促，与入声时长相近，比老男更短。因此，老男的阳去我们记为32，而青男记为32，以示区别。

4. 入声主要来源于古浊入的字。古清入字今读与上声合流。与其他声调相比，入声时长较短，声调较高，且为平调，记为55。

（四）青男和老男在音系上的主要差别

1. 声母方面：

与老男相同，青男的n、l也出现混合，大部分合并为l的倾向。但青男有些字仍存在n和l的对立。例如，"难"laŋ²³ = "兰"laŋ²³ ≠ "南"naŋ²³。

2. 韵母方面：

（1）ai韵，老男的ε韵母主要来自蟹摄，而青男的主元音开口度比老男大，末尾滑音比老男明显些，实际音值为aⁱ。为体现青男与老男的这一差异，也体现音变的方向（即该韵母字可能存在 ε/æ > aⁱ > ai 的音变趋势），我们将青男这一韵母记为ai。

不过需要说明的是，青男的蟹摄字仍在演变当中，个别字读音末尾滑音不明显。我们将之视为演变中的变异现象，均记为ai。

（2）清流青男的鼻化元音韵母基本与老男特征相似，即除元音鼻化外，末尾常常略带鼻辅音韵尾。不过青男与老男存在一些差异：

①老男的一些鼻音韵字由于受鼻化影响，元音开口度略大些，如：高元音我们记为eŋ。而青男高元音的鼻化特征不显著，鼻辅音韵尾的特征比较明显，即主元音i鼻化之后未造成听感上元音开口度明显的变化。因此我们将青男该部分字记为iŋ，以体现二者在开口度上的细微差别。

②由于舌叶声母的影响，后接元音略带撮唇色彩，因此青男韵母中来源于i韵母的字，有向y演变的倾向。我们将这类韵母记为yŋ。

③青男韵母系统中宕江摄与通摄出现大部分的合流（例如，"汤" = "通"）。由于开口度比较小，我们都记为oŋ、ioŋ。不过个别字鼻化色彩也比较浓。

3. 声调方面：

（1）阳平与阴去。老男的阳平和阴去虽均为上升调，但阳平上升趋势不明显。青男的阳平末尾上升则比老男明显得多。不过青男声调系统中出现阳平与阴去个别合流的现象。即部分阳平调字和阴去调字在青男声调系统中发音人常常无法辨别，或要反复比对才能区分，呈现出个别合流的趋势。如"遇"i^{24} = "姨"i^{24}。

总体而言，青男阳平与阴去调的差别在于，前者起点略低，上升幅度较舒缓，尤其声调起始约三分之一段有一个平缓段，实际调值接近于224。而阴去起点比阳平高，且声调起始段并无明显的平缓段，升幅较明显。我们将阳平记为24，阴去记为35。

（2）上声。老男上声为低降调，记为21。青男的上声基本与之相同，但存在明显变异。当青男发音人特别注重自己的发音，有意要将字音读得饱满些时，上声调为曲折调212，即下降至最低点后末尾上升。我们将上声出现的两种声调21、212视为变异，统一记为21，而不在单字音中逐个标明。

宁 化 话

一 调查点概况

宁化县属三明市辖县,位于三明市境西部。东邻明溪县、清流县,西接江西省,南接长汀县,北部与建宁县交界。东经116°20′—117°02′,北纬25°28′—26°40′。本调查点为县政府驻地翠江镇。

截至2015年底,全县人口约37万人,其中汉族36万人,畲族1万人。本县通行客家方言,内部略有差别,可以分为城关口音(翠江镇4.5万、城郊乡2.3万、城南乡1.1万、安乐乡2.1万、中沙乡1.7万、济村乡1.5万、湖村镇1.8万)、南片口音(曹坊镇3万、治平乡1万)、安远口音(安远镇4.1万)、禾口淮土口音(石壁镇2.6万、淮土镇3万、方田乡1.2万)、水茜河龙口音(水茜镇3万、河龙乡0.9万)、泉上口音(泉上镇2.2万)等六种。

宁化话是2015年福建省语保点,由华侨大学教师袁碧霞记录整理。

二 方言发音人概况

方言老男张标发,汉族,1955年6月生于翠江镇,并长期生活于此。高中文化程度。已退休。

方言青男黄强,汉族,1989年9月出生于翠江镇。大学本科文化程度。目前就职于宁化县城东中学。

方言老女蓝凤玲,畲族,1954年12月出生于翠江镇。高中文化程度。已退休。

方言青女张丽琴,汉族,1987年5月出生于翠江镇。大专文化程度。目前就职于宁化县医院。

口头文化发音人有洪丽琳(女)、钟宁平、张珍珍(女),都是翠江镇人。

地普发音人有张丽琴(女)、伍国廷、伊丽珍(女),都是翠江镇人。

三 宁化话音系

(一) 声母

宁化话有 20 个声母（包括零声母）：

表1 宁化话声母表

p 八兵	pʰ 派片爬病飞₍白₎蜂肥₍白₎	m 麦明	f 飞₍文₎风副肥₍文₎饭灰	v 味问县安温王云
t 多东	tʰ 讨天甜毒	n 连		l 脑南老蓝路
ts 资早租张竹争装纸主	tsʰ 刺草寸字贼坐抽拆茶柱抄初车春		s 丝三酸祠事床山双船顺手书城	
tɕ 酒九	tɕʰ 全谢₍白₎轻共权		ɕ 想谢₍文₎响	
k 高	kʰ 开	ŋ 熬	h 好活	
ø 年泥热软熬月用药				

说明：

1. l 和 n，从单字音系统看，元音韵字未出现 n 声母，如，"脑" lau³¹ = "老" lau³¹。鼻音尾韵也以 l 为常，仅在个别字中出现 n 声母。例如，"能" naiŋ²⁴，"嫩" naiŋ⁴²。本记音分别 l 和 n 两个声母。

2. 本方言古精组的字与见系字细音合流，如"节" tɕie⁵ = "结" tɕie⁵。但部分见系二等字仍读 k、kʰ，与精组并不完全合流。因此，尖团合流只是该方言正在进行中的音变，尚未完全完成合并。

（二）韵母

宁化话有 31 个韵母（包括声化韵 ŋ）：

表 2　宁化话韵母表

ɿ 试出直	i 米戏二飞文鬼七一橘锡	u 苦谷
a 排鞋快辣八刮	ia 写接贴	ua 开对
ɒ 茶牙瓦塔鸭法白尺		
ə 猪师丝十骨北色国	iə 女	
	ie 急热节月	
o 歌坐过盒活托郭壳学	io 靴药	
ai 赔飞白		
		uei 追
ɐɯ 走	iəɯ 雨豆油六绿局	
au 宝饱	iau 笑桥	
ŋ̍ 五		
	iŋ 心新云灯星	
aŋ 山半官	iaŋ 盐病兄	uaŋ 短
ɒŋ 南硬争横		
ɔŋ 糖床王双讲	iɔŋ 响	
əŋ 深春升东	iəŋ 用	uəŋ 滚文
	ieŋ 年权	
aiŋ 根村滚白		

说明：

1. ɒ 为后低圆唇元音，在元音韵和入声韵中的表现尤其明显。在鼻音尾韵中，实际音值接近 ɑ。不过 ɒ 和 ɑ 并不存在音位对立，因此统一记为 ɒ。

2. ə 处于央元音区域，实际读音为非圆唇，离 o 的相对距离较远，因此我们

不记为 ɣ 或 ɵ，而记为 ə。

3. ai、aiŋ，在元音韵中，从共振峰的参数变化看，由低元音 a 向 i 滑动较为明显。因此记为 ai。在鼻音尾韵中，听感上动程不大，没有完全到达 i 的位置，同时由于受鼻音影响，i 的听感相对来说比较模糊，但仍可以把 i 看作是发音上的目标值，因此记为 aiŋ。

4. ɐɯ 韵中之 ɐ 只出现在复元音韵母中。听感上舌位较低，处于央元音区域，舌位较 a 偏高些，因此记为 ɐ。ɐ 后面带的滑音 ɯ 由于是不圆唇的，因此记为与圆唇相对的 ɯ。当介音 i 后接 ɐ 时，受 i 的影响，ɐ 舌位升高，因此记为 iəɯ。

5. 关于 au、iau。该韵母中的 a 比单元音韵母中的 a 偏后，将 au 处理为 ɑu 也可以，由于并不存在 au 和 ɑu 的对立，我们都记为 au。后面的滑音是较明显的圆唇元音 u。

6. ɔŋ 中的 ɔ 比 ɑŋ 中的 ɑ 高，而相比果摄的 o（来源于入声韵的一些字舒声化后与果摄合流）来说，略低。因此，尽管不存在 ɔ 和 o 的对立，我们把阳声韵（主要来源于宕摄字）记为 ɔŋ，果摄和部分入声韵记为 o。

7. 关于鼻音韵母。宁化方言的鼻音尾韵中部分字听感上有较明显的鼻化色彩，例如 aiŋ 韵，有时听感上十分接近 ãi。但从音系格局考虑，如果只将这个韵母记为鼻化韵 ãi，而其他记为鼻音韵母 aŋ、iŋ、ɔŋ 等，则显得比较失衡。同时，从类型学和发音原理看，发低元音时口腔张大，舌骨肌的一端会带动软腭使它下降，咽—鼻通道可能会出现漏缝，从而引致鼻化音。因此以低元音 ã 为最常见。在一个音系中，如果只有 ã，而没有成系统性的鼻化韵，也可以不记为 ã，而以 aŋ 来描写，说明其含鼻化色彩。当然，如果一个音系中，诸多高元音 i、y、u 都出现鼻化韵，则必须记出，同时也只能记为 ã。

从宁化方言韵母系统看，鼻化并未完全覆盖高元音或其他元音，虽然有些韵母鼻化色彩浓厚，我们暂时可视为一种变体。因此统一记为鼻音。

8. 关于喉塞韵尾的有无及入声韵母的处理。前人对中古入声韵在宁化方言中的演变描述有较大分歧，因此在韵母描写上也不尽相同。或认为"所有入声韵母都是喉塞音收尾，以 k 代替"（例如《宁化县志》）。或认为"凡入声字，含归入其他调类的，都有较明显的塞尾"，但在描写时并不另记录喉塞尾，因而只有元音韵和鼻音尾韵。另一种观点及处理方法是：阳入调已归入阳去，阳入韵也并入阴声韵，不必另列，但阴入调还保留且有明显的塞尾，因而阴入调的韵母分立，以 -ʔ 表示。

以上这些分歧可能由于所选发音人或发音人所在地存在差异。本书的记音完全以该项目所选老男发音人的语音为样本进行分析。在韵母单字音系统中，我们将中古入声韵母归入相应的阴声韵来处理。理由有以下几方面：

（1）阳入声韵字。

如上所述，从单字音声调系统看，阳入调已与阳去调合流，时长较长。同时，来源于中古阳入声韵的字大部分没有喉塞韵尾。

（2）阴入声韵字。

阴入调在时长上相对其他声调而言，显得比较短促。但在单字调系统中很多字没有喉塞韵尾，或喉塞尾不明显。

喉塞尾的消失，入声调时长的延长，这应当是宁化入声调与入声韵消变的一种趋势。综合以上考虑，我们将中古所有入声韵视为与阴声韵合流，仅在阴入调中能反映其中古来源。

（三）声调

宁化话有 6 个单字声调（不包括轻声）：

阴平 341	东该灯风通开天春有_白	
阳平 24	门龙牛油铜皮糖红	
阴上 31	懂古鬼九统苦讨草买老五有_文	
阴去 212	冻怪半四痛快寸去	
阳去 42	卖路硬乱洞地饭树动罪近后六麦叶月毒白盒罚	
阴入 5	谷百搭节急哭拍塔切刻	

说明：

1. 宁化方言的阴平调严格意义上可称为两折调，即先降后升，再降。但起首部分降的幅度不明显，升的幅度在听感上略能感知到，调尾降幅比较明显，且降至最低。因此记为 341。

2. 阳平为上升调，从语图看，末尾较高，因此以往研究也有记为 35 的。但其起点较低，而从宁化方言声调系统看，阴入调的调域是最高的，有时甚至带假声成分，因此，为了突出阴入的这一特点，也体现各调类调域的相对区别，我们把阳平记为 24。

3. 宁化方言除了全清和次清上声外，部分次浊上声字并入阴平，部分全浊上声归阳去，因此只有阴上调，记为 31。

4. 阴去调初始略降，后面平中略升，升幅较缓，略呈现出凹型，听感上为低调域，因此记为 212。

5. 阳去的起点与阴上的起点实则没有大的区别，区别只在于末点。即上声降至最低点，而阳去末部较高。为了区分出这两种调类，我们将阳去记为 42。

6. 单从阴入调看,其时长较长,呈舒声化特征。但从宁化方言整个声调系统看,其他调类的时长明显长于阴入。因此可以将宁化的阴入调记为中短调,严式记音可记为 55。考虑到符号的要求,且宁化方言并无中短调与短调的对立,在此可记为 5,但对于其时长仍需注意。

7. 阳去和阳入混同,我们视为阳入合并入阳去,统一记为 42。

(四) 连读变调说明

宁化话的连读变调尚处于初步发展、不成熟的阶段,有时表现为轻声。表3皆是基于两字组得出的连读变调规律。其他规律需要更多的词汇材料。连读变调规律存在语法上的限制。例如,动宾结构的短语有时并不变调。需要指出的是,宁化的连读变调并不具有强制性。

以下是宁化话两字连读变调表。从规律来看,变调主要体现在阴平处前字时变为 34,处后字变为 31,除阳平+阳平时前字变为 21 外,处前字时均不变,处后字变为 44。其他各声调组合基本不变调。

表3　宁化话两字组连读变调规律表

单字调	阴平 341	阳平 24	上声 31	阴去 212	阳去 42	入声 5
阴平 341	34　31	34　44	34	34	34	34
阳平 24	31	21　44	—	—	—	—
上声 31	31	44	—	—	—	—
阴去 212	31	44	—	—	—	—
阳去 42	31	44	—	—	—	—
入声 5	31	44	—	—	—	—

表4　宁化话两字组连读变调举例

阴平+阴平 [341-34 341-31]	天星 tʰieŋ ɕiŋ	朝边_{早晨}tsau pieŋ	观音 kaŋ ŋiŋ
阴平+阳平 [341-34 24-44]	今年 tɕiŋ ieŋ	清明 tɕʰiaŋ miaŋ	下头 ha tʰieɯ
阴平+上声 [341-34 31]	烧水 sau fi	癫子 tieŋ tsai	爹母_{父母合称}lia ɐm
阴平+阴去 [341-34 212]	下昼 ha tsɐɯ	上去 sɔŋ kʰə	衫裤_{衣服}sɒŋ kʰu
阴平+阳去 [341-34 42]	正月 tsaŋ ie	冬至 tɐŋ tsʅ	街上 ka sɔŋ

续表

阴平+入声 [341-34 31]	下搭 下巴 hɒ tɒ	猪血 tsə fie	亲戚 tɕʰiŋ tɕʰi
阳平+阴平 [24 341-31]	银针 针灸 ŋaŋ tsəŋ	塇边 边儿 ɕieŋ pieŋ	镰刀 liaŋ tau
阳平+阳平 [24-21 24-44]	祠堂 sə tʰɒŋ	田塍 田埂 tʰieŋ saŋ	洋油 iɔŋ iɯi
上声+阴平 [31 341-31]	蠢包 笨蛋 tsʰəŋ pau	扁担 pieŋ tɒŋ	牡丹 mɯɯ taŋ
上声+阳平 [31 24-44]	往年 vɔŋ ieŋ	里头 li tʰiəɯ	转来 回来 tsaiŋ lai
阴去+阴平 [212 341-31]	昼边 中午 tsɯɯ pieŋ	衬衣 tsʰaiŋ i	背心 pai ɕiŋ
阴去+阳平 [212 24-44]	灶前 厨房 tsau tɕʰieŋ	酱油 tɕiɔŋ iɯi	去来 死的婉称 kʰə lai
阳去+阴平 [42 341-31]	外边 ŋa pieŋ	夜边 夜晚 ia pieŋ	胖缸 坛子 pʰɒŋ kɒŋ
阳去+阳平 [42 24-44]	石头 sa tʰiəɯ	后年 hɯɯ ieŋ	夜头 夜晚 ia tʰiəɯ
入声+阴平 [5 341-31]	屋下 家里 vu ha	侧边 旁边 tsə pieŋ	蜜蜂 mi pʰəŋ
入声+阳平 [5 24-44]	出来 tsʰɿ lai	蜜糖 蜂蜜 mi tʰɒŋ	谷箩 箩筐 ko lo

说明：

1. 为了方便各调值之间的对比，上表有些调类尽管在连读时没有变化或变化不大，我们仍以数值标出，而不用文字"不变"标识。表中最左列为各声调单字调的调类及调值。当阴平调字处于前字时，它与后字为其他各调的字组合时，调值为34。当阴平调字处于后字时，无论前字为何种调类，均由341变为31。

2. 阴平单字调记为341，即声调前面略呈上升趋势。在两字组中的前字中，基本保持原调的前半部分，而后半部分（下降的成分）丢失，因此记为34。

3. 阳平字为前字，且后加非阳平调时，仍为24。与阴平的变调34相比，阳平的上升幅度更大，听感上也更明显。因此我们分别将二者加以区分，分别记为34和24。

4. 阴平处于后字时，变为降调31。由于上声单字调为31，在两字组的前字或后字时，调值仍为31。因此，尽管我们认为，从连调与单字调的关系看，阴平字在后字时基本只保留原调中下降的部分，而舍弃了前半部分（即剩下41）。但听感上，阴平处后字与上声的31差别不大，可归为一类。

5. 阳平的变调规律：当前字为阳平，后字为除阳平以外的调类时，前字阳平保持原调；而阳平+阳平的组合，前字调变为21，与阴去调（212）前半段基本相同。阳平处后字时，变为平调44。对比"麻子 芝麻""麻油 香油"和"酱油"，从基频曲线看,"麻"后字上声"子"字时,基本维持原调,上升明显。而后接阳平字"油"时,与阴去"酱"的前半段调形相同,听感也相同,因此记为21。阳平"油"字在后字时,无论前面是何调类,均变为平调,可记为44。

6. 有时入声处于前字时,与单字调或处于后字时的调值略有区别。听感上表现为音高上升。对比单字"屋"和"屋下家里",单字"屋"和"屋子"中的"屋"调域皆比较高,而前者比较平缓。再对比单字"脚"与两字组"脚爪_{爪子}""裤脚_{裤腿}"的音高,单字"脚"与"裤脚"(即处于后字时)的音高相同。而"脚"(即处前字时),时长短,音高上升明显,且处于高调域。但由于这种表现在两字组中不具有普遍性。因此我们仍记为5,即不以连读变调来处理。

(五) 青男和老男在音系上的主要差别

1. 从声母看,青男的 n 和 l 有时出现混乱。如,"脑"nau^{31} = "老"nau^{31}。但有时还能加以区分。暂时将青男的 l 和 n 视为音位变体之间的关系。

2. 从韵母看,青男与老男个别韵母读音不同。如,"坐过",青男为 uo 韵母,而老男读 ʋ。青男韵母系统中无 iə 韵,老男"女"读 iɔ^{31},而青男读 iəɯ^{31}。此外,个别用字上的不同,也造成韵母的差异。如老男"追"读 tsuei^{341},而青男无此一说,故而无 uei 韵。

龙岩客家话

一 调查点概况

龙岩市位于福建省西南部，其行政地理情况，请参看83页"龙岩话"。本书所记的是新罗区大池镇大和村。

龙岩新罗区是龙岩市政府驻地。截至2022年底，全区常驻人口约84.17万人。新罗区境内绝大部分地区通行属闽南方言系统的龙岩话，少部分地区通行客家话。客家话主要分布在万安、白沙、江山、红坊、大池等几个乡镇的部分行政村。使用人口日趋减少，现在2万余人。其中大池镇下辖13个行政村，截至2016年总人口11766人。靠近小池镇的红斜、北溪、雅金、大东、秀东、西洋、大山、南燕等行政村主要说大池话（接近龙岩话，同属闽南方言），人口约7600人；靠近上杭、永定的黄美、竹何、合甲、大和、九里洋主要说客家话，人口4100多人。其中黄美接近上杭古田口音，合甲接近上杭溪口音，九里洋接近永定口音。大池镇中部的黄美、南燕、大山等行政村有一部分人会说大池话和客家话。本调查点大和村属大池镇，是纯客话的村庄，接近上杭客家话蛟洋口音。截至2016年底，全村人口1056人。

龙岩客家话是2017年国家语保点。由龙岩学院教师王咏梅、翁春、林丽芳全程记录整理。

二 方言发音人概况

方言老男廖绍恭，汉族，1956年8月出生于大池镇大和村，高中文化程度。务农。

方言青男廖燕辉，汉族，1990年3月出生于大池镇大和村。中专文化程度。就职于大和村任村主任。

方言老女杨招连，汉族，1964年7月出生于大池镇大和村。小学文化程度。

务农。

方言青女廖媛媛，汉族，1993年1月出生于大池镇大和村。大专文化程度。

口头文化发音人有廖毓芳、杨秋姬（女）、廖瑞兰（女）、杨茂昌、廖福明，都是大和村人。

地普发音人有廖燕辉、廖瑞兰（女）、廖毓芳，都是大和村人。

三　龙岩客家话音系

（一）声母

龙岩客家话有20个声母（包括零声母）：

表1　龙岩客家话声母表

p 八兵飞_白	pʰ 派片爬病蜂肥_白饭	m 麦明味_白问	f 飞_文风副肥_文船顺灰活	v 味_文县温王云
t 多东竹主	tʰ 讨天甜毒柱	n 脑南年泥月		l 老蓝连路
ts 资早租酒争装	tsʰ 刺草寸清字贼坐全祠拆茶抄初		s 丝三酸想谢事床山双	
tʃ 张纸九	tʃʰ 抽车春轻共权		ʃ 手书十城响	
k 高	kʰ 开	ŋ 热软熬	x 好	
∅ 安用药				

说明：

1. 个别 n 声母读音与 ȵ 相近，但不区别字义，在此统一记为 n，如年 niẽ³⁵、原 niẽ³⁵。

2. tʃ、tʃʰ、ʃ 与齐齿呼相拼时，部分 tʃ、tʃʰ、ʃ 的发音略微靠后，有时音值与 tɕ、tɕʰ、ɕ 相近，但不区别意义，如：朝＝桥、绸＝球、传＝权。在此统一记为 tʃ、tʃʰ、ʃ，如"狗""记"分别记为 tʃie⁴⁵³、tʃi⁴¹。

3. tʃ、tʃʰ、ʃ 既可以和 ɿ 相拼，也可以和 i 相拼，二者存在对立关系，如寄 tʃi⁴¹≠制 tʃɿ⁴¹、骑 tʃʰi³⁵≠池 tʃʰɿ³⁵、系 ʃi⁴¹≠世 ʃɿ⁴¹。

4. ts、tsʰ、s 既可以和 ɿ 相拼，也可以和 i 相拼，二者存在对立关系，如四

si⁴¹ ≠ 事 sʅ⁴¹，资 tsʅ⁴⁴、刺 tsʰʅ⁴¹、醉 tsi⁴¹、取 tsʰi⁴⁵³。

5. 舌尖前音 ts、tsʰ、s 有时发音偏后，如醉 tsi⁴¹、取 tsʰi⁴⁵³。但与舌叶音 tʃ、tʃʰ、ʃ 的发音偏后不同，如：醉 tsi⁴¹ ≠ 寄 tʃi⁴¹、签 tsʰiẽ⁴⁴ ≠ 牵 tʃʰiẽ⁴⁴。

6. 声母 v 的浊音成分较弱，实际音值近似 ʋ。

（二）韵母

龙岩客家话有 52 个韵母（包括声化韵 ŋ）：

表 2　龙岩客家话韵母表

ʅ 师老~	i 米丝戏二飞文	u 猪	
ɿ 试			
a 开排赔飞白饱	ia 写	ua 快	
	ie 豆走		
o 瓦	io 笑桥	uo 茶牙	
	iu 靴油		
ɯə 苦			
ʅə 雨			ʮə 书
ei 鞋对师~爹		uei 鬼	
əu 歌坐过宝			
ŋ 五			
	iẽ 盐年权		
õ 硬争白	iõ 响	uõ 南王横	
	iŋ 心深新春云升兄又		
aŋ 山半短	iaŋ 病兄又	uaŋ 官	
eŋ 寸根灯争文星		ueŋ 滚	
oŋ 糖床讲	ioŋ 双东用		
ʅt 十直			ʮt 赎
	iet 贴热		
ok 白尺	iok 石	uok 百	
ouk 托郭壳学			
	iʔ 急七一出橘		

续表

aʔ 辣活	iaʔ 锡	uaʔ 刮
əʔ 局		uəʔ 谷
	ieʔ 接八节月	
oʔ 盒塔鸭		uoʔ 法
ʮəʔ 竹		
eiʔ 北色		ueiʔ 骨国
	iuʔ 药六绿	
ouʔ 恶		

说明：

1. 韵母中有些元音 u 唇形略扁，舌位略前略低，与 ʉ 较接近，在此统一记为 u。

2. 韵母中有些元音 i 舌位略低略后，与 ɨ 接近，在此统一记为 i。

3. 元音 o 有时舌位略低，音值近似 ɔ。

4. ei 中的 e 发音有时开口度略大，如犁 lei^{35}、杯 pei^{44}。

5. iẽ 的 ẽ 开口度较不稳定，有时读得近于 ɛ̃，如严 iẽ^{35}，有时 ẽ 读得较短，如店 tiẽ^{41}。ẽ 的开口度的变化并不区别意义，同一个例字韵母的发音有时可以在 iẽ、iɛ̃ 之间自由变换，在此统一记为 iẽ。

6. io 有时读得近于 iau，如票 pʰio^{41}、表 pio^{453}；有时近于 iəu，如焦 tsio^{44}。iau、io、iəu 的语音变化并不区别意义，在此一并记为 io。

7. ɔu 中的 ɔ 口型略圆，个别字音韵母近于 ou，如浮 pʰəu^{35}、摸 məu^{44}。有时近于 ɑu，如"老虎""老鼠"中的"老"。əu、ou、ɑu 的语音变化并不区别意义，在此一并记为 əu。

8. ɯə、ʮə、ʅə 的 ə 有时发音微弱。如铺 pɯə^{44}、户 fɯə^{41}、父 fɯə^{41}、书 ʃʮə^{44}、芋 lʅə^{41}。

9. 有些鼻化韵在语流中读成鼻尾韵，如 õ、iõ，有时读成 oŋ、ioŋ，在此一并记为 õ、iõ。

(三) 声调

龙岩客家话有 6 个单字声调（不包括轻声）：

阴平 44　　东该灯风通开天春有近

阳平 35　　门龙牛油铜皮糖红

阴上 453　　懂古鬼九统苦讨草买老五

去声 41　　冻怪半四痛快寸去卖路硬乱洞地饭树动罪后

阴入 5　　谷百搭节急拍塔切刻

阳入 3　　六麦叶月毒白盒罚

说明：

1. 阳平 35 调，有些字音前段略降，调值最低处比半低略高，总体趋势上扬，调型降短扬长。

2. 阴上 453 调，前段微升，起点音高比半高略高，升幅不明显，近乎高平，后段高降，调型扬长降短。

3. 阴上和去声都有下降的趋势，但二者有较大不同，前者微升后降，后者直接下降。如碗 vaŋ⁴⁵³ ≠ 换 vaŋ⁴¹、虎 fɯə⁴⁵³ ≠ 富 fɯə⁴¹。

(四) 连读变调说明

龙岩客家话两字组的变调比较复杂，前字变调、后字变调及前后字变调的情况都有，变调除了在原有的调值内发生外，还产生了新的调值：55、21、31、45。

前字变调的情况是：阳平在阴平、阳入前变 55 调。阴上阴平、阳平、阳入前变 21 调；在阴上、去声、阴入前变 55 调。去声在阴平、阳入（部分）前变 35 调；在阳平（部分）、阴上、去声（部分）、阴入前变 21 调；在部分去声、阳入前变 44 调。阳入在阳平前变 45 短调。

后字变调的情况是：阳平在阴平后变 45 调；阳平、阳入在阳平后变 55 调；去声在阴上后变 31 调。

不变调的情况有三类：一是前字为阴平时（"阴平＋阳平"除外），不变调；二是前字为阳平，后字为阴上、去声、阴入时，不变调；三是前字为阴入、阳入，后字除为阳平外，均不变调。

表3　龙岩客家话两字组连读变调规律表

前字＼后字	阴平 44	阳平 35	阴上 453	去声 41	阴入 5	阳入 3
阴平 44	—	45	—	—	—	—
阳平 35	55	55	—	—	—	55
阴上 453	21	21	55	55　31	55　21	21
去声 41	35	21 44　45	21	44 21	21	35 44
阴入 5	—	55	—	—	—	—
阳入 3	—	45	—	—	—	—

表4　龙岩客家话两字组连读变调举例

阴平＋阳平 [44 35→45]	今年 tʃiŋ niē	帮忙 poŋ muo	新闻 sin veŋ
阳平＋阴平 [35→55 44]	雷公 lei koŋ	农村 nioŋ tsʰeŋ	年轻 niē tsʰiaŋ
阳平＋阳平 [35 35→55]	田塍 tʰiē ʃiŋ	牛头 ŋie tʰie	农忙 nioŋ muo
阳平＋阳入 [35→55 3]	磁石 tsʰɿ ʃiok	名额 miaŋ ŋiaʔ	同学 tʰioŋ xouk
阴上＋阴平 [453→21 44]	火烟 fəu iē	祖宗 tsɿ tsioŋ	酒缸 tsiu koŋ
阴上＋阳平 [453→21 35]	水田 fi tʰiē	鲤鱼 ti ŋə	党员 toŋ viē
阴上＋阴上 [453→55 453]	冷水 leŋ fi	水果 fi kəu	可以 kʰəu i
阴上＋去声 [453→55 41→31]	姊妹 tsi ma	考试 kʰəu ʃ	本地 peŋ tʰi
阴上＋阴入 [453→55 5→21]	水窟 fi kʰuei?	指甲 tʃɿ kok	请客 tsʰiaŋ kʰok
阴上＋阳入 [453→21 3]	老历 ləu liʔ	小学 sio xouk	老实 ləu ʃt
去声＋阴平 [41→35 44]	昼边 tʃiua piē	电灯 tʰiē teŋ	地方 tʰi fo
去声＋阳平 [41→21 35] [41→44 35→45]	旧年 tʃʰiu niē 后年 ʃie niē	病人 pʰiaŋ niŋ	后门 ʃie meŋ
去声＋阴上 [41　21 453]	荪子 tsiē tsɿ	四两 si tioŋ	字典 tsʰɿ tiē
去声＋去声 [41→44 41] [41→21 41]	下昼 xo tʃiu 上背 ʃiõ pa	旱地 xaŋ tʰi 背片 pa piē	上去 ʃiõ tʰɿ
去声＋阴入 [41 5→21]	做屋 tsəu vəʔ	大雪 tʰa sieʔ	半尺 paŋ tʃʰok

去声＋阳入 [41 －35 3]	上学 ʃiŏ xouk	半日 paŋ niʔ	闰月 viŋ nieʔ
[41 －44 3]	后日 ʃie niʔ	厚薄 tʃʰie pʰouk	
阴入＋阳平 [5 35 －55]	隔年 kok niẽ	竹床 tʅə ʔ soŋ	出门 tsʰiʔ meŋ
阳入＋阳平 [3 35 －45]	石头 ʃioʔ tʰie	食堂 ʃʅt tʰoŋ	

（五）老男和青男在音系上的主要区别

老男和青男在音系上的区别主要体现在韵母上。

1. 青男没有 ɯə、ʅə、u，老男读为 ɯə、ʅə、u 的，青男都读 uə。遇摄模、姥、暮三韵字以及一部分鱼、虞、遇三韵字，老男读为 ɯə（普通话多读 u），如"除""苦""裤""父""付""雾"。老男读为 ʅə 的字，主要集中在遇摄语、御、遇、虞、鱼等韵上（普通话多读 ü），如"女""去""渠""遇""雨"。少部分遇摄鱼、虞、遇韵字，老男读为 u，如"猪""柱""住"。

在入声上，青男没有 ʅəʔ，老男读为 ʅəʔ 的，青男读 uət。如遇摄屋、烛等韵字"竹""粥""菊""烛"。

2. 青男没有 ɥə、ɥt，老男读为 ɥə 的，青男读为 ʅ 或 i，主要见于遇摄字，如"书""许""树""输"。老男读为 ɥt 的，青男读 əʔ、iuʔ、ʅ 或 ʅ，主要见于遇摄字，如"属""叔""熟""赎"。

3. 有些韵母，老男和青男的主要元音的开口度略有区别。如部分蟹摄和止摄字，老男的主要元音舌位前而略高，读为 ei、uei，青男的主要元音略后略低，读为 ɐi、uɐi，如"鞋""对""鬼"。部分果摄和效摄字，老男的主要元音较青男略低略前，读 əu，青男读 ou，如"歌""刀""宝""坐"。

平和客家话

一 调查点概况

平和县属漳州市辖县，行政地理情况请看42页"平和话"。本调查点为平和县大溪镇，在县境南部，与诏安县北境为邻。

平和县主要通行闽语闽南方言，但南部以及西南部大溪、长乐、九峰等乡镇主要以说客家话为主。大溪镇共25个自然村，约18个村4万人讲客家话；另外石寨村等7个村约8千人讲闽南话。

平和县流行潮剧。大溪镇没有自己流行的民间文艺。

平和大溪客家话是2017年国家语保点。由厦门大学教师杨伟忠、孟繁杰、李焱等全程记录整理。

二 方言发音人概况

方言老男陈焕瑜，汉族。1959年10月出生于大溪镇。中专文化程度。就职于大溪镇中心小学。

方言青男叶圣达，汉族。1986年3月出生于大溪镇。大专文化程度。就职于平和县大溪镇中心小学。

方言老女朱小玲，汉族。1956年1月出生于大溪镇。高中文化程度。已退休。

方言青女陈小惠，汉族。1982年9月出生于大溪镇。大学本科文化程度。就职于平和县大溪镇中心小学。

口头文化发音人陈焕瑜、陈小惠（女）、叶圣达，都是大溪镇人。

地普发音人朱小玲（女）、陈焕瑜、叶秀兰（女），都是大溪镇人。

三　平和客家话音系

（一）声母

平和客家话有 24 个声母（包括零声母）：

表 1　平和客家话声母表

p 八兵飞	pʰ 派片爬病蜂肥饭	m 麦明味问	f 风副船灰活	v 县温云
t 多东	tʰ 讨天甜毒	n 脑南年泥蓝_文_		l 老蓝_白_连路
ts 资早租酒装	tsʰ 刺草寸清字坐全谢拆茶抄初		s 丝三酸想祠事床山双	z 用药
tʃ 张竹	tʃʰ 车		ʃ 城	
tɕ 争纸主	tɕʰ 贼抽柱春		ɕ 顺手书十	
k 高九	kʰ 开轻共权	ŋ 热软月	h 熬好响	
ø 安王				

说明：

1. 舌尖前音 ts、tsʰ、s 和舌面前音 tɕ、tɕʰ、ɕ，舌叶音 tʃ、tʃʰ、ʃ 三套塞擦音的对立互补情况：

舌尖前音 ts、tsʰ、s 除了撮口呼，跟其他介音都可以拼读。

舌叶音 tʃ、tʃʰ、ʃ 只拼开口呼和合口呼，与舌尖前音 ts、tsʰ、s 形成对立。如：张 tʃɔŋ³³ ≠ 装 tsɔŋ³³，蛇 ʃa³⁵ ≠ 啥 sa³⁵。

舌面前音 tɕ、tɕʰ、ɕ 只拼撮口呼和齐齿呼，在音感上也是很明显的舌面音。tɕ、tɕʰ、ɕ 与舌尖前音 ts、tsʰ、s 在齐齿呼上形成对立。如：新 sin³³ ≠ 升 ɕin³³，证 tsin³¹ ≠ 进 tɕin³¹，息 sit²³ ≠ 失 ɕit²³，削 siɔʔ²³ ≠ 勺 ɕiɔʔ²³。

因此，为完整保留舌叶音 tʃ、tʃʰ、ʃ，舌面音 tɕ、tɕʰ、ɕ 分别与舌尖音 ts、tsʰ、s 的对立关系，并体现音感上的差距以及方言接触的影响，我们采取保留三套音位的处理方式。

2. 浊塞擦音声母 z 与开口较大韵母（例如 a、ɛ）相拼，读为ʒ。由于二者存在互补关系，今合为一个音位 z。

3. ŋ 在齐撮呼韵母前实际音值接近 ɲ，与在开合口呼前的 ŋ 形成互补，统一记为 ŋ。

（二）韵母

平和客家话有 74 个韵母（包括声化韵 m）：

表 2　平和客家话韵母表

ɿ 师丝	i 米试戏二	u 苦雨	y 猪
a 茶牙	ia 写	ua 瓦	
ɛ 爸			
ɔ 歌坐过宝			
e 排鞋	ie 世		
	iu 油	ui 对白飞鬼	
ai 大戒摆		uai 快	
ɔi 开赔对文			
au 饱	iau 猫		
ɛu 鸟钓条			
eu 靴笑桥豆走			
m̩ 五			
	ĩ 院		
	iã 兄		
	iũ 畜		
		uãi 歪	
aũ 拗			
	im 心深		
am 南盐	iam 尖欠		
ɛm 喊减			
em 省			
	in 新云文升	un 寸滚云白	yn 根春

续表

an 山半	ian 眼变	uan 官	yan 权
ɛn 年			
ɔn 短			
en 灯争星			
	iŋ 兄文	uŋ 东	yŋ 用
aŋ 硬横	iaŋ 病兄白		
ɔŋ 糖床王双讲	iɔŋ 响		
eŋ 梗			
	ip 十急		
ap 盒塔鸭	iap 接		
ɛp 贴			
ep 掷			
	it 七一橘直	ut 骨国	yt 出
at 辣	iat 热节月	uat 法活	
ɛt 八			
ɔt 刮托			
et 北色	iet 食		
	iʔ 力积	uʔ 谷	
aʔ 白尺	iaʔ 锡		
ɛʔ 伯铁			
ɔʔ 郭壳学	iɔʔ 药		
eʔ 踢历			
	iuʔ 六绿局		
auʔ 雹			

说明：

平和客家话喉塞尾的入声字，是一个弱化的喉塞音，从听感上有时候跟不带喉塞音的元音韵母差别很小，但大部分还保留着入声调值，只有少数古入声字今读阳平，或者有入声、阳平两读，如：托 $t^hɔʔ^{23}$/$t^hɔ^{35}$、鹤 $hɔ^{55}$、霍 $hɔ^{55}$、笛 ti^{35}。

（三）声调

平和客家话有6个单字声调（不包括轻声）：

阴平 33　　东该灯风通开天春买有哭

阳平 35　　门龙牛油铜皮糖红六

阴上去 31　懂古鬼九统苦讨草老五冻怪半四痛快寸去

阳去 55　　卖路硬乱洞地饭树动罪近后

阴入 23　　谷百搭节急拍塔切刻

阳入 53　　麦叶月毒白盒罚

说明：

1. 古浊上与浊去合并成为今阳去调，调值为55，但是也存在部分例外，一些今读为阴上去 31 调，如：满 man^{31}、领 $liaŋ^{31}$、蟹 he^{31}、棒 $pɔŋ^{31}$、骂 ma^{31}、撞 $tsʰɔŋ^{31}$；还有一些字今读为阴平 33 调，如：买 mi^{33}、暖 $nɔn^{33}$、妇 pu^{33}、抱 pau^{33}、坐 $tsʰɔ^{33}$。

2. 阴入调与 -p/-t 尾相配时实际调值略高，是 34，与 -ʔ 尾配时是 23，从互补关系考虑，统一记为 23。

（四）连读变调说明

平和客家话的单字调有6种。单字两两组合成的两字组都会发生变调现象。从两字连读发生变调的位置来看，前字、后字、前后字都可以发生变调现象。在这三种类型中，前变最多。根据前后字声调的不同，表3为平和客家话两字组连读变调表（其中"—"处表示不变调或者没有明显的变调规律）：

表3　平和客家话两字组连读变调规律表

后字 前字	阴平 33	阳平 35	阴上去 31	阳去 55	阴入 23	阳入 53
阴平 33	31	31	35	31	31	31
	55	—	53	53	—	—
	31　55	—	31　55	—	—	—
阳平 35	31	33	31	33	31	—

续表

后字 前字	阴平 33	阳平 35	阴上去 31	阳去 55	阴入 23	阳入 53
阴上去 31	—	—	35	—	33	—
	55	—	—	—	—	—
	33　55	—	—	—	—	—
阳去 55	31	33	31	—	—	33
	53　55	—	—	—	—	—
阴入 23	53	53	53	53	53	—
阳入 53	—	31	31	—	—	31

表4　平和客家话两字组连读变调举例

阴平＋阴平 [33－31 33]	真经 tɕin ken	猪肝 tɕy kɔn	天光 tʰɛn kɔŋ
[33 33－55]	通知 tʰɔŋ ti	鸡公 ke kuŋ	猪哥 tɕy kɔ
[33－31 33－55]	烧锅 seu kɔ	呜咿 ã ĩ	山窠 san kʰɔ
阴平＋阳平 [33－31 35]	家婆 ka pʰɔ	霜条 sɔŋ tʰeu	猪油 tɕy ziu
阴平＋阴上去 [33－35 31]	马桶 ma tʰuŋ	该爱 ka ɔi	真爱 tɕin ɔi
[33 31－53]	欢喜 fan hi	孙子 sun tsɿ	公姐 kuŋ tsia
[33－31 31－55]	师傅 sɿ fu	书袋 ɕy tʰɔi	生分 san fun
阴平＋阳去 [33－31 55]	山路 san lu	杉树 tsʰam ɕy	书袋 ɕy tʰɔi
[33 55－53]	灰卵 foi lɔn	鸡卵 ke lɔn	猪岫 tɕy seu
阴平＋阴入 [33－31 23]	真阔 tɕin kʰuat	猪血 tɕy fiatʔ	松柏 tʃʰoŋ paʔ
阴平＋阳入 [33－31 53]	三十 sam ɕip	番麦 fan maʔ	山麦 san maʔ
阳平＋阴平 [35－31 33]	洋灰 ziɔŋ foi	糖蜂 tʰuŋ pʰuŋ	爷娭 zia ɔi
阳平＋阳平 [35－33 35]	明年 miaŋ nɛn	年头 nɛn tʰeu	神明 ɕin men
阳平＋阴上去 [35－31 31]	田坎 tʰɛn kʰam	黄酒 vɔn tsiu	茶米 tʃʰa mi
阳平＋阳上去 [35－33 55]	蚕豆 tsʰam tʰeu	黄豆 vɔŋ tʰeu	长豆 tʃʰoŋ tʰeu
阳平＋阴入 [35－31 23]	人客 ŋin kʰaʔ	床贴 ʃɔŋ tʰep	松柏 tʃʰoŋ paʔ

阴上去 + 阴平 [31 33 - 55] [31 - 33 33 - 55]	剪刀 tsian tɔ 唱歌 tʃʰɔŋ kɔ	打针 ta tsim 菜刀 tsʰɔi tɔ	火烟 fɔ hiam 老鸦 lɔ a
阴上去 + 阴上去 [31 - 35 31]	火炭 fɔ tʰan	水果 fi kɔ	雨伞 vu san
阴上去 + 阴入 [31 - 33 23]	指甲 tɕi kap	几桌 ki tsɔʔ	狗虱 keu set
阳去 + 阴平 [55 - 31 33]	麵包 mian pau	柜拖 kʰui tʰɔ	治猪 tɕʰi tɕy
阳去 + 阴平 [55 - 53 33 - 55]	豆浆 tʰeu tsiɔŋ	外甥 ŋuai sen	麵麸 mian fu
阳去 + 阳平 [55 - 33 35]	后爷 heu zia	豆油 tʰeu ziu	大门 tʰai mun
阳去 + 阴上去 [55 - 31 31]	样子 ŋiɔŋ tsʅ	路费 lu fui	饭店 pʰun tɛm
阳去 + 阳入 [55 - 33 53]	二十 ŋi ɕip	闹热 nau ŋiat	大麦 tʰai maʔ
阴入 + 阴平 [23 - 53 33]	结婚 kiat fun	发烧 fat seu	北葱 piʔ tsʰuŋ
阴入 + 阳平 [23 - 53 35]	出脓 tɕʰyt nu	铁锤 tʰɛʔ tʰui	日头 ŋit tʰeu
阴入 + 阴上去 [23 - 53 31]	发火 fat fɔ	歇气 hiat kʰi	一气 zit kʰi
阴入 + 阳上去 [23 - 53 55]	测验 tsʰiʔ ŋiam	发梦 put muŋ	一万 zit van
阴入 + 阴入 [23 - 53 23]	一百 zit paʔ	日日 ŋit ŋit	一日 zit ŋit
阳入 + 阳平 [53 - 31 35]	墨盘 met pʰan	月娘 ŋiat ŋiɔŋ	月明 ŋiat men
阳入 + 阴上去 [53 - 31 31]	划算 fa sɔn	侄子 tɕʰit tsʅ	白酒 pʰaʔ tsiu
阳入 + 阳入 [53 - 31 53]	食药 ɕiet ziɔʔ	协石 hiap ʃaʔ	白药 pʰaʔ ziɔʔ

（五）老男和青男在音系上的主要区别

老男和青男在音系的整体格局是保持大致相同，个别字音表现出一定的差异。声母系统中，某些老男读为舌叶音的字，青男读为舌面音。如：射：老 ʃa⁵⁵、青 ɕia⁵⁵；舌：老 ʃɛt⁵³、青 ɕiat⁵³；蛇：老 ʃa³⁵、青 ɕia³⁵。韵母系统中，主要表现在介音上，某些字老男没有介音，而青男受普通话影响带有介音。如：活：老 fat⁵³、青 uat⁵³；肩：老 kɛn³³、青 kian³³；伤：老 ʃɔŋ³³、青 ɕiɔŋ³³。

诏安客家话

一 调查点概况

诏安县属漳州市辖县,其行政地理情况请看 75 页"诏安话"。本调查点为官陂镇,位于诏安北部地区。

诏安县区域内主要使用两种方言:闽南方言主要分布在平原及沿海区域,使用人口约 43 万;客家方言则分布在西部和北部山区,使用人口约为 21 万。本调查点官陂镇多数乡村使用客家话。

诏安本地潮剧影响比较广泛,有很多民间潮剧演出团体。演出时唱词部分使用潮州语音,对白部分则多使用诏安闽南语音。另有一种濒临失传的民间曲艺"歌册",也使用诏安闽南语音演唱,有相对固定的唱腔,全文七字一句,因而也有"唱诗"的称谓。内容为民间故事及英雄传奇,全剧情节完整。受潮剧冲击,"歌册"近年来几乎无人传唱,年轻人普遍已不了解这种民间曲艺。此次全县发动广泛寻找"歌册"传唱人,也只找到一人。官陂镇本地没有自己的民间文艺形式。

诏安客家话是 2016 年福建省语保点,由福建工程学院教师林天送记录整理。

二 方言发音人概况

方言老男张国才,汉族,1955 年 11 月出生在官陂镇,在当地读中小学,高中毕业后务农,中专文化程度。已退休。

方言青男张火光,汉族,1983 年 11 月出生在官陂镇,大专文化程度。就职于诏安县官陂镇中心小学。

方言老女张彩定,汉族,1957 年 6 月出生在官陂镇,小学文化程度。农民。

方言青女张雅苑,汉族,1987 年 1 月出生在官陂镇,中专文化程度。2006 年 5 月后到北京创业。

口头文化发音人有张东琳、张文斌、张雅苑(女)、张惠君(女)、张火光,都是官陂镇人。

地普发音人有张金健、张春燕（女）、张惠君（女），都是官陂镇人。

三 诏安客家话音系

（一）声母

诏安客家话有 21 个声母（包括零声母）：

表 1 诏安客家话声母表

p 八兵飞白	pʰ 派片爬病肥蜂饭	m 麦明味问	f 飞文 风副船灰活文	v 县温云
t 多东	tʰ 讨天甜毒	n 脑南年泥		l 老蓝连路
ts 资早租酒争装文	tsʰ 刺草寸清字贼坐全谢拆茶抄初		s 丝三酸想祠事床山双	z 用药
tʃ 张竹装白纸主	tʃʰ 抽柱车春		ʃ 顺手书十城	
k 高九	kʰ 开轻共权	ŋ 热软熬白月	h 熬文好响	
∅ 活白安王				

说明：

1. p、t 带有明显的内爆音成分。
2. ŋ 与齐齿呼韵母相拼时实际发音为 ȵ。

（二）韵母

诏安客家话有 74 个韵母（包括声化韵 m）：

表 2 诏安客家话韵母表

ɿ 师丝	i 米试戏二飞文	u 苦雨	y 猪
a 茶牙白白	ia 写	ua 瓦活白	
		uɔ 过	
		ue 课	
	iu 油绿局	ui 对白 飞白 鬼	

续表

ai 排_文		uai 快	
εi 排_白鞋			
ɔi 开赔对_文			
au 饱	iau 叫		
εu 料			
ɔu 歌坐宝学	iɔu 药		
eu 豆走	ieu 靴笑桥		
m̩ 五			
	ĩ 院		
	iã 兄_白	uãi 歪	
	iũ 休		
	im 心深		
am 南	iam 盐		
εm 点			
em 参_{人~}			
	in 新升云_文	un 寸云_白滚_文	yn 根滚_白春
an 山半		uan 官	yan 权
εn 年	iεn 变		
ɔn 短			
en 灯星争_文			
	iŋ 兄_文	uŋ 双东	
aŋ 硬争_白横	iaŋ 病	uaŋ 梗	
ɔŋ 糖床王讲	iɔŋ 响	uɔŋ 光	
	iuŋ 用		
	ip 十急		
ap 盒塔鸭法	iap 接		
εp 贴			

续表

	it 七一橘直	ut 骨国	yt 出
at 辣活_文		uat 刮	
ɛt 八			
ɔt 脱			
et 北色白_文	iet 热节月		
		uʔ 谷	yʔ 渠
aʔ 尺	iaʔ 锡		
	iuʔ 六		
ɔuʔ 托郭壳	iɔuʔ 削		
m̩ʔ 目			
	iũʔ 畜		
	iãp 协		
m̩ 鱼			

说明：

1. aʔ、iaʔ、ɔuʔ、iɔuʔ、iuʔ、uʔ、iũʔ、m̩ʔ 等韵母是弱化的喉塞尾韵，听感上与不带喉塞尾的元音韵字没有很明显的差别。

2. ɔŋ、ɔu、iɔuʔ、ɔuʔ 中的 ɔ 近于 ʌ。

（三）声调

诏安客家话有 6 个单字声调：

阴平 22　　东该灯风通开天春买有动_白近_白

阳平 53　　门龙牛油铜皮糖红

阴上去 31　懂古鬼九统苦讨草冻怪半四痛快寸去老五

阳去 45　　卖路硬乱洞地饭树动_文菲近_文后麦每白_白

阴入 23　　谷百搭节急哭拍塔切刻六

阳入 5　　 叶月白_文盒罚

说明：

1. 阴入 23、阳入 5 均为短促调。

2. 阳去 45 近于平调 55。

（四）连读变调说明

诏安官陂客家话两字组连读，后字不变调，前字变调。规律如下：

1. 前字为非入声：

（1）后字为阴平 22，前字一律读 45。

（2）后字为阳平 53、阳去 45、阳入 5，前字一律读 22。

（3）后字为阴上去 31，若前字为阴平 22 或阳去 45，则前字读为 22；若前字为阳平 53，则前字变为 31；若前字为阴上去 31，则前字变为 45。

（4）后字为阴入 23，又根据后字韵尾的情况分为两类：①后字韵尾为 -p、-t 的，前字一律读 31；②后字韵尾为 -ʔ 的，若前字为阴平 22 或阳去 45，则前字读 22，若前字为阳平 53 或阴上去 31，则前字读 31。

2. 前字为入声：

（1）前字为阴入 23，前字韵尾为 -ʔ 的，则前字均读 45；前字韵尾为 -p、-t 的，则前字均读 5。

（2）前字为阳入 5，前字一律读 3。

表 3　诏安客家话两字组连读变调规律表

前字 \ 后字	阴平 22	阳平 53	阴上去 31	阳去 45	阴入 23 -p、-t	阴入 23 -ʔ	阳入 5
阴平 22	45	—	—	—	31	—	—
阳平 53	45	22	31	22	31		22
阴上去 31	45	22	45	22	31		22
阳去 45	—	22	22	22	31	22	22
阴入 23　-ʔ	45	45	45	45	45		45
阴入 23　-p、-t	5	5	5	5	5		5
阳入 5	3	3	3	3	3		3

表4 诏安客家话两字组变调举例

阴平+阴平 [22-45 22]	东方 tuŋ fɔŋ		
阴平+阴入 [22-31 23]	中国 tʃiuŋ kut		
阳平+阴平 [53-45 22]	南方 nam fɔŋ		
阳平+阳平 [53-22 53]	人民 ŋin men		
阳平+阴上去 [53-31 31]	南海 nam hɔi	奇怪 kʰi kuai	
阳平+阳去 [53-22 45]	流汗 liu hɔn		
阳平+阴入 [53-31 23]	时刻 ʃi kʰet	人客 ŋin kʰaʔ	
阳平+阳入 [53-22 5]	南极 nam ket	明白 mɛn pʰet	
阴上去+阴平 [31-45 22]	好心 hou sim	唱歌 tʃʰɔŋ kou	
阴上去+阳平 [31-22 53]	好人 hou ŋin	戏台 hi tʰai	
阴上去+阴上去 [31-45 31]	水井 fi tsiaŋ	半碗 pan van	解放 kai fɔŋ
阴上去+阳去 [31-22 45]	写字 sia tsʰɿ	布袋 pu tɔi	好药 hou ziou
阴上去+阴入 [31 23]	紧急 kin kip	布匹 pu pʰit	半尺 pan tʃʰaʔ
阴上去+阳入 [31-22 5]	火力 fou lit	四十 si ʃip	
阳去+阳平 [45-22 53]	地球 tʰi kʰiu	绿茶 liu tsʰa	
阳去+阴上去 [45-22 31]	地点 tʰi tɛm	饭菜 pʰɔn tsʰɔi	白纸 pʰa tʃi
阳去+阳去 [45-22 45]	大树 tʰai ʃy	办学 pʰɛn hou	绿豆 liu tʰeu
阳去+阴入 [45-31 23] [45-22 23]	大雪 tʰai siet 市尺 ʃi tʃʰaʔ	犯法 fam fap	
阳去+阳入 [45-22 5]	树叶 ʃy ziap	二十 ŋi ʃip	
阴入+阴平 [23-45 22] [23-5 22]	竹篙 tʃuʔ kou 铁钉 tʰet ten	木瓜 hmʔ kua	屋下 vuʔ ha
阴入+阳平 [23-45 53] [23-5 53]	剥皮 pouʔ pʰi 出门 tʃʰyt mun		
阴入+阴上去 [23 45 31] [23-5 31]	竹板 tʃuʔ pɛn 铁板 tʰet pɛn	客气 kʰaʔ kʰi	日本 ŋit pun

续表

阴入+阳去 [23-45 45] [23-5 45]	竹市 tʃuʔ ʃi 铁路 tʰɛt lu	发动 fat tʰuŋ	
阴入+阴入 [23-45 23] [23-5 23]	剥削 pouʔ siɔuʔ 八百 pɛt paʔ		
阴入+阳入 [23-45 5] [23-5 5]	竹叶 tʃuʔ ziap 八十 pɛt ʃip		
阳入+阴平 [5-3 22]	入棺 zip kuan		
阳入+阳平 [5-3 53]	入门 ŋip mun		
阳入+阴上去 [5-3 31]	月饼 ŋiet piaŋ	腊蔗 lap tʃia	
阳入+阳去 [5-3 45]	热闹 ŋiet nau	入学 ŋip hɔu	
阳入+阴入 [5-3 23]	蜡烛 lap tʃuʔ		
阳入+阳入 [5-3 5]	月历 ŋiet let		

(五) 老男和青男在音系上的主要差别

老男读阳去45或阴平22的部分字，青男读上声31，例如：拐：老男 $kʰu^{45}$，青男 ku^{31}；死：老男 si^{45}，青男 si^{31}；杜：老男 $tʰu^{45}$，青男 tu^{31}；表手~：老男 $pieu^{22}$，青男 $pieu^{31}$。

泰 宁 话

一 调查点概况

泰宁县属三明市辖县，位于三明市境西北部。东邻将乐县，西接建宁县，南接明溪县，北部与邵武市交界。东经116°53′—117°24′，北纬26°34′—27°08′。本调查点为县政府驻地杉城镇。

本县人口14.1万人。以汉族为主。少数民族有畲、满、回、藏、苗等，总人数仅四五百人。本县无少数民族语言。本县的汉语方言主要是泰宁话，属于赣语抚广片，实际上是一个以闽方言为老底、赣语化了的、与周围各县不甚相近的独特方言。县内，除新桥、龙湖两乡一些自然村说客家话的汀州话外，各乡方言和城关话都可以通话，但在腔调和尾音上都有些小差异。发展到今天，推普工作力度的加大对泰宁话形成一定的冲击，年轻人音系中声调、韵母相比较老年人已大大简化，呈向普通话靠拢趋势。

本县的地方戏主要是泰宁梅林戏，俗称土戏、土京戏，是福建省汉族地方戏曲剧种之一。

泰宁话是2017年国家语保点。由福建师范大学教师陈瑶全程记录整理。

二 方言发音人概况

方言老男陈祖意，汉族，1950年10月出生于杉城镇，在当地读中小学，大专文化程度。已退休。

方言青男邱灿斌，汉族，1983年10月出生于杉城镇。大学本科文化程度。就职于泰宁一中。

方言老女何少霞，汉族，1946年9月出生于杉城镇。中专文化程度。已退休。

方言青女张秋英，汉族，1985年9月出生杉城镇。大学本科文化程度。就职于三明市金湖旅游职业中专学校。

口头文化发音人有陈祖意、陈继荣、陈继增、何少霞（女）、邱淑贞（女），都是杉城镇人。

地普发音人有陈祖仑、肖文贵、邹德光，都是杉城镇人。

三 泰宁话音系

（一）声母

泰宁话有18个声母（包括零声母）：

表1 泰宁话声母表

p 八兵风_白	pʰ 派片爬病飞_白 蜂_蜜 肥饭_白	m 麦明问		
t 多东张竹	tʰ 早_{迟早} 草寸清贼坐全谢床	n 脑南年泥热软熬月		l 老蓝连路
ts 资早_{早点} 租争装纸	tsʰ 刺_文 抽_{~酒} 拆_文 茶柱抄初		s 刺_白 字丝三酸祠事_文 山双船	
tɕ 酒主	tɕʰ 拆_文 车春手		ɕ 想事_白 顺书十城响	
k 高九	kʰ 开轻共权		x 飞_文 风_文 蜂_{~蜜} 饭_文 好灰活	
ø 味县温王云用药			h 讨天甜毒抽_{~水} 拆_白	

说明：

1. x 与 h 是对立的。从来源上来看，读 h 的绝大多数为古透、定母字，小部分是彻、澄母字，读 x 的多为晓匣母和非组字；从发音上看，h 是喉音，x 是舌根擦音，但在非对比的情况下，在音节中两者听感上很接近。

2. 非组声母与合口韵母相拼，大部分读为 x，偶尔读为近似双唇清擦音 ɸ，例如单字"付""费"等，部分字在口语中偶尔还会出现 x 与 f 的自由变读，但因为不起区别意义的作用，我们统一记为 x。

（二）韵母

泰宁话有 40 个韵母（包括声化韵 ŋ）：

表 2　泰宁话韵母表

ɿ 师丝走_白_	i 试戏二十急一	u 苦五笑_白_谷六_又_	y 猪雨出
a 茶牙塔鸭学_~习_白_~天_	ia 写	ua 瓦法活刮	
æ 排鞋辣八节	ie 接贴热		
ə 飞_白_桥_白_月		uə 靴	
o 歌过_白_宝盒托壳学_~书_		uo 过_文_郭国_文_	yo 药尺
	iu 油六_又_绿局	ui 对_正确_飞_文_鬼骨国_白_	
ai 财		uai 坐开赔对_~_快短_白_	
ei 米豆走_文_七橘锡			
oi 北直色白_明~_			
au 饱	iau 笑_文_桥_~灯_		
ŋ̍ 虫			
	in 深升	un 滚	yn 寸春云
an 山_文_年_姓名_	ien 盐年过~	uan 山_白_半短_文_官	
ən 心新病_文_星_文_		uən 县	
on 权根灯争星_白_			
aŋ 南硬	iaŋ 病_白_兄_白_	uaŋ 横	
oŋ 糖床双讲	ioŋ 响	uoŋ 王	
		uŋ 东	yuŋ 兄_文_用

说明：

1. 韵母 uə 中的 ə 比标准的央中元音 ə 要略低、靠前。

2. o 的发音比标准元音 o 偏开、偏低，介于第六号标准元音和第七号标准元音之间；韵母 on 中的元音 o 舌位略偏前。

3. uɛ 韵母中 u 与 ɛ 之间有轻微的过渡音 ə。

4. 韵母 ei 的韵尾较弱。

5. 韵母 iu 逢时长较长的阳去调 213 时，中间会产生一个弱 o。

6. 韵母 aŋ 的韵尾 ŋ 比舌根位置略微往前，但 aŋ 跟 an 是对立的，这种对立与古音韵地位并不对应。

7. 韵母 yuŋ 中的 u 略松，近于 o。

（三）声调

泰宁话有 5 个单字声调（不包括轻声）：

阴平 31　　东该灯风通开天春六$_乂$麦叶月毒白盒罚

阳平 33　　门龙牛油铜皮红

阴上 35　　懂古鬼九统苦讨草买老五有近$_{白}$后$_{脊}$~谷百搭节急哭拍切刻

阴去 51　　冻怪半四痛快寸去糖六$_乂$

阳去 213　卖路硬乱洞地饭树动罪近$_文$后$_前$~塔

说明：

1. 阴平是个中降调，降幅不大，近于 32；有时起调较低，近于 21。我们统一记为 31。

2. 阳平调是个中平调，单字发音时高度不很稳定，有时偏高，我们统一记为 33。

3. 阴上调记为 35，偶尔调尾有微降，但不足以影响调型。

4. 阴去调是个典型的全降调，起点高，降幅大，我们记为 51。

5. 阳去调是一个开头有微降的升调，我们记为 213。

6. 泰宁话中存在"变读阴去调"的现象。从泰宁话古今对应规律来看，今读阴去调 51 的绝大多数源于古清去字，除此，系统中还有部分其他来源的字现在也读成阴去调 51，这些字并不局限于某古音类，一般为名词。例如：哑、姐"姑姑"$_乂$、鼻、嫂、猫、鸟、头$_{脑袋}$、瞎、面$_脸$、虱、糖、影"影子"$_乂$、饼、名"名字"$_乂$、横、虫、糜、箸、毛、目、贼、聋、叔、婶、妹、窟、锤等。这些字的单字调已经读成阴去 51 调，连调规律也同于源自清去的阴去字。

（四）连读变调说明

泰宁方言部分双音节词连读时慢说时不变调，快读时有变调现象。二字组变调模式基本可以分为两种：

一种是典型的"前重后轻"式。

连调字组的前字比后字时长长、音强强，前字调值同单字调基本相同，后字变读轻声。这个轻声的调值不很稳定，大多时候接近于阳平 33 调，有时候调值为 21，有时候为 53、32 等。因为比单字调时长短、音强弱，我们将这个连读两字组的后字调值统一处理为 0。例如：

潲水 凉水 tʰən⁵¹sui⁰　　五节 端午节 nu³⁵tsæ⁰　　地方 hi²¹³xuoŋ⁰　　菜刀 sʅ⁵¹to⁰
下板＝下面 xa²¹³pan⁰　　外面 uai²¹³mien⁰　　萝卜 lo³³pʰua⁰　　尾巴 mui³⁵pa⁰

另一种是非典型的"前重后轻"式。

泰宁话多字组连读模式绝大多数都是前重后轻式，但部分连读字组的前后字音强差别不很明显，这时候前后字相对于原单字调在调值上有一些改变，这些变化大体上呈现出一定的规律性。综合来看，二字组中"阴上＋阴平""阴去＋阴平""阳平＋阳平""阴去＋阳平""阴平＋阴上""阴上＋阴去"快读与慢读调值基本不变，其余二字组在快读时一般会发生变调。变调以后字为主，但前字偶尔也会发生变调，例如，阴平字可能由 31 变为 22，阳去由 213 变为 21。而后字变调后为高降调的实际上有两种调值：51 和 53，这两种调值的不同取决于后字音强的强弱，音强稍强的就是全降调 51，音强较弱的一般为 53，我们统一记为 51 调。两个阳平字相连后字调尾偶尔会下降，例如："盘鱼""禾镰""零钱"等实际的连读调值为 33＋32，后字调尾是否降与二字组是否为典型的"前重后轻"式有关系，即后字音强的轻重决定后字的调值，这种细节可能会因发音人用力的强弱而不同，不具有区别的价值，我们统一处理为 33＋33。

表 3　泰宁话部分"前重后轻"式两字组连读变调表

前字＼后字	阴平 31	阳平 33	阴上 35	阴去 51	阳去 213
阴平 31	22　33	35	—	35	22　33
阳平 33	33	—	33	31	33
阴上 35	—	51	51	51	21
阴去 51	—	—	21	21	21
阳去 213	33	21　35	21	21　35	33

表4　泰宁话两字组连读变调举例

阴平＋阴平 [31-22 31-33]	今朝 kin tiau	天光 han kuoŋ	通书 hŋ çy
阴平＋阳平 [31 33-35]	灰尘 xuai ʰiŋ	清明 tʰiaŋ miaŋ	高粱 ko lioŋ
阴平＋阴去 [31 51-35]	甘蔗 kon tçia	生意 son i³⁵	车票 tçʰia pʰiau
阴平＋阳去 [31-22 213-33]	街道 kæ ʰo	家具 ka kʰy	欺负 kʰi xu
阳平＋阴平 [33 31-33]	洋灰 ioŋ xuai	时分 çi xun	元宵 non çiau
阳平＋阴上 [33 35-33]	洋火 ioŋ xuo	牙齿 na tçʰi	雷闪 nin kʰa
阳平＋阴去 [33 51-31]	油菜 iu sɿ	茅厕 mau tçʰy	芹菜 kʰin sɿ
阳平＋阳去 [33 213-33]	松树 tʰyuŋ çy	蚕豆 tsʰan ʰei	和尚 uai çioŋ
阴上＋阳平 [35 33-51]	鲤鱼 lei nə	锁匙 so çi	纸钱 tsæ tʰien
阴上＋阴上 [35 35-51]	滚水 kun sui	老鼠 lo tçʰy	喜鹊 çi tçʰyo
阴上＋阳去 [35 213-21]	旱地 xuan ʰi	手电 tçʰiu ien	旅社 li çia
阴去＋阴上 [51 35-21]	戒指 kai tçi	正手 tçiaŋ tçʰiu	背脊 pui tçia
阴去＋阴去 [51 51-21]	店铺 taŋ pʰu	妒忌 tu ki	故意 ku i
阴去＋阳去 [51 213-21]	厝下 tçʰy xa	相貌 çioŋ mau	灶下 tsɿ xa
阳去＋阴平 [213 31-33]	丈夫 hioŋ xu	面灰 mien xuai	外甥 uai san
阳去＋阳平 [213-21 33-35]	大门 hai mun	二胡 ni xu	芋头 uə ʰei
阳去＋阴上 [213-21 35]	麺粉 mien xun	饭馆 pʰən kuan	大水 hai sui
阳去＋阴去 [213-21 51-35]	运气 un kʰi	路费 lu xui	饭店 pʰən taŋ
阳去＋阳去 [213 213-33]	现在 çien tʰai	外号 uai xo	味道 ui tau

（五）老男和青男在音系上的主要区别

1. 老男有5个声调：阴平31，阳平33，阴上35，阴去51，阳去213。而青男将老男的阳去调并入阴平调中，因此只有4个调：阴平31，阳平33，阴上35，去声51。

2. 泰宁青男也存在"变读去声调"的现象。从泰宁话古今对应规律来看，今读去声调51的绝大多数源于古清去字，除此，系统中还有部分其他来源的字现在也读成阴去调51，这些字并不局限于某古音类，一般为名词。例如：哑、鼻、猫、鸟、头_{脑袋}、瞎、面_脸、虱、糖、影"影子"义、饼、名"名字"义、横、虫、糜、箸、毛、贼、妹、锤等。相比较老男，青男"变读去声调"的字有减少趋势。

3. 老男音系中的舌根擦音 x 和喉擦音 h 在青男的音系中已经混同，实际发音介于 x 和 h 之间，我们一律记为 h。

4. 老男音系中非组字同晓匣母字相混，而青男偶尔将非、敷、奉母字读成唇齿音 f，但追问后会念回 h，我们一律记为 h。

5. 少数古彻、澄母等字老男读成 t^h 声母而青男读成零声母，例如："朝"青男读为 [iau^{33}]，"抽"青男一读为 [iu^{31}]，"畜"青男读为 [iu^{35}]。

6. 老男音系中对立的 on 与 ən 韵母在青男音系中已经合为一个：ən。

7. 老男音系中对立的 an 与 aŋ 韵母在青男音系中已经合为一个：an。

建 宁 话

一　调查点概况

建宁县属三明市辖县，位于三明市境西北部。东邻泰宁县，南接宁化县、明溪县，西部、北部与江西省交界。东经116°30′—117°03′，北纬26°32′—27°06′。本调查点为县政府驻地濉溪镇。

本县人口约15.6万，其中汉族人口占99.3%，少数民族人口极少，仅千余人。建宁话属赣语，分布于建宁各乡镇，为本县普遍通用方言。多数乡下话和城关话大同小异，只有南部均口镇、伊家乡和西部客坊乡与宁化县交界一带口音与客家方言相近，和城关话区别略大。

本地地方曲艺主要是建宁山歌。

建宁话是2017年福建省语保点。由福建师范大学教师黄涛全程记录整理。

二　方言发音人概况

方言老男詹起兴，汉族，1952年3月出生于濉溪镇，在当地读中小学，初中文化程度。务农。

方言青男吴志华，汉族，1991年11月出生于濉溪镇，高中文化程度。自由职业。

方言老女张学华，汉族，1955年2月出生于濉溪镇，小学文化程度。无职业。

方言青女詹小妹，汉族，1979年7月出生于濉溪镇，初中文化程度。无职业。

口头文化发音人有黄忠华、王吉琴（女）、刘银秀（女）、徐显云、邓印福、张学华（女），都是濉溪镇人。

地普发音人有徐显云、黄忠华、邓印福，都是濉溪镇人。

三 建宁话音系

(一) 声母

建宁话有 17 个声母（包括零声母）：

表 1 建宁话声母表

p 八兵	pʰ 派片爬病	m 麦明问₍白₎	f 飞风副蜂肥饭灰活	v 味问₍白₎月县云
t 多东资早租张竹争装	tʰ 讨₍文₎刺草寸字贼坐抽拆茶抄初车春	n 脑南年		l 老蓝连路
ts 酒纸主	tsʰ 清全谢柱		s 丝三酸想祠事床山双船顺手书十城	
k 高九	kʰ 开轻共权	ŋ 泥热熬	h 讨₍白₎天甜毒好响	
ø 软安温王用药				

说明：

1. ts、tsʰ、s 在齐齿呼、撮口呼前实际音值为 tɕ、tɕʰ、ɕ。古知章庄精四组合流，今洪音前绝大多数读 t、tʰ，在口语中偶尔也出现 t 和 ts 自由变读的情况。

2. h 在齐齿呼、撮口呼前，发音部位前移到舌面中部；与合口呼韵母相拼时，有时实际发音是自由变体 [ɸ]，甚至在这一条件下有时可以和 [f] 自由变读。

3. 零声母音节开头带有轻微的喉塞音，合口呼韵母前有明显的浊摩擦，例如"软"的实际音值为 [wuən⁵⁵]。

（二）韵母

建宁话有 71 个韵母（包括声化韵 m、ŋ）：

表2　建宁话韵母表

	i 雨试戏二飞	u 苦五
a 茶牙	ia 写	ua 瓦
	ie 米	ue □(睡)
ɔ 猪开白师丝		
o 歌坐	io 靴	uo 过
	iu 油	ui 鬼
ai 排鞋		uai 快
ei 开文赔对		uei 块
au 宝饱	iau 笑桥	
əu 豆走		
m 唔		
ŋ 通		
	im 心深	
am 南	iam 盐	
əm 参人参		
om 感		
	in 新	un 寸滚春
an 山		uan 关
ən 根		uən 权
	ien 年	
on 半短		uon 官
		uin 云
	iŋ 升星	uŋ 东
aŋ 硬争	iaŋ 病兄兄弟	uaŋ 横
əŋ 灯		
oŋ 糖床双讲	ioŋ 响兄表兄	uoŋ 王
	iuŋ 用	

续表

	ip 十急	
ap 塔鸭	iap 接贴	
op 盒		
	it 七一	ut 骨出
at 法辣八		uat 刮
ət 捏		uət 月
	iet 热节	
ot 托		uot 活
		uit 橘
	ik 直	uk 谷
ak 白尺	iak 锡	
ək 北色		uək 国
ok 壳学	iok 药	uok 郭
	iuk 六绿局	

说明：

1. 元音 o 在 on、ot 中部位偏前，实际音值为 o；在 oŋ、ioŋ、ok 中开口度略大，介于 o 与 ɔ 之间；o、on、ot、oŋ、ok 与 p、pʰ、m、f 相拼时，中间滋生出介音 u，on、ot 前的介音 u 比 oŋ、ok 前的更为明显。

2. aŋ、au 中的主元音实际发音部位偏后，接近 ɑ。

3. ien 韵母在与 v 声母相拼时，前面滋生出一个较明显的 u，实际音值为 [vuien]。

4. uən 与 uon 相近，但有别，例如：软 [uən⁵⁵] ≠ 碗 [uon⁵⁵]，圈 [kʰuən34] ≠ 宽 [kʰuon34]。uon 中的元音 o 发音部位偏前，实际音值为 ɵ。

5. 在非对比的情况下，in、ən、iŋ、əŋ 的韵尾较弱，鼻音收音都偏向中部，导致 in 和 iŋ 十分接近，ən 和 əŋ 也十分接近，但强调时对立仍然存在，例如：新≠星、进≠正、吞≠厅、根≠耕。部分古臻摄字和梗摄字已经混同，例如：亲 [tsʰiŋ34] = 清 [tsʰiŋ34]、民 [min24] = 明 [min24]。

6. ue 中的 u 发音部位偏前。

（三）声调

建宁话有 7 个单字声调：

阴平 34　　东该灯风通开天春
阳平 24　　门龙牛油铜皮糖红
阴上 55　　懂古鬼九统苦讨草买老五有近
阴去 21　　冻怪半四痛快寸去
阳去 45　　卖路硬乱洞地饭树动罪后
阴入 2 　　谷百搭节急拍塔切刻_{时刻义}
阳入 5 　　六麦叶月毒白盒罚刻_{雕刻义}

说明：

1. 阴平 34 与阳平 24 都是中升调，比较相近，二者区别在于：阴平起调略高，且上升幅度有限；阳平起调略低，开始有下降趋势，随后扬起，上升幅度较大，实际调值接近 214，只是开始的下降部分不到 1 度差异。

2. 阴上 55 起点略低，随后轻微上扬，与阳去 45 非常相近，二者的主要区别在于时长：阴上时长较长，阳去时长较短，且结束仓促，听感上有时像入声。在非对比的情况下，两种声调的调值有时几乎没有差异。

3. 阴去 21 有两个自由变体形式 21 和 213。其中 21 出现频率更高，统一记为 21。变体 213 与阳平 24 较为接近，二者的区别在于：阴去开始时下降部分的时长更长一些，幅度更大，而阳平则以后面的上扬作为更主要的部分。

4. 阴入 2 是短促调。

5. 阳入 5 是短促调，起调略低，仅从调值上看接近 45，与阳去 45 类似，但阳入时长更短，入声短促调的特征非常明显，且有韵尾存在，不太容易相混。

（四）连读变调说明

从变调分布来看，以调类为条件的变调规律并不严格，同样的调类组合，往往有多种连读变调结果。我们暂且将前字调类条件较宽泛但后字多数具有统一变调形式或后字调类条件较宽泛但前字多数具有统一变调形式的两种情况，看作是调类依存型变调，将其他变调看作是词语进入一定的韵律模式后形成韵律型变调。我们怀疑，调类依存型连读变调，可能可以归并入韵律型变调中。这个问题有待于进一步的研究。

1. 调类依存型连读变调：
(1) 前字变调：

①阳平字（24）在阴平之外的其他调类（阳平、阴上、阴去、阳去、阴入、阳入）前，变为低降调21，例如：

阳平＋阳平：　洋油［ioŋ²¹iu⁵⁵］　　明年［miaŋ²¹ŋien⁵⁵］

阳平＋阴上：　年尾［ŋien²¹mei⁵⁵］　门槛［mən²¹tʰan⁵⁵］

阳平＋阴去：　油菜［iu²¹tʰai⁵⁵］　　郎婿［loŋ²¹sie⁵⁵］

阳平＋阳去：　时候［si²¹həu⁴⁵］　　前面［tsʰien²¹mien⁴⁵］

阳平＋阴入：　禾雀［uo²¹tsiok⁵］　　头发［həu²¹fat⁵］

阳平＋阳入：　阳历［ioŋ²¹lik⁵］　　茶叶［tʰa²¹iap⁵］

②阳去字（45）在阳平、阴上、阴去、阴入前，往往时长特征得不到体现，与阴上无异，我们一般记作55，例如：

阳去＋阳平：　后年［həu⁵⁵ŋien²¹］　柱头［tsʰi⁵⁵həu²¹］

阳去＋阴上：　麵粉［mien⁵⁵fun²¹］　二两［ŋi⁵⁵lioŋ²¹］

阳去＋阴去：　大炭［hai⁵⁵han²¹］　　路费［lu⁵⁵fi²¹］

阳去＋阴入：　豆角［həu⁵⁵kok²］　　认得［ŋin⁵⁵tək²］

(2) 后字变调：

①阳平字（24）在阴上之后变为低降调21，在其余各调（阴平、阳平、阴去、阳去、阴入、阳入）之后变为高平调，阴平后记为44，其余五调后记为55，例如：

阴平＋阳平：　今年［kin³⁴ŋien⁴⁴］　衣裳［i³⁴soŋ⁴⁴］

阴上＋阳平：　老婆［lau⁵⁵pʰo²¹］　　本钱［pun⁵⁵tsʰien²¹］

其他＋阳平：　麻油［ma²¹iu⁵⁵］　　石头［sak⁵kʰəu⁵⁵］

②阴上字（55）在阴上、阳去、阳入之后变为低降调21，例如：

阴上＋阴上：　老酒［lau⁵⁵tsiu²¹］　　雨伞［i⁵⁵san²¹］

阳去＋阴上：　弟嫂［hie⁵⁵sau²¹］（弟媳）　背手［pʰei⁵⁵səu²¹］（左手）

阳入＋阴上：　蚀本［siet⁵pun⁵⁵］　　直爽［tsʰik⁵soŋ²¹］

③阴去字（21）在阳平之后变为高平调55，例如：

阳平+阴去：　　来记［lai²¹kei⁵⁵］（忘记）　　油菜［iu²¹tʰai⁵⁵］

④阳去字（45）在阴上和阳去之后变为低降调21，例如：

阴上+阳去：　　老弟［lau⁵⁵hie²¹］　　肯定［kʰən⁵⁵hiŋ²¹］

阳去+阳去：　　垫被［hian⁵⁵pʰie²¹］　　后背［həu⁵⁵pə²¹］

⑤阴入字（2）在阳平之后变为高调5，例如：

阳平+阴入：　　磁铁［tʰɚ²¹hiet⁵］　　菩萨［pʰu²¹sat⁵］

⑥阳入字（5）在阴上之后变为低调2，例如：

阴上+阴去：　　手镯［səu⁵⁵tʰok²］　　小麦［siau⁵⁵mak²］

2. 韵律型连读变调：

（1）前低后高：

主要指两个单字调均为高调值的字（阴平、阴上、阳去、阳入）相连时，前字略低，后字略高，前字一般不变调，后字调值依组合的具体情况及发音时的强弱略有参差，不十分稳定。

①阴上与阴上组合、阳去与阳去组合，阴上与阳去组合时，因原调值本身已经很高（55、45），变调虽略高一点，但不到一度的范围，因而仍写为原调。阴上与阳去在单字调调型上基本一致，都是在高调域上的微升，二者主要区别在于时长。在连读时，这种时长的差异往往被忽略，组合时形成的调型模式类似"低高低高"（2-4-3-5）的错落上升模式，但升幅被压缩在高调域的一个窄范围内。阳入调也是高调，除韵尾和时长的区别外，与其他高调组合时，表现类似于此，阳入调我们仍记为原调值5。例如：涨水［toŋ⁵⁵fi⁵⁵］、现在［hien⁴⁵tʰai⁴⁵］、以后［i⁵⁵həu⁴⁵］、嘴上［tsi⁵⁵soŋ²¹］、着火［tʰok⁵fo⁵⁵］。

②在高调组合中，阴平作为后字时，实际调值变化最多，前字为阴平时，调值略低且常有趋平的现象，我们记为44，前字为阴上、阳去时，调型多数仍保持34的微升趋势，但调值略高，近45，但与记作45的阳去不同，且有时也仍有趋平的现象，为避免混淆，我们仍记为34。例如：花生［fa³⁴ soŋ⁴⁴］、供猪［kiuŋ³⁴tɚ³⁴］（养猪）、娶亲［tsʰie⁵⁵tsʰin³⁴］（说媒）、地方［hi⁴⁵foŋ³⁴］。

（2）后字降调：

在多数调类组合中，都存在一种后字变降调的连读变调，这时前字的调值为24或21（可以是本调，也可以是变调形成）。前字为21的降调，降调起点比前字为24的略低一些，但这类降调也依发音时的用力程度不同而存在不稳定的情况，由于不存在对立，两种降调我们统一记录为51。这种后字降调甚至可以延及入声。例如：鸡蛋［kie²⁴han⁵¹］、新人［sin²⁴ŋin⁵¹］、邻舍［liŋ²¹sa⁵¹］（邻居）、锣鼓［lo²¹ku⁵¹］、铅笔［tsʰien²⁴pit⁵¹］、猪血［tɤ²⁴fiet⁵¹］。

（五）老男和青男在音系上的主要区别

1. 声调方面：老男区别阴上与阳去，青男阴上与阳去合流，统一记为阴上55，实际音值不太稳定，有时趋平，为55，有时起始略低，随后轻微上扬，为45，这一变体与阴平34非常接近，差异主要在调值的高低。

2. 韵尾的简化：青男无－m、－p尾，老男－m、－p尾例字归并入－n、－t尾韵。－k尾基本上已并入－t尾，仅在ak韵保留与－at的对立，老男其他－k尾韵例字除uək外归并入相应－t尾韵，uək韵例字并入uot韵。青男无iŋ韵，老男iŋ韵例字与in韵例字青男已合并，鼻音韵尾多数含混且偏前，本书统一记为in。

3. 老男无撮口呼韵母，青男增加了五个撮口呼韵母，来源均与u、i紧密结合有关。yn来自于老男uin韵例字；yt来自于老男uit、iuk韵例字；yən来自于与v拼合的iən韵例字；yə来自于与v拼合的ui韵例字；yət来自于与v拼合的iet韵例字。

浦城城关话

一 调查点概况

浦城县属南平市辖县，位于南平市境东北部。东邻浙江省、松溪县，西接江西省、武夷山市，南接南平建阳区，北部与江西省、浙江省交界。东经118°11′—118°49′，北纬27°32′—28°22′。本调查点为县政府驻地南浦街道，本书称为浦城城关话，有时又通称为浦城话。

据2018年资料，全县人口43.06万人，其中汉族人口42.5万多人、少数民族人口0.5万多人，无少数民族语言。浦城县的方言比较复杂：①包括县政府驻地在内的北部12个乡镇通行的是吴方言，俗称"浦城话"，与原衢州、信州的吴方言大体相通，与闽北诸县则不相通。浦城话以县城南浦镇口音为代表，北部忠信、管厝、岩步一带（俗称大北、小北）口音与南浦镇有别，主要是声调上有差异。②南部5个乡镇通行的是闽北方言，俗称"南乡话"，以石陂话为代表，和闽北方言、建瓯片的水吉口音十分相近。和南浦镇相近的临江和水北街乡的观前一带杂有浦城话的成分。③忠信乡西北部毛洋、际洋、海溪一带有1000多户人家所说的方言与浙江省遂昌、龙泉边界连片，俗称"福建腔"，属于闽西客家方言，与连城口音相近。④闽浙赣交界处的盘亭乡，散布着三种方言岛：深坑和上黄处村一带与浙江省江山市廿八都话连界的"正字"，即"北方方言岛"；上黄处、下洋坑两村的少数自然村（约200户）保留着祖上带来的"下府话"，即闽南方言（近于泉州口音）；闽赣边界的界牌村，有百来人说俗称的"麻山话"，是赣方言岛，近于抚州、南丰口音。⑤其余边境自然村落口音与邻省邻县多相近：在吴方言地区盘亭乡均溪、刘田、东峰一带口音与广丰县吴方言无异；富岭镇、管厝乡便捷村带龙泉口音；官路乡边界村带江山口音；永兴、古楼两乡边界村多带崇安口音。

浦城的剧种有赣剧、越剧、京剧、传子木偶戏、马灯戏、太子花灯、三角戏等，这些剧种，除传子木偶、马灯戏是浦城自创外，其他均为外地传入。清末民初有过浦城戏，用浦城方言自拉自唱，现已失传。

浦城话是 2018 年国家语保点。由福建工程学院教师林天送全程记录整理。

二　方言发音人概况

方言老男揭东晓，汉族，1964 年 11 月出生于浦城县水南乡，在当地读小学，在浦城一中读中学，大专文化程度。目前就职于浦城县教师进修学校。

方言青男郑佳，汉族，1987 年 11 月出生在浦街道，大学本科文化程度。就职于浦城县教育局。

方言老女李翠兰，汉族，1962 年 9 月出生于南浦街道，大专文化程度。已退休。

方言青女邓晓桢，汉族，1981 年 7 月出生在南浦街道，大学本科文化程度。就职于浦城县和平小学。

口头文化发音人有揭东晓（水南乡）、吴夏孙（管厝乡）、邓晓桢（女，南浦街道）、季如军（女，南浦街道）。

地普发音人有郑佳、季晓（女）、吴娇秀（女），都是南浦街道人。

三　浦城话音系

（一）声母

浦城话有 19 个声母（包括零声母）：

表 1　浦城话声母表

p 八兵爬病	pʰ 派片	m 麦明问白	f 飞风副蜂肥饭味问文
t 甜毒	tʰ 讨天	n 脑南	l 多东老蓝连路
ts 资早租字坐全祠竹茶争装	tsʰ 草寸清贼拆抄初春		s 丝三酸事床山双船顺城
tɕ 酒谢张柱纸主	tɕʰ 刺抽车		ɕ 想手书十
k 高九共权	kʰ 开轻	ŋ 年泥热软熬月	x 好灰响活

∅ 县安温王云用药			

说明：

1. ts、tsʰ、s 只拼开口呼和合口呼，tɕ、tɕʰ、ɕ 只拼齐齿呼和撮口呼。
2. k、kʰ、x 与细音韵母相拼，实际音值为 c、cʰ、ɕ。
3. ŋ 在细音韵母前发音部位偏前，近于 ɲ。

（二）韵母

浦城话有 33 个韵母（包括声化韵 ŋ̍）

表2　浦城话韵母表

ɿ 丝	i 试戏二飞直尺	u 谷	y 鬼
a 排鞋	ia 爷	ua 快	
ɑ 茶牙盒塔鸭法辣八	iɑ 者	uɑ 歌过瓦活刮	yɑ 越
e 赔师北色锡	ie 写猪接贴十急热节七一橘	ue 坐开对短白国	ye 靴雨月出
	iu 油局		
ao 宝饱托郭壳学	iao 笑桥豆走药		
		uo 苦五骨	
ou 六绿			
ŋ̍ 红白			
ãi 南山半硬争	iãi 盐年	uãi 短文官横	yãi 权
eŋ 米心深根新灯升病星			
	iŋ 紧		
aŋ 糖床王双讲	iaŋ 响		
oŋ 东	ioŋ 兄用		
		uiŋ 寸滚春	yiŋ 云

说明：

1. a 的音值近于 æ。

2. ie、ye 的主要元音舌位较低，实际音值分别近于 iɛ、yɛ。e 韵的实际音值为 ɛe，ue 韵的实际音值为 uɛe。

3. ãi、uãi、iãi、yãi 的实际音值分别是 æ̃ẽ、uœ̃ẽ、iœ̃ẽ、yœ̃ẽ。

4. eŋ 拼舌根音声母，带有轻微的过渡音 i，如"根"的音是 kieŋ。

5. uiŋ、yiŋ 韵母的实际音值是 ueiŋ、yeiŋ。

6. ãi 带有轻微的鼻尾 n，实际音值为 ãin，如"山争"等字。

（三）声调

浦城话有 7 个单字声调（不包含轻声）：

阴平 35　　东该灯风通开天春

阳平 24　　门龙牛油铜皮糖红

阴上 44　　懂古鬼九统苦讨草

阳上 54　　买老五有动近₁后₁

阴去 423　　冻怪半四痛快寸去；

阳去 21　　卖路硬乱洞地饭树罪近₂后₂

入声 32　　谷百搭节急哭拍塔切刻六麦叶月毒白盒罚

说明：

1. 阳平 [24] 开头略降，降幅比阴去小，实际音值近 214。

2. 阴去 [423] 是降升调，有时中间带有嘎裂，终点有时比开头高。

3. 轻声 [0] 短而轻，调值为 44。

（四）连读变调说明

浦城话两字组连读变调较为简单。阴平 35、阳平 24 在阳平 24、阴上 44、阳去 21 前变为 53。其他两字组不变调。例如：

阴平 + 阳平　[35 - 53 24]　　灰尘 xue tseŋ

阴平 + 阴上　[35 - 53 44]　　开水 kʰue çy

阴平 + 阳去　[35 - 53 21]　　溪岸 kʰie ŋãi

阳平 + 阳平　[24 - 53 24]　　煤油 me iu

阳平 + 阴上　[24 - 53 44]　　年底 ŋiãi lie

阳平 + 阳去　[24 - 53 21]　　时候 çi xɑo

（五）老男和青男在音系上的主要差别

1. 老男读 ɑ 韵的字，青男一般读 uɑ。

2. 老男读 ɑo、uɑ 韵的部分字，青男读 uo。

3. 老男读阳去 21 的部分字，青男读阴去 423。

4. 老男读阴去 423 的部分字，青男读 24。

南平延平话

一 调查点概况

南平市位于福建省北部。东邻浙江省、宁德市，西接江西省，南接三明市、福州市、宁德市，北部与江西省、浙江省交界。辖延平、建阳两区，邵武、武夷山、建瓯3市，顺昌、浦城、光泽、松溪、政和5县。东经117°50′—118°40′，北纬26°51′—26°52′。南平市政府驻地是建阳区的潭城街道，本调查点为市辖延平区紫云街道。

延平区本地人口约49.98万人，其中以汉族为主，占99.44%，兼有畲、苗、回、满、僮、高山等十余个少数民族。畲族人口居其他少数民族之首。延平区的方言主要有三种：①官话系统，分布在区政府驻地、西芹镇区及坂后、留墩村、东坑镇大部分村落、大横镇区及常坑、洪溪村和南山镇的吉溪村。②闽语闽北方言，主要分布在来舟、峡阳、夏道、王台、炉下、大洋、茂地各乡镇及南山、大横、西芹、塔前的大部分村庄。③闽语闽东方言，主要分布在樟湖、太平、赤门、巨口、洋后各乡镇。本调查点属于延平官话系统方言，福建方言调查传统上称为南平官话。

当地的曲艺主要有"南词"（以坐唱形式演唱戏文、道白采用南平官话）、南剑戏（小腔戏）、斗会音乐。

南平市延平区官话是2016年国家语保点。由福建师范大学教师陈泽平全程记录整理。

二 方言发音人概况

方言老男陈武，汉族，1946年11月出生在延平区，中专文化程度。已退休。

方言青男杨仰武，汉族，1986年7月出生于延平区，初中文化程度。自由职业。

方言老女曾凤金，汉族，1953年12月出生于延平区，初中文化程度。已退休。

方言青女杨凤娇，汉族，1983年5月出生于延平区，初中文化程度。就职于南平市杨西（中）居委会。

口头文化发音人有吕霖（女）、吴秀珍（女）、曾凤金（女）、陈武、邓志春、杨礼周、林歆洁（女），都是延平区人。

地普发音人有曾凤金（女）、吕霖（女）、吴秀珍（女），都是延平区人。

三　南平延平话音系

（一）声母

南平延平有17个声母（包括零声母）：

表1　南平延平话声母表

p 八兵病	pʰ 派片爬蜂白	m 麦明		
t 多东毒	tʰ 讨天甜			l 脑南年泥老蓝连路软
ts 资早租字贼坐竹争纸	tsʰ 刺草寸祠拆茶抄初车		s 丝三酸谢事顺十	
tɕ 酒张柱装主	tɕʰ 清全抽床春船城		ɕ 想山双手书	
k 高九共	kʰ 开轻权	ŋ 我	x 飞凤副蜂文肥饭好灰响活县	
ø 味问热熬月安温王云用药				

说明：

1. 古见组字绝大部分仍读舌根音声母，例如"见"读 [kien³⁵]、"欺"读 [kʰi³³]。仅有个别见组细音字读同精组字，如"吃"读 [tɕʰiʔ³]。这应该是受普通话影响的结果。

2. 古精知庄章字合流，与细音韵母相拼时舌尖收紧点后退，音色近于舌叶音。为便于与官话方言比较，我们将古精知庄章组字合并为一套舌尖塞擦音和擦音音位。通常情况下，我们将拼开合两呼的声母标记为［ts］［tsʰ］［s］，将拼齐撮两呼的标记为［tɕ］［tɕʰ］［ɕ］，但如果发音人偶尔读成很明显的尖音（一般只发生在擦音声母），我们仍然会用尖音声母拼齐齿呼、撮口呼韵母的形式来标记。例如，"心［siŋ³³］""寻［syŋ²¹］"等。

3. 也有少数古精照组字矫枉过正地读为舌根塞音声母。例如"焦"读为［kiau³³］、"截"读为［keʔ³］、"俊"读［kyŋ³⁵］等，应该是错误类推造成的。

4. n～l作为声母是自由变体。发音人在普通话影响下，有时觉得某些"泥、来"对比字组是有区别的，但不稳定，且个人差异大。

5. 古"微、疑、喻"母字一般都读零声母，ŋ声母只用于"我"［ŋo²⁴²］字，可能与周边的闽语有关。由于没有［o²⁴²］音节与之形成对立，ŋ可以看做是零声母的变体。

（二）韵母

南平延平话有46个韵母：

表2　南平延平话韵母表

ɿ 师丝试	i 米丝	u 苦五	y 猪雨
a 茶	ia 牙	ua 瓦	
e 写	ie 野		
o 歌坐过			
ɤ 二			
	iu 油	ui 赔对飞鬼	
ai 开排鞋		uai 快	
ei 试			
		uoi 螺	
au 宝饱	iau 笑桥		
eu 豆走			
ã 南糖	iæ̃ 山响讲		yæ̃ 床王双
		uõ 半短官	
	iŋ 心深新升病星		yŋ 春云
	ieŋ 盐年		yeŋ 权

续表

oŋ 东	ioŋ 兄用	uoŋ 权	yoŋ 响
eiŋ 根寸灯硬争横		ueiŋ 滚	
ɿʔ 十直锡	iʔ 急七一橘尺	uʔ 骨谷六绿	yʔ 出局
aʔ 塔鸭辣八	iaʔ 甲	uaʔ 法刮	
eʔ 接贴节	ieʔ 热		
oʔ 盒活托郭壳国			yoʔ 月
ɤʔ 北色白			

说明：

1. ie、ieʔ 韵母只有零声母字。普通话读 ie 韵母的其他声母字在延平话都读为 e、eʔ 韵母。如"写"读为 [se²⁴²]、"车"读为 [tsʰe³³]、"接"读为 [tseʔ³]。

2. [iu] 和 [ui] 的前后两个元音之间都有轻微的过渡音。

3. [eiŋ] 的主要元音开口度偏小，而 [iŋ] 开头有一个轻微的 [ɪ]，所以这两个韵母有时听起来很相似。

4. [oŋ] 韵母中的元音有时有轻微的复音化，实际上是 [oᵘŋ]。

5. [ɤ] 的后元音特征只在读为入声调时比较明显，读为舒声调时可能只是央元音 [ə]，我们统一标为 [ɤ]。

6. 阳声韵有鼻化韵和舌根鼻音尾韵两套。鼻化韵的主元音为 [æ̃] 或 [õ]，舌位较低。其中 [iæ̃] 中的 [æ̃] 的鼻化程度不如单元音韵母 [æ̃] 的鼻化程度高，近于 [iæŋ]，非对比的情况下容易与 [ieŋ] 相混。例如："扇" [ɕieŋ³⁵] 与 "善" [ɕiæ̃³⁵] 就很相近。

7. 古入声韵字基本上仍自成一调，只有一种喉塞音韵尾。极少数古入声字已经舒化，零星地归入阴平、阳平和去声。仔细观察，可以看出这些字的归并走向跟普通话大体相同，应该是晚近受普通话影响的结果。具体如：匹 [pʰi³³]、摸 [mo³³]、剧 [ky³⁵]、益 [i³⁵]、肉 [iu²¹]、玉 [y³⁵]。

（三）声调

南平延平话有 5 个单字声调（不包括轻声）：

阴平 33　　东该灯风通开天春

阳平 21　　门龙牛油铜皮糖红

阴上 242　　懂古鬼九统苦讨草买老五有

去声 35　　　　冻怪半四痛快寸去卖路硬乱洞地饭树动罪近后
入声 3　　　　 谷百搭节急哭拍塔切刻六麦叶月毒白盒罚

说明：

1. 阴平调的字有些调值为 31，但字数不多，而且发音人没有感觉到阴平调 33 和 31 这两种调值的差别，因此我们把阴平调的 33 调值和 31 调值看成是两种自由变体。但在连读中，当阴平字做后字时，调值一般都稳定在 33。因此，根据延平话两字组连读变调"前变后不变"的规律，可以将阴平的单字调定为 33。

2. 阴上的单字调是 242，但在非重读的情况下，可以是 24。

3. 去声也是升调而比阴上稍高，在非对比的情况下较易与阴上相混，调值定为 35。

4. 入声调与其他调值相比较，更为短促，高度也并不恒定，取中间值 3 作为单字调。

（四）连读变调说明

南平延平话二字组连读变调总的规律是前字变调，后字不变调，但部分位于字组末尾的入声字偶尔会失去短促的特征，丢失喉塞尾读同阴平。如"昨日 [tso³¹i³³]、前日 [tɕʰieŋ³¹i³³]"等。当后字为轻声时，原则上前字不变调，但当前字为阴上时，阴上字的调尾一般不会下降，两字组连读模式为"24 + 0"。语流中的古入声字通常丢失喉塞尾，失去短促特征，一般古入声字作前字时在非去声前读为 55，在去声前读为 33。

表 3　南平延平话两字组连读变调规律表

前字＼后字	阴平 33	阳平 21	阴上 242	去声 35	入声 3
阴平 33	55	55	55	—	55
阳平 21	31	31	—	—	31
阴上 242	53	53	53	53	53
去声 35	55	55	55	53	55
入声 3	55	55	55	33	55

表4　南平延平话两字组连读变调举例

阴平 + 阴平 [33 – 55 33]	天星 tʰieŋ siŋ	阴天 iŋ tʰieŋ	砖头 tɕyeŋ tʰeu
阴平 + 阳平 [33 – 55 21]	天晴 tʰieŋ tɕʰiŋ	灰尘 xui tɕʰiŋ	鸡婆 ki pʰo
阴平 + 阴上 [33 – 55 242]	山垄 ɕiæ loŋ	坑仔 kʰeiŋ tsai	开水 kʰai sui
阴平 + 入声 [33 – 55 3]	新历 siŋ liʔ	公历 koŋ liʔ	中药 tsoŋ yoʔ
阳平 + 阴平 [21 – 31 33]	台风 tʰai xoŋ	雷公 lui koŋ	泥巴 li pa
阳平 + 阳平 [21 – 31 21]	池塘 tsʰɿ tʰæ̃	鱼塘 y tʰæ̃	围裙 ui kʰyŋ
阳平 + 入声 [21 – 31 3]	前日 tɕʰieŋ i	黄历 yæ̃ liʔ	农历 loŋ liʔ
阴上 + 阴平 [242 – 53 33]	好天 xau tʰieŋ	水沟 sui keu	晚边 yæ̃ pieŋ
阴上 + 阳平 [242 – 53 21]	彩虹 tsʰai xoŋ	水田 sui tʰieŋ	以前 i tɕʰieŋ
阴上 + 阴上 [242 – 53 242]	冷水 leiŋ sui	以早 i tsau	早起 tsau kʰi
阴上 + 去声 [242 – 53 35]	闪电 sæ̃ tieŋ	旱地 xæ̃ ti	炒菜 tɕʰiau tsʰai
阴上 + 入声 [242 – 53 3]	水窟 sui kʰuʔ	老历 lau liʔ	蝙蝠 pieŋ xuʔ
去声 + 阴平 [35 – 55 33]	天气 tʰieŋ kʰi	地方 ti xyæ̃	菜瓜 tsʰai kua
去声 + 阳平 [35 – 55 21]	对门 tui meiŋ	放牛 xyæ̃ liu	灶前 tsau tɕʰieŋ
去声 + 阴上 [35 – 55 242]	大水 ta sui	地震 ti tɕiŋ	下底 xa ti
去声 + 去声 [35 – 53 35]	固炭 ku tʰæ̃	半夜 puõ ie	背后 pui xeu
去声 + 入声 [35 – 55 3]	大麦 ta mɤʔ	笓虱 pi sɤʔ	裤脚 kʰu kyoʔ
入声 + 阴平 [3 – 55 33]	一天 i tʰieŋ	辣椒 la tɕiau	蜜蜂 mi xoŋ
入声 + 阳平 [3 – 55 21]	日头 i tʰeu	窟窿 kʰu loŋ	出来 tɕʰy lai
入声 + 阴上 [3 – 55 242]	落雨 lo y	露水 lu sui	热水 ie sui
入声 + 去声 [3 – 33 35]	月亮 ye liæ̃	柏树 pɤ ɕy	出去 tɕʰy kʰɤ
入声 + 入声 [3 – 55 3]	日食 i sɿʔ³	月食 ye sɿʔ	吸铁 sɿ tʰeʔ

（五）老男和青男在音系上的主要区别

1. 声母区别。

老男与青男声母最主要的区别在 n 和 l 的区分上。老男音系中，n～l 作为声母是自由变体。发音人在普通话影响下，有时觉得某些"泥、来"对比字组是有区别的，但不稳定，且个人差异大。本音系一律处理为 l。而青男音系中古泥母字以及部分日母字读为［n］声母，古来母字读为［l］声母，两种声母的对立情况与普通话基本相同。

2. 韵母区别。

（1）老男的［eiŋ］和［iŋ］两个韵母在青男的口音中合并为［iŋ］。例如：等＝顶 tiŋ²⁴²、朋＝平 pʰiŋ³¹、身＝心 siŋ¹¹。韵母［iŋ］的元音有一个微小的动程，有时候听起来像是［eiŋ］。

（2）青男音系中的［ueiŋ］有时听起来像［ueŋ］。

（3）老男音系中的入声韵基本保留，而青男音系中古入声韵并入相应的开尾韵，绝大多数读同阴平调 11。以下对比字组经发音人确认为：

知＝汁 tɕi¹¹　　西＝席 ɕi¹¹　　哭－枯 kʰu¹¹

3. 声调区别。

（1）老男和青男声调系统最主要的区别在于入声的存在与否。老男入声独立成调，而青男古入声字偶尔会发成稍短促的入声调 3，如"八"，但不稳定且不成系统，重复询问时就会回到阴平调。即，入声字单念的调值与阴平相同，连读变调的规律也与阴平字相同。所以青男只有阴平、阳平、阴上、去声四个调值。

（2）老男和青男阴平的调值有区别。老男阴平有 33 和 31 两个变体，我们将老男阴平调值定为 33；青男阴平有 11 和 33 两种变体，但在连读中，当阴平字做后字时，调值一般都稳定在 11。因此，根据延平话两字组连读变调"前变后不变"的规律，将青男阴平的单字调定为 11。